Hans Kessler

Evolution und Schöpfung in neuer Sicht

*Für
Heidrun,
Anette, Peter,
Julia und Paula*

Hans Kessler

Evolution und Schöpfung in neuer Sicht

Butzon & Bercker

Bibliografische Information der Deutschen Nationalbibliothek

Die Deutsche Nationalbibliothek verzeichnet diese Publikation in der Deutschen Nationalbibliografie; detaillierte bibliografische Daten sind im Internet über http://dnb.d-nb.de abrufbar.

Das Gesamtprogramm von Butzon & Bercker finden Sie im Internet unter www.bube.de

ISBN 978-3-7666-1287-8
E-BOOK ISBN 978-3-7666-4105-2
EPUB ISBN 978-3-7666-4106-9

© 2009 Butzon & Bercker GmbH, 47623 Kevelaer, Deutschland, www.bube.de
www.religioeses-sachbuch.de
Alle Rechte vorbehalten.
Umschlaggestaltung: Christoph Kemkes, Geldern
Umschlagfoto: © Birgit Meyke – Fotolia.com
Satz: Schröder Media GbR, Dernbach

Inhalt

Ein persönliches Vorwort

Schöpfung und Evolution – ein Gegensatz: So scheint es, wenn man manchen Bestsellern und Medienbeiträgen glauben will. Die Fundamentalisten auf beiden Seiten verharren in ideologisch erstarrten Fronten. Grundlegende Informationen fehlen. Sachlichkeit bleibt oft ein Fremdwort.

Aber werden wirklich nur längst ausgefochtene Kämpfe neu angeheizt, wie manche meinen? Steht nicht Grundlegendes zur Debatte? Steht nicht der Glaube an einen Gott und an sein Wirken vor einer ganz abgründigen Herausforderung angesichts der anscheinend völlig autonomen Abläufe der kosmischen, der biologischen, der kulturellen Evolution? Und der Mensch, ist er nicht in der Tat ein unbedeutendes Randphänomen in den ungeheuren Weiten des Kosmos, oder ist er gar, indem er seine kosmische Zufälligkeit und Ausgesetztheit erkennt, schon über diese hinaus? Ist er vielleicht doch gewollt? Steckt in den vielen extremen Unwahrscheinlichkeiten der Evolution eine Zielgerichtetheit? Und wäre es, angesichts der naturbedingten Übel, ohne Evolution sogar schwerer, an Gott zu glauben?

Mir persönlich hat einiges geholfen, die Evolution und den Schöpfungsglauben zusammenzudenken. Auf der Oberstufe des Gymnasiums in Schwäbisch Gmünd hatten wir einen Biologielehrer, der uns einen guten, vorurteilsfreien Biologieunterricht gab, ohne weltanschauliche Beimischungen. Ein einziges Mal ließ er, und das auch erst im Hinausgehen, erkennen, wo er selbst stand. Ich erinnere mich: Er hatte die im Einzelnen hoch komplizierte Photosynthese erklärt und dazu weit ausgeholt, bis zu bestimmten Bakterien, die die Fähigkeit zur Photosynthese entwickelt haben und dann von größeren Zellen aufgenommen wurden, so dass Algen, Moose, Farne und Samenpflanzen entstehen konnten, die mit der Produktion von Sauerstoff in großem Maßstab erst die Voraussetzung für die reiche Vielfalt höheren Lebens auf der Erde geschaffen haben. Am Ende der Stunde, er hatte seine Sachen schon zusammengepackt und unter dem Arm, sagte er noch ganz ruhig: „Sie brauchen nicht zu meinen, dass Sie das jetzt voll verstanden hätten, dahinter steht das göttliche ‚Es werde‘.“ Es war das einzige Mal, dass er durchblicken ließ, wo er selber stand. Für manchen von uns war das ein Bildungserlebnis. – Ein paar Jahre zuvor hatte unser damaliger Religionslehrer, der dann an die PH wegberufen wurde, uns in die geschichtlich-theologische Sicht der Bibel und ihrer Schöpfungstexte eingeführt und sie mit heutiger Erfahrung so überzeugend und eindrucksvoll vermittelt, dass beides nicht in zwei unverbundene Welten auseinanderfiel. – Mittlerweile hat sich meine Sicht der Dinge erheblich erweitert und vertieft, nicht allein durch Studium und Lehre der Theologie, sondern auch durch ein mehr als zwanzig Jahre andauerndes Gespräch mit Physikern, Biologen, Philosophen und Theologen in einer interdisziplinären Arbeitsgruppe an der Frankfurter Goethe-Universität, die ich bis Ende 2005 geleitet habe. – Der Prozess meines Nachdenkens geht weiter, herausgefordert durch immer neue naturwissenschaftliche Erkenntnisse und religiös-theologische Impulse.

In diesem Buch möchte ich eine Zwischenbilanz vorlegen. Ich möchte zur Aufklärung, zur Versachlichung, zu einer nüchternen Betrachtung und zum Gespräch beitragen. Deshalb setze ich auf Information und auf das Argument. Es wird nichts vorausgesetzt, was nicht hinterfragt werden dürfte.

Ich werde einerseits in Auseinandersetzung mit den Kreationisten den originären Sinn der Schöpfungstexte am Anfang der Bibel herausarbeiten, andererseits in Auseinandersetzung mit atheistischen Evolutionisten die Defizite eines harten, weltanschaulichen Naturalismus aufzeigen, eine Schichtentheorie der Wirklichkeit entwickeln und deutlich machen, inwiefern naturwissenschaftliche Erkenntnisse offen sind für unterschiedliche Deutungen und weder zu Atheismus noch zu Gottesglauben zwingen, wobei Letzterer aber gute Gründe für sich hat. Dann werde ich – unter Bezugnahme auf die kosmische und die biologische Evolution und auf die damit gegebenen Probleme – den recht verstandenen Schöpfungsgedanken begründen und die entscheidenden Grundzüge einer Schöpfungstheologie darstellen. Schließlich lege ich dar, dass der Schöpfungsglaube – mit der Annahme Gottes und der Einbeziehung des existenziell sinndeutenden Menschen – einen erweiterten Sinnhorizont auftut, in welchem sich die Evolution, ohne ihre naturwissenschaftlich geltenden Gesetzmäßigkeiten zu verlieren, in einem neuen Licht darstellt. Es geht dann nicht so sehr darum, wie man den Schöpfungsglauben in der Evolutionstheorie „unterbringen" könnte, als vielmehr umgekehrt darum, den Schöpfungsvorgang als das Grundlegende und Umfassende in den Blick zu bringen, in dessen Rahmen die Evolution ihren unverzichtbaren Platz hat. So können sowohl die Anschlussfähigkeit des Schöpfungsglaubens an die Erkenntnisse der Naturwissenschaften und der Evolutionstheorie als auch sein Überschuss über diese sichtbar werden.

Ich danke dem Bielefelder Physiker Reinhart Kögerler für anregende Gespräche, dem Frankfurter Biologen Stefan Peters für hilfreiche Hinweise, meiner Frau Heidrun als meiner ersten Leserin für ihre kritischen Rückfragen, sowie Herrn Dr. Berthold Weckmann und Herrn Dr. Bruno Kern für die verlegerische Betreuung.

Frankfurt/M. und Werther/Westf., im Februar 2009

Hans Kessler

Einleitung

1. Zu Fragestellung und Aufgabe

Der Glaube an einen Schöpfer und das Verständnis der Welt als Schöpfung (der Dinge, Lebewesen und Menschen als Geschöpfe) sind *grundlegend* für Bibel und Christentum. Alles baut darauf auf.

Sind dieser Glaube und dieses Verständnis nicht mehr haltbar oder mit der Vernunft nicht mehr vollziehbar, so rutscht das Fundament des Christlichen weg. Wie soll man dann noch an ein Heil von Gott her glauben, an ein göttliches Wirken, an Versöhnung und Erlösung, an Rettung auch der Toten, an eine Gerechtigkeit und an Vollendung, wenn man redlich keine Instanz mehr annehmen kann, die das Ganze der Welt und unseres Daseins begründet, die Ur-Grund, Halt und Ziel von allem ist? Mit schlechtem Gewissen weiterglauben, schizophren in zwei Welten leben, die Fragen einfach wegschieben und ausblenden: Das ist auf Dauer nicht durchzuhalten. – Ein missverstandener und nicht mehr mit unserem heutigen Naturwissen vermittelbarer Gottes- und Schöpfungsglaube ist eine der Hauptursachen für die schwindende Akzeptanz der christlichen Botschaft, für Verunsicherung, für neuen Atheismus oder auch für die Suche nach scheinbar plausibleren religiösen Alternativen.

Denn genau in diesem Grundlegenden, dem Gottes- und Schöpfungsglauben, gibt es massive Missverständnisse, die alles verstellen, verfälschen und blockieren. Missverständnisse einerseits bei ganz normalen Gläubigen und insbesondere bei religiösen Fundamentalisten (Kreationisten), die in der Evolutionslehre einen Widerspruch und eine Konkurrenz zur biblischen Schöpfungsgeschichte, wie sie diese verstehen, sehen. Missverständnisse andererseits bei anti-religiösen szientistischen[1] Fundamentalisten (fanatisch-atheistischen Naturalisten), welche die Schöpfungsvorstellung der Kreationisten gleichsetzen mit dem authentischen biblisch-christlichen Schöpfungsglauben, den sie dann ebenfalls – nur mit umgekehrter Stoßrichtung – für unvereinbar mit der Evolutionstheorie halten.

Kreationismus und atheistischer Naturalismus sind feindliche Zwillinge. Sie schaukeln sich gegenseitig hoch. Dazwischen bleibt oft kaum noch Platz für eine sachgerechte Darlegung des originären Schöpfungsgedankens. Dieser erfordert ja auch viel mehr und differenziertere gedankliche Anstrengung als die einfachen, griffigen und meist platten Formeln von Kreationisten wie von Naturalisten, die oft auch deswegen so ankommen, weil sie vielfältigen Frust (an ärgerlicher Kirche oder an kalter Wissenschaft) bedienen. So wundert es nicht, wenn sich neuerdings in manchen Medien vermehrt Beiträge finden, die nur das kreationistisch-fundamentalistische Zerrbild von Schöpfungsglauben bieten, es mit Bibel, Christentum, Schöpfungsglauben überhaupt gleichsetzen und diese dann für unvereinbar erklären mit evolutivem Denken (das für sie identisch ist mit rein naturalistisch-atheistischem Denken).

Da fehlt es schlicht an der nötigen Basisinformation, die für ein rationales Urteil erforderlich ist. Um beides, um nötige Information und um argumentativ begründetes, rationales Urteil, soll es hier gehen.

2. Zum Vorgehen

Im Folgenden werde ich deshalb zuerst (I.) die Positionen der Kreationisten einerseits und ihrer evolutionsbiologisch-naturalistischen Kontrahenten andererseits darstellen sowie die daraus sich ergebenden Probleme skizzieren.

14

Darwin, so wird sich zeigen, war viel umsichtiger als manche seiner atheistischen Epigonen bis heute.

Sodann soll (II.) gezeigt werden, wie die biblischen Schöpfungstexte – nicht nach der naiven Wahrnehmung des unkundigen Lesers, sondern – nach den Erkenntnissen der bibelwissenschaftlichen Forschung ursprünglich zu verstehen sind und wie sie sich zum Evolutionsdenken verhalten, das es, wie wir sehen werden und was man meist nicht weiß, schon bei frühen christlichen Theologen gibt.

Ferner soll (III.) herausgearbeitet werden, inwiefern seriöse Naturwissenschaft und Evolutionsbiologie auf einen methodischen Naturalismus verpflichtet sind, sich daraus aber keineswegs ein harter weltanschaulicher oder metaphysischer Naturalismus (d. h. Atheismus) ergibt, die Wirklichkeit vielmehr mehrdimensional ist und eine Schichtentheorie der Wirklichkeit nahelegt, die für unterschiedliche Weltdeutungen oder Metaphysiken offen ist. Dabei ist auch zu bedenken, was die Wissenschaft eigentlich erklärt und warum sich die Frage nach Gott und Schöpfung nicht erübrigt.

Erst dann kann (IV.) unter Bezugnahme auf die kosmische und biologische Evolution und die damit gegebenen Verstehensprobleme (von Materie und Geist bis hin zu Zufall und Zielgerichtetheit) der Gottes- und der Schöpfungsgedanke in seinen verschiedenen Aspekten dargelegt, können ein Panentheismus und Grundzüge einer Schöpfungstheologie jenseits von Kreationismus und weltanschaulichem Naturalismus entwickelt werden.

Abschließend werde ich dann (V.) zeigen, dass und inwiefern die Schöpfungstheologie einen umfassenden Rahmen entwirft, der die Grundvoraussetzung aller Evolution thematisiert und in dem die Evolution zugleich ihren unverzichtbaren Platz hat. Gäbe es keine Evolution, so wäre es angesichts der naturbedingten Übel viel schwerer, an Gott zu glauben. Eine wichtige Frage wird deshalb sein, inwiefern und in welchem Sinne von einem Wirken Gottes in der Evolution und über sie hinaus gesprochen werden kann.

Jedes der fünf Kapitel ist so angelegt, dass es auch für sich verständlich und lesbar ist.[2]

I. Missdeutungen des Schöpfungs-gedankens bei Kreationisten und harten Naturalisten und die Realität der Evolution

1. Kreationismus und Intelligent-Design-Lehre

Vorweg eine Bemerkung zum Sprachgebrauch. „Creation" ist das englische Wort für „Schöpfung". Wenn Menschen sich selbst „Kreationisten" *(creationists)* nennen, dann bezeichnen sie sich damit als „Schöpfungsgläubige", wobei unausgesprochen der Anspruch mitschwingt, sie seien die Vertreter des wahren Schöpfungsglaubens. Allein schon die Bezeichnung Kreationisten kann daher Missverständnisse hervorrufen. Wir werden sehen, dass der Kreationismus auf einem Irrtum beruht und nur scheinbar mit Schöpfung im biblisch-theologischen Sinn zu tun hat.

a) Bibel gegen Darwin?

Die *Kreationisten* unterscheiden nicht (wie die Bibelwissenschaft) zwischen den *religiösen* Inhalten der Bibel und den damaligen *weltbildlichen* Vorstellungen, in die sie eingebettet sind, sondern sie verstehen die Schöpfungstexte am Anfang der Bibel (Gen 1 und 2f) buchstäblich wörtlich als Tatsachenberichte, missverstehen sie daher als naturkundliche, gewissermaßen naturwissenschaftliche Auskünfte. Sie kennen nur einen Weg, die religiöse Wahrheit

17

der Bibel festzuhalten, nämlich durch die Behauptung, dass die Bibel auch in allen weltbildlichen Anschauungen irrtumslos sei. Der buchstäbliche Wortlaut der Bibel müsse wahr sein, also auch die damaligen Vorstellungen über die Natur, und deshalb seien die alttestamentlichen Erzählungen von Schöpfung, Sündenfall und Sintflut als historische Faktenbeschreibungen zu verstehen. Davon abweichende naturwissenschaftliche Erklärungen, zumal die Evolutionstheorie, werden deshalb entschieden als falsch abgelehnt.

Der vermeintlich bibeltreue Kreationismus (aus dem dann, wie unten dargestellt, durch Strategiewechsel die *Creation Science* und die *Intelligent-Design*-Theorie hervorgingen) kennt zahlreiche Gruppen: Die „young-earth-creationists" verstehen die sechs Tage in Gen 1 als 6000 Jahre, die Erde sei jung (weniger als 10 000 Jahre alt); alle Tiere seien als friedliche Pflanzenfresser geschaffen, nach dem Sündenfall aber teilweise zu räuberischen Fleischfressern geworden; die Sintflut sei ein historisches Ereignis; der Mensch sei in einem eigenen Schöpfungsakt unmittelbar von Gott erschaffen worden. Die „old-earth-creationists" glauben, dass sich der Schöpfungsakt über mehrere Milliarden Jahre hingezogen habe; die sechs Tage in Gen 1 stünden für ganze Zeitalter („day-age theory"). Eine andere Gruppe nimmt zwischen den Schöpfungstagen lange Zeiträume als Lücken an („gap theory"). Alle Gruppen lehnen eine gemeinsame Abstammung und Evolution der Lebewesen ab; Menschen und Menschenaffen hätten keine gemeinsamen Vorfahren.

Ein derartiges – längst überwunden geglaubtes – buchstäblich-wörtliches Verständnis der biblischen Schöpfungstexte, das (wie in II. 2 gezeigt wird) an ihrem ursprünglichen Sinn vorbeigeht, scheint heute wieder manche Menschen zu faszinieren. Verunsichert durch die gesellschaftlichen Umbrüche und die rasante Veränderung der Lebensverhältnisse, suchen sie nach Sicherheit und Halt an etwas, das sich nicht verändert, und finden es im

Wortlaut der Bibel, an dem sie nicht deuteln lassen. Die Anhänger einer solchen buchstäblichen Auslegung der Bibel sind dann durchweg Gegner der Evolutionslehre. Nach ihrer Auffassung kann nur entweder die Bibel *oder* die Wissenschaft richtig sein: die (buchstäblich zu nehmende) Bibel *oder* Darwin, nicht die (anders zu verstehende) Bibel *und* Darwin.

Umfragen aus dem Jahr 2005 zufolge stand damals in den USA fast die Hälfte der Bevölkerung einem Junge-Erde-Kreationismus nahe und lehnte die Evolution offen ab; in den letzten Jahren sinkt diese Zahl zwar (aber auch die Zahl derjenigen, welche die Evolution akzeptieren), dafür steigt der Anteil der Menschen, die unsicher sind, stark an – eine Folge der verwirrenden öffentlichen Debatte. In den meisten westeuropäischen Ländern und in Japan akzeptieren mindestens 70 % der Erwachsenen die Evolution, in den USA lediglich 40 %, nur in der Türkei (dem einzigen an solchen Umfragen beteiligten islamischen Land) sind es noch weniger, nämlich unter 30 % der Erwachsenen. In den deutschsprachigen Ländern meinen noch immer etwa 20 % der Bevölkerung (eher wenig Gebildete), dass der Mensch erst vor wenigen Jahrtausenden durch einen Schöpfungsakt entstanden sei.

Und weil zum einen die Bibelwissenschaft und Universitätstheologie hierzulande medial kaum noch die Öffentlichkeit erreicht, zum andern in den beiden Volkskirchen aus Scheu vor der notwendigen Konfrontation mit sich als bibeltreu gerierenden Gruppen in den eigenen Reihen eine klare Positionierung häufig unterbleibt, entsteht in der Öffentlichkeit der Eindruck, dass die beiden Kirchen die Schöpfungstexte am Anfang der Bibel wortwörtlich nehmen und sie als angeblich historische Tatsachenberichte von der Entstehung der Welt, des Lebens und des Menschen verstehen, also eigentlich nicht mehr ernst zu nehmen sind.

b) „Creation Science" und „Intelligent Design"

Die *Renaissance des Kreationismus* begann nach dem Ersten Weltkrieg in den USA. Seit 1921 treten dort Kreationisten militant gegen die Evolutionstheorie auf und fordern ein Verbot der Evolutionslehre in den Schulen. In einigen Staaten wurden solche Anti-Evolutionsgesetze tatsächlich erlassen (Oklahoma 1923, Tennessee 1925, Mississippi 1926, Arkansas 1928), und in der Folgezeit nahm die Zahl der offiziell genehmigten Schulbücher zu, in denen die Evolutionstheorie nicht erwähnt oder abgelehnt wurde.

Dann aber führte der Schock des Sputnik-Erfolgs der UdSSR von 1957 in der Öffentlichkeit der USA zu einer Änderung der antiwissenschaftlichen Haltung und in intellektuellen Kreisen zu gesteigerter Antipathie gegen den Kreationismus. 1968 erklärte der Supreme Court in einem Prozess gegen das Anti-Evolutionsgesetz von Arkansas (unter Bezug auf die Verfassung der USA, welche die strikte Trennung von Staat und Kirche garantiert) religiöse Lehrinhalte im schulischen Biologieunterricht für verfassungswidrig. Seitdem entwickeln die Kreationisten eine *neue Strategie:* Sie betonen nun das Unzureichende evolutionärer Erklärungen und beanspruchen für ihre alternative Auffassung, die sie jetzt *creation science* (Schöpfungs*wissenschaft*) nennen, eine gleichberechtigte *wissenschaftliche* Position sowie Gleichbehandlung in Stundenplan und Lehrbüchern. Angeregt vom 1972 gegründeten einflussreichen *Institute for Creation Research* wurden in 27 Bundesstaaten entsprechende Gesetzesentwürfe eingebracht, in zwei Staaten (Arkansas und Louisiana) erlangten sie sogar Gesetzeskraft, wurden aber 1982 und 1987 in Gerichtsverfahren wieder wegen Unterlaufens der Trennung von Staat und Kirche für Unrecht erklärt.

Diese juristischen Niederlagen führten zu einem erneuten Strategiewechsel seitens der Kreationisten. Seit etwa 1992 vertreten sie die Lehre vom *Intelligent Design* (abgekürzt: ID): Man könne in der Natur mit *empirisch-natur-wissenschaftlichen* Mitteln Signale von Design (Absicht, Plan) feststellen, welche dazu *zwingen*, einen Designer (Planer) anzunehmen. Wohlgemerkt: Der springende Punkt dieser Lehre ist, die Naturwissenschaft selbst müsse einen intelligenten Designer annehmen. Die Lebewesen seien bis in ihre molekularen Bestandteile hinein irreduzibel komplex und könnten nicht per Zufall entstanden sein; die Entstehung unseres Kosmos und der Vielfalt der Arten könne nicht durch einen ungerichteten Evolutionsprozess, sondern nur durch eine intelligente Ursache erklärt werden.

Der amerikanische Biochemiker und ID-Vertreter Michael Behe bringt etwa das Beispiel einer Mausefalle, bei der keiner der fünf Teile (Holzbrett, Feder, Haltebügel, Schlagbügel, Köderhalter) fehlen dürfe, damit sie ihren Zweck erfüllt, eine stufenweise Entwicklung zur funktionsfähigen Falle sei damit ausgeschlossen. Entsprechend erfülle auch die wie ein Propeller rotierende Bakteriengeißel, mit der das Bakterium sich fortbewegen kann und deren Motor – für ein so primitives Lebewesen – ganz erstaunlich komplex (und raffiniert konstruiert) ist, ihren Zweck nur in der kompletten Zusammenstellung all ihrer Teile, sie könne darum nicht stufenweise entstanden, sondern müsse das Ergebnis einer intelligenten Planung sein (Behe 1996).[3]

„Where there is design, there must be a designer": So wird mit dem alten Design-Argument etwa des englischen Physikotheologen William Paley (1745–1805) gesagt. Paley brachte in seinem Buch *Natural Theology* (1802), zu Darwins Studienzeit Pflichtlektüre, das berühmte Beispiel: Wenn man am Strand eine Uhr liegen sehe, müsse man zwangsläufig auf die Existenz eines Uhrmachers schließen (eine Uhr sei zu komplex, um durch Zufall entstanden zu sein); entsprechend ließen die äußerst komplex koordinierten Strukturen von Lebewesen auf die Existenz eines planvoll vorgehenden Schöpfer-Gottes schließen.

So weit gehen die heutigen Vertreter der Intelligent-Design-Theorie freilich nicht. Sie schließen nur auf einen intelligenten Designer (Planer, Entwerfer), „Gott" wird nicht erwähnt. Auch der Bezug zur Bibel wird vordergründig aufgegeben; bibelbezogene Gedankengänge treten in den Hintergrund, ohne aber die Funktion als Leitideen zu verlieren.

Die ID-Theoretiker betonen, dass sie die Evolutionstheorie aus *naturwissenschaftlichen* Gründen kritisieren. Es gebe Phänomene in der Natur, die sich nicht mit Verweis auf zufällige, ungerichtete Mutationen und natürliche Selektion erklären lassen. Charles Darwin hatte ja selbst im sechsten Kapitel („Schwierigkeiten der Theorie") seines Werkes *On the Origin of Species* formuliert: „Wenn gezeigt werden könnte, dass irgendein komplexes (zusammengesetztes) Organ existiert, das auf keine Weise durch zahlreiche, aufeinander folgende geringfügige Modifizierungen entstanden sein kann, dann würde meine Theorie ganz und gar zusammenbrechen. Ich vermag jedoch keinen solchen Fall aufzufinden." (Darwin 1859/2008, 224)

Die ID-Theoretiker wollen den empirischen Gegenbeweis antreten. So versuchen sie Schwachstellen des Darwinismus aufzuspüren und kritisieren gängige evolutionsbiologische Erklärungen komplexer organismischer Phänomene. Dabei gehen sie mit folgender *Strategie* vor: 1. Nachweis hoch komplexer Zweckmäßigkeit in Zellen, Organen oder Organismen (sign detecting); 2. Ausschluss aller in Frage kommenden bekannten Ursachen wie Zufall, stufenweise Entstehung usw. (argumentum ad ignorantiam); 3. Weil zweckmäßiges Design immer einen Designer/Hersteller voraussetzt, muss es einen solchen auch in der Natur geben (Analogieschluss vom Artefakt auf die Natur).

Aber ist dieser Analogieschluss zwingend? Er nimmt ja den fundamentalen Unterschied zwischen Technik und Natur nicht ernst. Kunstdinge nämlich können sich nicht selbst zweckmäßig gestalten, sie erfordern immer einen Hersteller, Naturdinge aber haben die Fähigkeit, sich selbst zweckmäßig zu gestalten. Wie das zu denken ist, wäre philosophisch weiter zu klären (s. u. V. 2. c).

c) Kreationismus im deutschen Sprachraum

Im Vergleich zu den USA hat der christliche Fundamentalismus in Deutschland nur wenige Anhänger, was sich nicht zuletzt der beinahe flächendeckenden Präsenz eines problemorientierten und reflexionsfreundlichen Religionsunterrichts verdankt, der den Schülern zu einem selbstständigen Umgang mit der eigenen religiösen Tradition sowie zur Kenntnis anderer Religionen und Weltanschauungen verhilft.

1) Kreationistisches Gedankengut gewinnt in evangelikal-biblizistischen Kreisen Einfluss, seit 1979 die Studiengemeinschaft Wort und Wissen e. V. gegründet wurde, ein durch Spenden finanziertes „Glaubenswerk", dessen Mitglieder meist Junge-Erde-Kreationisten sind und das zahlreiche Materialien für Schüler herausgibt. Zu diesen gehört auch das als Schulbuch für die gymnasiale Oberstufe gedachte evolutionskritische Buch von Reinhard Junker (Geschäftsführer dieser Studiengemeinschaft) und Siegfried Scherer (Ernährungswissenschaftler an der TU München) „Evolution. Ein kritisches Lehrbuch" (Gießen 1998, [6]2006), das ID-Argumente bietet, das jedoch in keinem Bundesland für die Verwendung an Schulen zugelassen ist.

Interessanterweise hat Scherer sich jüngst im Internet zurückhaltender geäußert: Er halte die ID-Theorie nicht für eine wissenschaftliche Theorie, sondern für eine Motivation zu weiterer naturwissenschaftlicher Forschung, da Kernprobleme der Evolutionstheorie bisher nicht gelöst seien. Da scheint sich etwas zu bewegen.

23

2) Im katholischen Raum konnten kreationistische Gedanken bislang kaum Fuß fassen. Doch haben Äußerungen des Wiener Kardinals Christoph Schönborn in einem Zeitungsartikel „Finding Design in Nature" in der *New York Times* vom 7. Juli 2005 (sowie in anschließenden Interviews) großes Aufsehen erregt und zugleich erheblich irritiert, weil er sich dabei auf die Seite der ID-Vertreter begab und dabei auch noch so tat, als spreche er für „die katholische Kirche". Auch wenn Schönborn in weiten Kreisen der katholischen Kirche Protest und Ablehnung erfuhr, war die Wirkung dieses Artikels für das Ansehen der katholischen Kirche in den Augen vieler Naturwissenschaftler verheerend. Anstoß erregen und Widerspruch erfahren muss zumal die folgende Behauptung Schönborns:

„Die Evolution im Sinn einer gemeinsamen Abstammung (aller Lebewesen) kann wahr sein, aber die Evolution im neodarwinistischen Sinn – ein zielloser, ungeplanter Vorgang zufälliger Veränderung und natürlicher Selektion – ist es nicht. Jedes Denksystem, das die überwältigende Evidenz für einen Plan in der Biologie leugnet oder wegzuerklären versucht, ist Ideologie, nicht Wissenschaft."

Hier muss man zurückfragen: Wie kann die Kirche bzw. irgendein hoher Kirchenbeamter darüber befinden, ob eine naturwissenschaftliche Theorie „wahr" (besser: richtig) oder falsch ist? Die Frage der Richtigkeit und Geltung der Evolutionstheorie kann doch nur im rationalen Diskurs mit Argumenten der Vernunft entschieden werden, nicht aber autoritativ durch einen kirchlichen Würdenträger. Und ob es *„in der Biologie* eine überwältigende Evidenz für einen Plan" geben kann, ist in höchstem Maße fraglich.

Mittlerweile hat Kardinal Schönborn seine Vorstellungen über „Ziel oder Zufall?" ausführlicher dargelegt (Schönborn 2007; Schönborn 2008). Dabei zeigt er sich nicht nur über den Stand der evolutionsbiologischen Er-

kenntnisse schlecht informiert, sondern erliegt auch Kurz-
schlüssen wie dem, die Evolutionstheorie sei eine besonders angreifbare und zweifelhafte Theorie. Darauf werden
wir (in I. 3 und in V. 2. c) zurückkommen. Eine wichtige
Frage wird sein, ob ungerichteter Zufall und Zielgerichtetheit sich ausschließende Alternativen sein müssen („Ziel
oder Zufall") oder ob sie auch ineinander liegen und zu-
sammenspielen können (Zielgerichtetheit in Zufallsereignissen).

Anders als Schönborn (in seinem Zeitungsartikel) hat übrigens
dessen Lehrer Joseph Ratzinger schon 1969 das ureigene Recht
der Naturwissenschaft und ihres methodischen Naturalismus anerkannt. Er hat geschrieben, „dass die Fragestellung des Evolu-
tionsgedankens enger ist als diejenige des Schöpfungsglaubens.
Keinesfalls kann also die Evolutionslehre den Schöpfungsglauben
in sich einbauen. In diesem Sinn kann sie mit Recht die Idee der
Schöpfung als für sich unbrauchbar bezeichnen: innerhalb des
positiven Materials, auf dessen Bearbeitung sie von ihrer Methode her festgelegt ist, kann er (gemeint ist: der Schöpfungsgedanke) nicht vorkommen. Gleichzeitig muss sie die Frage offen lassen, ob nicht die weitere Problemstellung des Glaubens an sich
berechtigt und möglich sei. Sie kann diese von einem bestimmten
Wissenschaftsbegriff her allenfalls als außerwissenschaftlich ansehen, darf aber kein grundsätzliches Frageverbot erlassen, dass
etwa der Mensch sich nicht der Frage des Seins als solchem zuwenden dürfe. Im Gegenteil: Solche Letztfragen werden für den
Menschen, der selbst im Angesicht des Letzten existiert und
nicht auf das wissenschaftlich Belegbare reduziert werden kann,
immer unerlässlich sein." Und Ratzinger hat dann hinzugefügt,
dass „der Schöpfungsgedanke als das Weitere seinerseits in seinem Raum den Evolutionsgedanken annehmen" kann (Ratzinger
1969, 235 f).

2. Zur Antwort von Evolutionsbiologen und zur Offensive atheistischer Fanatiker

Der erwähnte Territorial-Anspruch der Kreationisten auf eine alternative und die allein richtige naturwissenschaftliche Naturerklärung empört und provoziert Naturwissenschaftler mit Recht. Zumal unter Biologen hat sich erheblicher, zum Teil erregter Widerstand formiert.

a) Sachliche Klarstellungen durch Evolutionsbiologen

Sachliche Klarstellungen zur Unwissenschaftlichkeit des Kreationismus stammen von bekannten Altmeistern der Evolutionstheorie: von Ernst Mayr († 2008), der übrigens sein Leben lang mit einem strahlenden Lächeln und in völliger Zufriedenheit seinen Zuhörern verkündete, dass sie nichts als ein Zufall seien; von Stephen Jay Gould († 2002), der, obwohl selbst Atheist, das darwinistische Evolutionsmodell so verstand, dass es sowohl mit Atheismus als auch mit religiösen Überzeugungen vereinbar ist (Gould 1992; Gould 2002). Und der dritte große Altmeister, mit Ernst Mayr zusammen Begründer der Synthese von Evolutionstheorie und Genetik, Theodosius Dobzhansky, hat schon 1973 in seinem bemerkenswerten Beitrag „Nothing in Biology Makes Sense Except in the Light of Evolution" geschrieben: „Es ist falsch, wenn man Schöpfung und Evolution als sich gegenseitig ausschließende Alternativen versteht." Dobzhansky hat den Kreationisten ihre Selbstbezeichnung streitig gemacht und erklärt: „Ich bin Kreationist *und* Evolutionist. Die Evolution ist die Methode Gottes, oder der Natur, zur Schöpfung. Kreation ist kein Ereignis, das sich 4004 v. Chr. abgespielt hat. Es ist ein Prozess, der vor gut 10 Milliarden

Jahren begann und immer noch fortdauert." (Dobzhansky 1973, 127)

In Deutschland tut sich in der Aufklärungsarbeit besonders die 2002 gegründete „Arbeitsgemeinschaft Evolutionsbiologie im Verband Biologie, Biowissenschaften & Biomedizin" hervor. Ihrer Homepage zufolge will sie in Veröffentlichungen und Informationsmaterial „klar gegen evolutionskritische Lehren Position beziehen" und Argumentationshilfen anbieten, „weshalb Schöpfungslehren keine *wissenschaftlichen* Alternativen zur Evolutionstheorie sein können". Dagegen ist aus der Sicht eines vernünftigen christlichen Schöpfungsglaubens nichts einzuwenden.

b) Die Offensive szientistisch-naturalistischer Fundamentalisten

Vereinzelte lautstarke Biologen, die in der Öffentlichkeit wahrgenommen werden, wie Richard Dawkins oder Ulrich Kutschera, gehen indes so weit, dass sie einem (letztlich wissenschaftsfeindlichen) religiösen Fundamentalismus einen (religionsfeindlichen) *szientistisch-naturalistischen Fundamentalismus* entgegensetzen, der selbst Züge eines dogmatisch fixierten und unreflektierten Glaubens hat. Sie treten aggressiv auf mit dem Anspruch, man müsse Atheist sein, wenn man die Evolution und die Biologie ernst nehme (wobei nachzufragen ist, wie sie sich den Gott denken, den sie ablehnen; in der Karikatur, die sie zeichnen, würde kein einigermaßen gebildeter Christ Gott und den Schöpfungsglauben erkennen).

1) Der als Biologe und Genetiker anerkannte Richard Dawkins hatte sich schon in seinem Buch *Das egoistische Gen* bei seiner soziobiologischen Erklärung von Moral in Widersprüche verwickelt, indem er den Menschen als genetisch vollständig determiniert ausgab, ihn dann aber auf-

forderte, er solle die erkannten Pläne seiner egoistischen Gene „durchkreuzen" oder „transzendieren" (Dawkins 1978, 3), was ja doch ein gewisses Maß an Entscheidungsfreiheit und Wertmaßstäbe voraussetzt; das Gute (wenn sich etwa ein Mensch für fremde Menschen oder für andere Lebewesen einsetzt und dabei eigenen Schaden oder gar sein Leben riskiert, obwohl er oder seine „egoistischen Gene" davon nichts haben und er auch kein Masochist ist) lässt sich rein soziobiologisch oder sonstwie naturalistisch nicht erklären (Knapp 1989; Heinrich 2001; Heinrich 2007). Sein weiteres bekanntes Buch *Der blinde Uhrmacher* (= die Evolution) (1987), in dem er mit Recht den Uhrmacher- und Lückenbüßergott demontierte, hatte Dawkins dann mit der reichlich naiven Bemerkung begonnen: „Dieses Buch ist in der Überzeugung geschrieben, dass unsere eigene Existenz früher einmal das größte aller Rätsel war, heute aber kein Geheimnis mehr darstellt, da das Rätsel gelöst ist." Dawkins erliegt hier schlicht dem *genetic error*, d. h. dem Irrtum, dass etwas in seinem Wesen (oder Geheimnis oder „Rätsel", wie Dawkins sagt) erklärt und verstanden ist, wenn seine Genese, sein Entstehungszusammenhang erkannt wäre. Aber weiß man denn wirklich, was etwas ist, wenn man weiß, wie es zustande gekommen ist? Ist es nicht eher so, dass, je mehr und je gründlicher man von möglichst vielen Seiten über Leben, Mensch, Wirklichkeit nachdenkt, sie umso rätselhafter werden?

Dawkins' jüngstes Buch *Der Gotteswahn* (2007) dokumentiert nun vollends, dass sein Autor „eine Verwandlung durchgemacht" hat von einem leidenschaftlich um Objektivität bemühten Wissenschaftler zu einem „antireligiösen Propagandisten, der die Fakten außer Acht lässt": So schreibt sein Oxforder Kollege, der Molekularbiologe und Theologe, Alister McGrath (der selbst überzeugter Atheist war, ehe er Christ und Theologe wurde) in seinem Buch *Der Atheismuswahn* (2007; [3]2008, 62), das eine kompetente, ruhig und sachlich argumentierende Antwort auf Dawkins bietet.

Der Gotteswahn ist eine eifernde Generalattacke gegen alle Religion, speziell gegen Bibel und christlichen Glauben, die, wie McGrath nachweist, geschickt mit Tatsachenverdrehungen und z. T. aberwitzigen Falschdarstellungen arbeitet, was bei einem Zielpublikum, das wenig über Religion weiß, durchaus funktioniert. Dawkins geht es nur darum, Konvertiten für den Atheismus zu gewinnen. Für dieses Ziel ist er bereit, die Standards wissenschaftlicher Sorgfalt über Bord zu werfen.[4] Statt Quellen oder kompetente Darstellungen zu befragen, setzt er alles daran, die Religion im schlechtest-möglichen Licht erscheinen zu lassen: nämlich als kindisch, dumm, gewalttätig, kriminell (als ob es, wenn Religion verschwinde, keine Gewalttätigkeit mehr gäbe, oder als ob es sie im Atheismus unter Stalin, Hitler, Pol Pot nie gegeben habe). Er versteigt sich gar dazu, in drastischen Worten die staatliche Autorität aufzurufen, religiöse Erziehung ebenso als Straftat zu behandeln wie körperliche Kindesmisshandlung (in einer Dawkins-Gesellschaft fänden sich viele religiöse Menschen im Gefängnis wieder); religionsfeindliche Erziehung hingegen soll offenbar kein Kindesmissbrauch sein. Dawkins vertritt einen *totalitären* Atheismus, der in der Welt nur das duldet, was *er* erlaubt hat. Wahre Naturwissenschaftler müssten grundsätzlich Atheisten sein; wenn sie hingegen religiöse Überzeugungen bekennen (oder solche – wie der Atheist Gould – für mit Naturwissenschaft gleichermaßen vereinbar erklären), könnten sie das nicht ernst meinen. Wenn andererseits der Papst oder irgendein Christ die Evolution anerkenne, sei er „ein Heuchler, der es mit der Wissenschaft nicht ehrlich meine" (so Dawkins, zit. nach McGrath 40 und 62).

Das ist natürlich Wasser auf die Mühlen der Kreationisten, die sich in ihrer Behauptung der Unvereinbarkeit von Evolutionstheorie und religiösem Glauben bestätigt sehen.

In einem veröffentlichten Brief an Dawkins bedankt sich denn auch der amerikanische Kreationist William Demski: Dawkins sei eines der größten Geschenke Gottes an die Intelligent-Design-Bewegung. Viele Darwinisten distanzieren sich. McGrath bemerkt: „Einer der größten Schäden, die Dawkins den Naturwissenschaften zugefügt hat, besteht darin, sie als schonungslos und unerbittlich atheistisch hinzustellen. Das ist völlig falsch. Dennoch hat Dawkins' Kreuzzug dazu geführt, dass ein großer Teil des konservativen Protestantismus Nordamerikas diese verfremdete Auffassung übernimmt" und der Wissenschaft feindlich gesonnen ist (59). McGrath fügt hinzu: „Vielleicht ist es an der Zeit, dass die gesamte Fachwelt gegen den Missbrauch ihrer Ideen im Dienste eines atheistischen Fundamentalismus protestiert." (63)

2) In Deutschland betreibt der Kasseler Evolutionsbiologe Ulrich Kutschera, von dem eine weit verbreitete Einführung in die Evolutionsbiologie stammt (Kutschera 2001), in seinem Buch *Streitpunkt Evolution. Darwinismus und Intelligentes Design* (2004) seine persönliche Abrechnung mit dem Kreationismus. Aber zugleich macht er daraus eine vehemente Kampagne gegen den christlichen Glauben überhaupt, dessen Inhalte er (aus evangelikalen Kinderbibeln und kreationistischen Elaboraten entnimmt und) durchweg verzerrt darstellt. Für ihn „ist offensichtlich, dass der biblische Schöpfungsglaube nur eine Form des Kreationismus darstellt" (Kutschera 2004, 115; vgl. 110f; 116f; 192 u. ö.). Mit Recht erwartet Kutschera, dass man sich über die Erkenntnisse der Evolutionsbiologie bei seriösen Naturwissenschaftlern informiert; er selbst aber macht sich nicht die geringste Mühe, auch nur *einen* seriösen Bibelwissenschaftler oder einen anerkannten heutigen Theologen zu befragen, wie denn die biblischen Aussagen und der Schöpfungsglaube zu verstehen seien. Dabei hätte ihm ein Wort von Carl Friedrich von Weizsäcker, das er (256f) zitiert, zu denken geben können: „Die Bibel kann

man entweder Ernst nehmen oder wörtlich." Wiederum mit Recht besteht Kutschera gegen die Kreationisten darauf, dass die Wissensebene und die Glaubensebene zu unterscheiden sind und nicht vermischt werden dürfen (51; 165, 180, 200 f; 294); er selbst aber unterlässt es nicht, Naturwissenschaft und Glaube zu vermischen. So kritisiert er z. B. an der Bibel: „Beschreibungen molekularer Prozesse und Strukturen sind in den niedergeschriebenen ‚Worten des christlichen Gottes' nicht zu finden" (286); und er bemängelt, dass die Anerkennung der Evolution durch die katholische Kirche „keineswegs eine Übernahme der nüchtern-rationalen Denkweise des Naturwissenschaftlers mit sich gebracht hat" (294), sie vielmehr immer noch „einen von Gott initiierten und begleiteten Evolutionsprozess postuliert" (117).[5] Hier wird der naturwissenschaftliche Erklärungsanspruch in völlig unberechtigter Weise zur alleinigen und Totaldeutung der Wirklichkeit ausgeweitet.[6]

Kutscheras Streit-Buch gipfelt in folgendem Schlussabschnitt (297): „Diese Betrachtungen zeigen, dass der konsequent verfolgte (fundamentalistische) christliche Glaube mit dem evolutionären (naturalistischen) Denken unvereinbar ist. Obwohl manche Evolutionsbiologen, wie z. B. der große Theoretiker T. Dobzhansky, liberale Christen waren, ist die Mehrheit der Naturforscher ungläubig: Nahezu 95 % der bedeutenden Biowissenschaftler der USA sind reine Verstandesmenschen (Atheisten), für die eine mystisch-magische supranaturalistische ‚Glaubenswelt' entbehrlich ist."

Nun, abgesehen von manchem, was hier zu korrigieren wäre: Wer „Wissenschaft" und „Verstand" derart kurzschlüssig gleichsetzt mit seiner eigenen Weltsicht „Atheismus", begeht den gleichen methodischen Fehler, den er den Kreationisten und ID-Vertretern vorwirft. Neodarwinisten wie Dawkins und Kutschera behaupten mit einer überheblichen Sicherheit einen Atheismus, der sich aus empirisch-naturwissenschaftlicher Forschung ebenso wenig ergibt wie die spiegelbildlich umgekehrte Sicherheit der ID-Vertreter.

Ein wenig allerdings scheint Kutschera sich neuerdings zu bewegen, wenn er (2007b, 362) schreibt: „... wir Evolutionsforscher (können) lediglich die wissenschaftlichen Fakten präsentieren. Wo moderne Christen dann ihre ‚Glaubenswelt' unterbringen, ist ... nicht unser Problem."[7]

Gewiss, Naturwissenschaftler sind nicht auf eine Auseinandersetzung mit umfassenden (philosophischen und religiösen) Deutungsmodellen angewiesen, solange sie bei ihrer eigentümlichen Aufgabe bleiben: der empirischen Forschung. Wenn sie sich aber in kulturelle Debatten hineinbegeben, bei denen es – über die naturwissenschaftliche Arbeits- und Erkenntnisebene hinaus – um ein umfassendes Verstehen der Welt, des Lebens, des Menschen geht, dann muss man von ihnen schon erwarten, dass sie sich mit den vorhandenen großen und respektablen Wirklichkeitsdeutungen ernsthaft auseinandersetzen. Hier aber demonstrieren manche von ihnen eine bodenlose Desinformiertheit und eine durch nichts begründete Arroganz.

Kurz muss hier auch die *Giordano-Bruno-Stiftung* zur „Förderung des evolutionären Humanismus" erwähnt werden, in deren Beirat namhafte Atheisten wie Hans Albert, Norbert Hoerster, Bernulf Kanitscheider, Wolf Singer, Eckart Volandt, Ulrich Kutschera oder Franz Wuketits sitzen. Vorstandssprecher ist der Journalist Michael Schmidt-Salomon. Die von ihm verfasste Homepage der Vereinigung („Manifest des Evolutionären Humanismus. Plädoyer für eine zeitgemäße Leitkultur") erklärt: „Ziel der Stiftung ist es, die Grundzüge eines naturalistischen Weltbildes sowie einer säkularen, evolutionär-humanistischen Ethik/Politik zu entwickeln" und in der Öffentlichkeit, in einem „Werte-Unterricht für alle Schüler", bei der „Besetzung von Rundfunk-, Ethikräten etc." zur Geltung zu bringen. Der Stiftung geht es nicht nur um Verteidigung von Evolutionsdenken, sondern um die Durchsetzung eines bestimmten partikularen Weltbildes, nämlich des atheistischen Naturalismus, der ausdrücklich dem biblisch-christlichen Weltbild den Platz in unserer Kultur streitig machen will. Das wird überdeutlich in den kulturkämpferischen Entgleisungen gegen religiösen Glauben, die sich Schmidt-Salomon auf der Homepage leistet. Rücksichtnahme auf religiöse Gefühle hält er für falsch: „Wer auf ‚religiöse Gefühle' Rücksicht nimmt, der stellt damit weltanschauliche Borniertheit unter ‚Denkmal-Schutz'." Wer hier wohl borniert ist? – Von Schmidt-Salomon stammt übrigens auch ein Bilderbuch „Wo bitte geht's zu Gott? fragte das kleine Ferkel", das bereits Sechsjährige in „amüsanter Weise über den Gotteswahn" aufklären will, indem es die drei monotheistischen Religionen allesamt als bedrohlich und Angst einflößend darstellt und lächerlich macht.

Im Sinne der allgemeinen Stoßrichtung der Stiftung schreibt ihr Beiratsmitglied Thomas Junker, Mitstreiter von Kutschera: „Als wissenschaftliche Theorie gewährt sie [die Evolutionstheorie] der religiösen Wundergläubigkeit und damit [!] dem christlichen Gott keinen Raum. Er ist schlichtweg überflüssig, ein phantastischer Fremdkörper ohne Relevanz." (T. Junker 2007, 81) Für Junker ist offenbar Darwinismus unvereinbar mit Glauben an Gott, weil er Gott nur als den begrenzten Lückenbüßer zu denken vermag, der noch vorhandene Lücken in evolutionstheoretischer Erklärung schließen soll und mit deren Verschwinden natürlich überflüssig wird.

c) Kein Atheist: Wie Darwin zu Religion und Schöpfungsglauben stand

Charles Darwin (1809–1882) war fasziniert von der Vielfalt der Lebewesen auf unserer Erde. Und er war ein großer Naturforscher, der eine riesige Fülle von Beobachtungsmaterial gesammelt und viele Bücher dazu geschrieben hat. Weltberühmt aber wurde er durch die Theorie, die er in dem Buch *Über die Entstehung der Arten* (1859) darlegt und begründet: Die *Deszendenztheorie oder Abstammungslehre* (Darwin sprach nicht von Evolution, sondern von Transmutation, Abwandlung, Abstammung u. ä.). Den *Kerngedanken* dieser Theorie kann man kurz so zusammenfassen:

Alle Lebewesen haben sich aus gemeinsamen Urformen allmählich entwickelt, im Laufe von langen Zeiträumen. Die verschiedenen Arten von Lebewesen kommen also nicht fertig vom Reißbrett des Schöpfers, sie wurden nicht jede in einem eigenen Schöpfungsakt erschaffen. Sie haben sich vielmehr entwickelt, sind entstanden durch Mutation und Selektion, d. h. durch zufällige kleine Abänderungen (Mutationen) an dem, was schon da war, an den schon vorhandenen Lebewesen, so dass es bei deren Nachkommen zu Variation kam und sich dann im Kampf um Nahrung und Sexualpartner nur die Lebensfähigeren fortpflanzten, während die weniger Lebensfähigen ausstarben: natürliche Auslese (Selektion). Diese beiden Faktoren Mutation und Selektion (Abwandlung und Auslese) reichten aus, um die allmähliche Entstehung der Vielfalt der Lebewesen zu erklären. Darwin hat damit das Fundament einer Biologie geliefert, die von religiösen Überzeugungen *frei* ist.

Er hat damit nichts anderes getan als das, was der bedeutende mittelalterliche Theologe und Naturforscher Albertus Magnus (1200–1280) propagiert hat: „In der Naturforschung haben wir nicht zu untersuchen, wie Gott der Schöpfer ... sich seiner Geschöpfe bedient, um durch Wunder seine Allmacht kundzutun. Wir haben vielmehr zu erforschen, was im Bereich der Natur durch natureigene Kräfte auf natürliche Weise alles möglich ist."[8]

Wie stand Darwin zur Religion, zum Glauben an einen Schöpfer? War er ein Gegner oder gar Feind von Religion und Schöpfungsglauben?

1) Darwin hat nie einen ideologisch-atheistischen Darwinismus vertreten, auch nicht in seiner agnostischen

Endphase. Er war aufgewachsen in einer dekadenten Form von Christentum, das einerseits mit Moral, Sünde und Furcht vor ewigen (Höllen-)Strafen operierte, dessen damals vorherrschende rationalistische Physikotheologie andererseits überall in der Natur eine auf den Nutzen des Menschen bezogene Zweckrichtung sah, daraus die göttliche Vernunft ablesen und Gott aus angeblichen Lücken wissenschaftlicher Welterklärung beweisen wollte (wie es heute wieder die ID-Lobby tut).

In den Jahren zwischen seiner Weltumseglung auf dem Forschungsschiff Beagle (1832–1837) und der Veröffentlichung von *Über den Ursprung der Arten durch natürliche Zuchtwahl* (1859) wandte sich Darwin, wie er im Kapitel „Religious Belief" seiner Autobiographie ausführt, von dem Glauben, in dem er erzogen worden war, und von der Sicht der Physikotheologie – etwa des in Cambridge damals viel zitierten William Paley (1745–1805) – allmählich ab und einem vorsichtigen Deismus zu.

Er lehnte die Einzelerschaffung der einzelnen Arten durch zahllose getrennte Schöpfungsakte ab, ebenso Wunder, sofern sie als Durchbrechung der Naturgesetze verstanden wurden, und er war aus moralischen Gründen gegen die „abscheuliche Lehre" von ewigen Strafen. Das grausam qualvolle Leiden in der Natur, das er so oft gesehen hatte, war für ihn nicht mit einem Schöpfungswerk Gottes vereinbar, wohl aber mit der natürlichen Selektion. Die Überzeugung von der Evolution war für ihn eine Befreiung von bedrückenden religiösen Vorstellungen.

Im allerletzten Satz seines Werkes *On the Origin of Species* (1859) deutet er dann aber kurz eine andere Auffassung von Gott und von Schöpfung an: „Es liegt etwas wirklich Erhabenes in der Auffassung, dass der Schöpfer den Keim allen Lebens, das uns umgibt, nur wenigen oder gar nur einer einzigen Form eingehaucht hat und dass, während sich unsere Erde nach den Gesetzen der Schwerkraft im Kreise bewegt, aus einem so schlichten Anfang eine unendliche Zahl der schönsten und wunderbarsten Formen entstand und noch weiter entsteht." Es ist bemerkenswert, dass 1500 Jahre vor Darwin ein griechischer christlicher Theologe, Gregor von Nyssa (335–394), eine ganz ähnliche Sicht vertreten hat, und zwar ganz umfassend ausgedehnt auch auf die kosmische Evolution (s. u. II. 3. a).

Darwin nahm eine allgemeine Vorsehung bei der Planung der Gesetze an, die die Evolution überhaupt erst möglich machen. Eine Welt, die so „wunderbar geordnet" ist, könne als Ganzes nicht das Ergebnis puren Zufalls sein, wenngleich die Details wenig perfekt und zufällig sind. In einem Brief von 1870 an seinen Freund, den Biologen Joseph D. Hooker, den er in „Entstehung der Arten" öfters erwähnt, schrieb er: „Ich kann das Universum nicht als Resultat blinden Zufalls ansehen. Gleichwohl kann ich im Detail keine Evidenz von einem wohltuenden Plan *(design)* sehen, oder überhaupt einen Plan von irgendeiner Art." (F. Darwin & Seward 1903, I, 321) Und in einem anderen Brief an den Naturwissenschaftler Asa Gray in Harvard schrieb er: „Ich neige dazu, alles so zu betrachten, als folge es den Gesetzen des Schöpfungsplans, während die Details dem überlassen bleiben, was wir Zufall nennen." (F. Darwin 1887, II, 105)

2) Drei Jahre vor seinem Tod schrieb Darwin (1879): „In meinen extremsten Gedanken war ich nie ein Atheist in dem Sinne, dass ich die Existenz Gottes verneint hätte. Ich glaube meistens, aber nicht immer (doch je älter ich werde, desto öfter), dass ,Agnostiker' eher auf mich zutrifft." (F. Darwin 1887, I, 274) Agnostiker ist einer, der meint, dass wir das, was über die sinnliche Wahrnehmung hinausgeht, nicht erkennen, es aber auch nicht bestreiten können.

Dazu erläutert er in seiner Autobiographie (1879): „Das ergibt sich aus der äußersten Schwierigkeit oder vielmehr Unmöglichkeit, einzusehen, dass dieses ungeheure und wunderbare Weltall, das den Menschen umfasst mit seiner Fähigkeit, weit zurück in die Vergangenheit und weit in die Zukunft zu blicken, das Resultat blinden Zufalls oder der Notwendigkeit sein soll. Denke ich darüber nach, dann fühle ich mich gezwungen, mich nach einer ersten Ursache umzusehen, die in Besitz eines dem des Menschen in gewissem Grad analogen Intellekts ist, und ich verdiene Theist genannt zu werden ... Dann entsteht aber wieder der Zweifel: Kann man sich auf den Geist des Menschen verlassen, der, wie ich glaube, sich aus einem so niederen Geist wie dem der niedersten Tiere entwickelt hat, wenn er solch großartige Schlussfolgerungen zieht?" (F. Darwin 1887, I, 282 f)

Darwin fragt also sehr ernsthaft und ehrlich.[9] So beklagt er auch den Verlust seiner früheren Freude an Naturerlebnissen, an Poesie und Literatur und sagt, er sei „eine Art Maschine zum Herausmahlen von allgemeinen Gesetzen aus einer großen Faktensammlung" geworden. Früher ein Liebhaber der Musik, ist jetzt „meine Seele zu vertrocknet, um sie wie in früheren Tagen zu schätzen. Ich bin in jeder Beziehung ein verwelktes Blatt – außer in der Naturwissenschaft. Manchmal hasse ich sie deswegen." (F. Darwin 1887, II, 273)

Bittere Worte. Offenbar kann man, leidenschaftlich bewegt von einer einzigen großen Fragestellung und fasziniert von den dabei gemachten Entdeckungen, so sehr in einer eindimensionalen Perspektive versinken, dass andere Seiten der Wirklichkeit nicht mehr zum Zug kommen und das Menschsein verarmt. Sagt hier nicht einer der ganz großen Naturwissenschaftler zugleich etwas über die Grenzen von Naturwissenschaft aus: dass der Mensch seinen tiefsten Anlagen nach nicht mit Naturwissenschaft *allein* er selbst und wirklich Mensch sein kann?

3) Darwins *Grundidee* (Entstehung der Vielfalt des Lebens durch abwandelnde Variation und durch Effizienz bei der nachfolgenden Selektion) hat sich als richtig erwie-

sen, wenngleich als ergänzungsbedürftig (z. B. durch Mechanismen wie Symbiose). Die Durchführung seines Ansatzes aber ist nicht frei von *fragwürdigen Beimischungen*: Beispielsweise nahm Darwin, nachdem er zunächst mit dem Ökonomen Thomas Malthus vom *struggle for existence* gesprochen hatte, seit 1869 von dem Soziologen Herbert Spencer die problematische Formel *survival of the fittest* auf. Und über den Festlegungen durch das naturhaft Angeborene unterschätzte er die Offenheit jedes neugeborenen Menschen und seine Formbarkeit durch menschliche Zuwendung, sozialen Umgang, Erziehung, geistige Bildung usw. Er verkannte die Macht *kultureller Evolution* mit ihren (medizinischen, technischen, sozial-kooperativen, pädagogischen usw.) Möglichkeiten, die sich über die biologische Evolution und die Selektion erheben können, was sein Konkurrent Alfred Russel Wallace (1823–1913), der unabhängig von Darwin dieselben Ideen einer Evolution durch Modifikation und Selektion entwickelte, eher gesehen hat.

Vor allem aber muss Darwin deutlich *unterschieden* werden vom *Darwinismus als Weltanschauung*, der aus Darwins Idee eine Ideologie macht, und vom *Sozialdarwinismus*, der das Recht des Stärkeren im Verdrängungswettbewerb propagiert. Beides hat in Deutschland insbesondere der Zoologe Ernst Haeckel (1834–1919) betrieben. Er erklärte Konkurrenz und Selektion zur Grundlage gesellschaftlichen Fortschritts und lieferte die Basis für Rassenideologien. In seinem populären Bestseller *Die Welträtsel* (Bonn 1899) erhob er den materialistisch interpretierten Darwinismus zur „monistisch"[10]-materialistischen Totaldeutung der Welt, zum Religionsersatz: Ein Welturheber sei unvereinbar mit der ewigen Materie und den ehernen, mechanischen Naturgesetzen. Haeckel tat Gott spöttisch als „gasförmiges Wirbeltier" ab und ließ sich in Rom zum materialistischen Gegenpapst krönen, ohne dass ihm und seinen Anhängern das Unwissen-

38

schaftliche und Lächerliche dieses Vorgehens bewusst geworden wäre.

3. Die Realität der Evolution, die Evolutionstheorie und der Evolutionsmythos

a) Zwingende Gründe für die Annahme von Mikro- und Makro-Evolution

Im Streit zwischen Evolutionsbiologen und ID-Vertretern geht es darum, ob wir die Entstehung des Universums sowie des Lebens und seiner Vielfalt *naturwissenschaftlich* als Resultat ungerichteter, zufälliger Prozesse von Mutation, Variation und Selektion zu erklären haben oder – wie die ID-Vertreter meinen – als die (*naturwissenschaftlich* erkennbare!) Manifestation intelligenten Designs.

1) Die ID-Vertreter bestreiten nicht, dass es *Mikroevolution* innerhalb eines schon vorhandenen Organisationsniveaus gibt, also auch die Bildung von Unterarten und neuen „Arten" innerhalb einer „Gattung" (empirisch beobachtbar sind z. B. bei Kleinstlebewesen wie Vogelgrippe-Viren schnelle Veränderung, aber auch bei größeren Organismen wie Vögeln Artaufspaltungen nach vorheriger räumlicher Trennung). Aber, so behaupten die ID-Vertreter, es würden angeblich jegliche Beweise und biologische Erklärungen fehlen für die sogenannte *Makroevolution*, also für Höherentwicklung im Sinne von evolutiven Neubildungen oder der Entstehung neuer Baupläne (z. B. Übergang vom Fisch zum Amphibium oder Entwicklung von Flügeln; alle Konstruktionsfortschritte vom Einzeller über Schwämme, Hohltiere, Würmer, bis hin zu segmentierten Insekten und bis zu Wirbeltieren). Das sei nicht mehr aus ungerichtet-planlosen Prozessen kausal erklärbar, es sei nicht möglich ohne die gezielte Intention eines intelligenten Designers, m. a. W.: nicht ohne göttliche Eingriffe.

Nun hatte Darwin selbst zum Problem der evolutiven Höherentwicklung, über die er im vierten Kapitel von „Ursprung der Arten" spricht (mit Stichworten wie „advance-Fortschritt", „Verbesserung", „Erhöhung" „stufenweise Vervollkommnung der Organisation" „fortschreitende Entwicklung"), in der Tat noch nicht viel Erhellendes gewusst, und die ID-Vertreter zerren mit einer Hartnäckigkeit, die heutige Darwinisten immer neu auf die Palme treibt, Lücken und Schwachstellen in der Evolutionstheorie ans Licht, insbesondere oberflächliche und ungenügende Erklärungen der Zweckmäßigkeit von komplexen Organen und Organismen. Aber warum soll es denn nicht irgendwann bessere und überzeugende natürliche Erklärungen für die bestaunte Zweckmäßigkeit geben können?

Gewiss sind viele bisherige evolutionsbiologische Erklärungen noch nicht so gut wie die stets angeführte Herausbildung von Linsenaugen. Diesbezüglich ist heute gut belegt, dass es in der Stammesgeschichte der Tiere wohl 20- bis 40-mal, voneinander unabhängig, zur Entwicklung des komplexen und so überaus zweckmäßigen Linsenauges aus einfachen lichtempfindlichen Zellen und in relativ wenigen Evolutionsschritten gekommen ist, wobei jeder Zwischenschritt für sich schon als vorteilhaft (selektionsprämiert) angesehen werden kann. Aber Darwins Selektionstheorie kann auch in vielen anderen Fällen plausibel machen, wie aus kleinen ungerichteten Zufallsveränderungen Zweckmäßiges entsteht; und die Zahl der Erklärungserfolge steigt stetig. – Am deutlichsten *gegen ein Design* sprechen übrigens die Rhopalien, Hochleistungsaugen an den Fangarmen mancher Würfelquallen, die kein Gehirn haben und über ihre Augen mehr optische Reize aufnehmen als sie verwerten können, weshalb sie die Netzhautbilder nachträglich unscharf machen, um ihre Hochleistungsaugen zum einfachen Richtungsehen zu gebrauchen, zu dem sie allein fähig sind. (Kummer 2007; Kummer 2008)

2) Heute gibt es also auch für die sogenannte *Makroevolution* empirische Belege, die Darwin noch nicht kannte (auch wenn die Mechanismen und Faktoren, die dabei eine Rolle spielen, vielfach noch nicht verstanden sind und weiterer Klärung bedürfen). Dazu kommen überdies noch die folgenden grundsätzlichen Bestätigungen:

(a) Die isotopische Zusammensetzung der festen Materie-Elemente[11] belegt ihre Herkunft aus Sternen. – Jedes jetzt in unseren Körpern befindliche Kohlenstoffatom war einmal im Innern eines Sterns. Die vielen chemischen Elemente, die vor Jahr-Milliarden in den Hochöfen von Sternen entstanden und durch deren Explosion ins All herausgeschleudert worden sind, sind auch die Grundelemente der verschiedensten Lebewesen, so dass man bildhaft sagen konnte: Wir sind Sternenstaub.

(b) Die groben Zeiträume und Abfolgen der Evolution hat man bisher nur aus den sehr lückenhaften Fossilienfunden vermutet; heute werden sie weitgehend durch radioaktive Altersbestimmungen der Fossilien bestätigt. – Aber auch schon ohne diese Bestätigung besagt das angebliche Fehlen von Übergangsformen, „missing links", die Schönborn (2007, 96, und 2008, 65 f) gegen Darwins Theorie anführt, gar nichts, wenn man nur einmal bedenkt, wie viele Fossilien wir von den heute in der Natur sterbenden Lebewesen finden müssten, und wir finden fast nichts, weil Bakterien, Pilze und andere Verwerter ganze Arbeit leisten; die Chance, zum Fossil zu werden, haben nur wenige Lebewesen (etwa wenn sie in luftdichtem Schlamm, Lava, Bernstein usw. eingebettet sind).

(c) Vor allem aber wird der bisher nur aus Fossilienfunden vermutete Evolutionsablauf durch genetisch abgeleitete Stammbäume weitgehend bestätigt; der paläobiologisch-morphologische und der molekulargenetische (aus Unterschieden in den DNA-Sequenzen berechnete) Stammbaum des Lebens stimmen also im Wesentlichen überein, zwei voneinander unabhängige Rekonstruktionsmethoden der Geschichte des Lebens kommen zum gleichen Ergebnis (Schuster 2007, 52 und 112f). Die moderne Molekularbiologie untermauert somit die grundlegenden Einsichten der Evolutionstheorie.

Darwin war noch der Überzeugung, dass die Evolution *nur graduell in kleinen Schritten* erfolgen könne („natura non facit saltus"). Heute weiß man, dass in der Evolution *auch innovative Sprünge* möglich sind, und man kennt auch die genetische Basis dafür. „Solche drastischen Veränderungen geschehen manchmal allein aufgrund einer einzigen Veränderung in einem einzigen Gen", wenn es sich dabei um ein Gen „in den steuernden Regionen" handelt. „Klar ist heute, dass möglicherweise nur eine kleine Anzahl von Mutationen in entscheidenden Genen zum Teil große morphologische Veränderungen hervorrufen", also „große entwicklungsbiologische Effekte" haben kann (Meyer 2008, Z3)[12] – wobei freilich nie vergessen werden darf, dass sich die Abwandlungen nur erfolgreich fortpflanzen können, wenn sie in die bereits vorhandenen organismischen Strukturen *passen*, diese also nicht behindern oder zerstören.

Darüber hinaus gibt es einen *zwingenden Grund* für die Annahme von Evolution: *Wenn* Organismen als lebende Systeme auf Stoff- und Energiewechsel angewiesen sind und zugleich ihre Fortpflanzung mit störanfälliger Vererbung verbunden ist (was beides nicht zu bestreiten ist), *dann* ist Evolution *unausweichlich*. Denn die durch zufällige Mutation im Erbgut bewirkte Variation führt zu Unterschieden der Beschaffenheit und Leistungsfähigkeit der Organismen (in Nahrungsbeschaffung, Energiewandel, Mobilität, Fortpflanzungsfähigkeit), somit zu Konkurrenz und zu natürlicher Selektion (Peters 1984).

b) Evolutionstheorie als unabgeschlossene biologische Erklärung der Evolution

Der Ausdruck Evolutions*theorie* ruft nicht selten Missverständnisse hervor. Denn in der Alltagssprache wird oft abwertend gesagt „das ist nur eine Theorie", und man will damit sagen, dass die Erkenntnisse nur sehr unsicher seien; eine Theorie wäre dann kaum besser als eine Spekulation. In den Wissenschaften versteht man unter Theorie jedoch etwas anderes: Theorie bezeichnet eine einheitliche Formulierung des Wissens, die alle bekannten Beobachtungen zu einem bestimmten Thema so zusammenfasst, dass sie die fraglichen Sachverhalte überprüfbar erklärt, und die so lange gültig bleibt, bis neue Beobachtungen sie widerlegen oder zu neuen Interpretationen zwingen. In den Wissenschaften sind Theorien also das Beste, was möglich ist; sie sind gut gesichert, aber falsifizierbar, daher keine endgültigen Wahrheiten.

In diesem Sinne ist die Evolutionstheorie eine heute besonders gut bestätigte und gültige wissenschaftliche Theorie. Sie ist die zentrale und wichtigste Theorie der Biologie überhaupt (Dobzhansky 1973, 125: „Nichts in der Biologie macht Sinn, außer im Licht der Evolution") und zugleich eine der erfolgreichsten naturwissenschaftlichen Theorien, die inzwischen weit in andere Disziplinen (von der Kosmologie bis zur Gesellschaftsforschung) ausstrahlt. Sie erklärt das Entstehen der Dinge und Lebewesen aus schon vorhandenen Dingen. Aber sie erlaubt keine Vorhersagen über das künftige Entstehen im Einzelnen, sondern kann lediglich sagen: *Wenn* sich irgendwelche neuen organismischen Bildungen entwickeln, werden sie es nach den Gesetzmäßigkeiten tun, die die Evolutionstheorie formuliert.

Die Evolutionstheorie versucht die Evolution zu erklären; sie versucht zu erklären, wie die kausalen Zusammenhänge zu sehen sind, welche Faktoren eine Evolution ermöglichen und begrenzen usw. Und da gibt es seit

Darwins epochemachendem Ansatz vielfache Weiterentwicklungen der Evolutionstheorie (sozusagen eine Evolution der Evolutionstheorie), die zunehmend mehr und vieles besser erklären. Wir wissen noch lange nicht alles über die Mechanismen der Evolution, und das ist es, was die Forschung vorantreibt. Die Evolutionstheorie ist also nicht abgeschlossen, sie wird ständig weiterentwickelt.

Eine solche Fortentwicklung stellt auch die Frankfurter Kritische Evolutionstheorie dar, die einen weithin vernachlässigten Aspekt ins Spiel bringt, indem sie Lebewesen zwar – analog zum Funktionieren einer Maschine – als mechanisch kohärente und operational geschlossene, aber energiewandelnde und damit für den Energiefluss (In-put und Out-put) offene hydraulische Gesamtgefüge versteht, die sich aber – ganz anders als eine Maschine – durch ihre eigene Tätigkeit selbst als Ganzes zusammenhalten (auch gegen Störungen von außen), sich selbst versorgen, fortpflanzen und somit selbst intentionale Akteure (Mitspieler) bzw. Subjekte der Evolution sind; sie treiben die Transformation (als selbstkreativen Wandel ihres Bauplans) ebenso voran, wie sie dieser Transformation auch unterliegen.[13]

M. a. W.: Die Organismen als ganze sind die eigentlichen Akteure (nicht die Gene, wie Dawkins in seiner Hypothese vom „egoistischen Gen" meint, für den die Henne bzw. der Mensch nur die Methode, nur die „blind darauf programmierte Überlebensmaschine ist, um diese egoistischen Moleküle zu erhalten"). Die *Ganzheit* der lebendigen Zelle bzw. des Organismus ist es, die als eigene, die molekularen Prozesse ausrichtende Instanz wirkt; diese Ganzheit des Lebendigen wirkt als Zielvorgabe für die Auswahl informationsrelevanter DNA-Sequenzen (alle Einflüsse – ob innere der Gene oder äußere der Umwelt – werden diesem Ziel der Selbsterhaltung der Zelle bzw. des Organismus gemäß interpretiert und bewertet). Deshalb kann man sagen, dass die Organismen als biologische Systeme sich des Genoms bedienen, um ihre Lebensfunktionen aufrechtzuerhalten, nicht umgekehrt. Die Gene „machen" nichts, genauso wenig wie Texte von sich aus etwas machen; allenfalls wird mit ihnen etwas gemacht, wenn sie „gelesen" werden (vgl. Lewontin 2002).

Darwins Evolutionstheorie bzw. manche ihrer Weiterentwicklungen liefern gegenwärtig die beste Erklärung für
die vorhandenen Befunde. Es gibt keinen Grund, sie nicht
anzuerkennen.[14] Doch schließt das nicht grundsätzlich
aus, dass sie irgendwann in der Zukunft von der Wissenschaft revolutioniert werden könnten. Das gibt selbst
Dawkins, wo er *wissenschaftlich* und *unvoreingenommen*
bleibt, unumwunden zu: „Wir müssen die Möglichkeit
einräumen, dass neue Tatsachen auftauchen könnten, die
unsere Nachfolger aus dem 21. Jahrhundert dazu zwingen
könnten, den Darwinismus hinter sich zu lassen oder bis
hin zur Unkenntlichkeit zu modifizieren." (Dawkins
2003, 81)

c) Neo-mythische Überhöhung der Evolution zur Totaldeutung der Wirklichkeit?

1) Alles, was wir heute überprüfbar wissen können, nö-
tigt dazu, Evolution als eine Gegebenheit und unbestreitbare Realität anzunehmen. Evolution ist *ein* Grundmerkmal aller Weltwirklichkeit, *ein* Grundmerkmal unseres
Universums und aller Gestalten und Lebewesen in ihm.

Deshalb können alle möglichen Sachverhalte *auch* evolutionstheoretisch betrachtet werden: nicht nur die Entstehung der Vielfalt des Lebendigen und des Menschen, sondern auch die Entstehung von geistiger Erkenntnis, von
Sprache, Psyche, Moral, Ästhetik, Musik, Kultur, Religion
usw. (vgl. H.A. Müller 2008). Und deshalb kann man auch
an einer verallgemeinerten Evolutionstheorie arbeiten (vgl.
Schurz 2008).

Aber Evolution ist *nicht* das oberste Erklärungspara-
digma (gleichsam die „theory of everything"), nicht *das*
Paradigma schlechthin, von dem her *alles* in der Welt der
Natur und Kultur *vollständig* zu verstehen ist. Evolution
sagt, wie Dinge entstanden sind. Wenn man weiß, *wie*

etwas *entstanden* ist (z. B. auch ein Kind), weiß man eben noch nicht, *was* es *ist* (was sein Wesen ist, welche Bedeutung, welchen Sinn es hat, warum es ist usw.).

Wo also Evolution – weit über den naturwissenschaftlichen Geltungsbereich hinaus – zum Universalprinzip erhoben wird, wo das Paradigma der Evolution *weltanschaulich überhöht und umgebogen* wird zur Totaldeutung der Wirklichkeit, da hat dies mit Wissenschaft nichts mehr zu tun, sondern wir haben einen pseudo-wissenschaftlichen Neo-Mythos vor uns. Evolution ist weder ein Subjekt (als ob „die Evolution" dies und jenes gemacht habe) noch der grundlegende Begriff zur Erfassung der Welt, vielmehr ein abgeleiteter Begriff.

2) Für Evolutionstheoretiker gibt es aufgrund ihres *methodischen Naturalismus* (und damit methodischen Agnostizismus!) keine grundsätzliche Alternative zur natürlichen Kausal-Erklärung durch zufällige Mutation sowie Selektion im zwangsläufigen Überlebenskampf. So kann es für sie nur darum gehen, den kausalen Wirkmechanismus hinter der scheinbaren Zweckgerichtetheit möglichst genau aufzuklären. Wo dieser noch nicht gefunden ist, heißt es intensiv weiterzuforschen. Wenn Naturwissenschaft – etwa im Sinn von Albertus Magnus – ein überprüfbares Unternehmen des menschlichen Erkennens von Naturvorgängen bleiben soll, dann kann man bei biologischen Phänomenen, die momentan noch nicht erklärt werden können, nicht *mit naturwissenschaftlichem Recht* einen intelligenten Designer ins Spiel bringen.

Umgekehrt überschreiten aber Evolutionsbiologen die Grenzen der Naturwissenschaft und ihrer Aussagekraft, *wenn* sie aus dem methodischen Naturalismus (und Agnostizismus) unversehens einen *weltanschaulich-ontologischen Naturalismus* (und dogmatischen Atheismus) machen und – angeblich *mit naturwissenschaftlichem Recht* – als Missionare des Neuen Atheismus auftreten. Wenn atheistische Naturalisten wie Dawkins oder Kutschera behaupten, *naturwissenschaftliche* Erkenntnis *zwinge* zur Annahme der Nicht-Existenz Gottes, dann begehen sie den strukturell gleichen wissenschaftstheoretischen Fehlschluss wie die Kreationisten Behe oder Demski, die sagen, *naturwissenschaftliche* Erkenntnis *zwinge* zur Annahme seiner Existenz. Beides ist falsch.

3) Wissenschaftliche Weltbilder sind weltanschaulich-religiös indifferent (sie sagen z.B. nichts über das Wesen der Dinge, nichts über den Zusammenhang des Ganzen, über das Warum und den Sinn; für eine existenzielle Orientierung der gesamten Lebensführung sind sie ungeeignet). Die Natur, die Evolution und wissenschaftliche Weltbilder zwingen weder zu Atheismus noch zu Theismus. Gottesglaube und Materialismus sind alternative weltanschauliche Optionen und (Selbst-)Festlegungen, in keinem Fall aber wissenschaftliche Schlussfolgerungen.

Man kann die wissenschaftlich zugängliche Natur auf verschiedene Weise interpretieren, kann sie durch die atheistische, deistische, theistische, buddhistische und viele andere Brillen betrachten – doch keine davon ist zwingend. So sind auch der Darwinismus und seine wissenschaftlichen Weiterentwicklungen weltanschaulich neutral (offen) und können nicht nur mit Atheismus vereinbart werden, sondern mindestens ebenso gut mit religiösen Überzeugungen und mit Glauben an Gott.

Dann müssen aber *beide*, der Atheismus wie der Glaube an Gott, als *irrtumsanfällige Versuche* gelten, *mit der Wirklichkeit, die wir erleben, zurechtzukommen.* Es müssen die Grenzen menschlichen Erkennens bewusst bleiben, was bedeutet, dass wir in den grundlegenden Fragen des Daseins *keine absoluten, unhinterfragbaren und unerschütterlichen Sicherheiten* besitzen, sondern bestenfalls nach der Wahrheit Suchende sind. Konsequenterweise folgt daraus eine Bescheidenheit bezüglich der je eigenen Wahrheitsansprüche – und kein fanatischer Eifer. Fanatiker, gleichgültig auf welcher Seite, haben entweder einen beschränkten Horizont oder sie können sich die mit unserer endlichen Erkenntnis gegebene Unsicherheit (eben auch der je eigenen Weltsicht) nicht eingestehen, sondern verdrängen und übertönen die eigene Unsicherheit.

II. Die biblischen Schöpfungstexte – was sie wollen und was sie nicht wollen

Die Kreationisten und ebenso ihre atheistisch-naturalistischen Kontrahenten lesen die biblischen Schöpfungstexte, wie wir sahen, als naturkundliche Berichte (als Schöpfungs-„berichte"). Naturalisten verstehen sie dann natürlich als naive, überholte Erklärungsversuche von etwas, was wir heute besser wissen. Hier ist zuerst Klarheit zu schaffen. Was sagen und was wollen diese Texte eigentlich?

Um das zu erfassen, ist zuvor ein Blick auf die sogenannten Schöpfungsmythen der altorientalischen Umwelt nötig, weil auf diesem Hintergrund die biblischen Schöpfungsaussagen erst in ihrer ganzen Besonderheit erkennbar werden.

1. Die altorientalischen Schöpfungsmythen als Hintergrund und die Besonderheit biblischen Schöpfungsdenkens

Das altorientalische Weltbildungs- und Weltordnungsdenken bildet den großen Horizont, in dem das kleine biblische Israel seine ureigenen Geschichts- und Gotteserfahrungen macht. Sie wirken dann auf das Verständnis dieses großen Horizontes zurück, den Israel ganz neu und anders begreift (vgl. Keel & Schroer 2002).

a) Kreatives Chaos: Schöpfungsmythen der altorientalischen Hochkulturen

Streng genommen sprechen die altorientalischen Hochkulturen gar nicht von Schöpfung, sondern – wie sich gleich zeigen wird – von Weltbildung, Weltformung und Weltordnung. Sie tun das in Hymnen/Gebeten und besonders in sogenannten „Schöpfungs"-*Mythen*.

1) Was ist hier mit Mythen gemeint? Im Unterschied zum „Logos" (= das bedachte, begriffliche Wort, das Vernünftiges vorbringt und auf Gespräch zielt) bedeutet das griechische „Mythos" das bildhaft erzählende Wort, das die bestehende Wirklichkeit von ihren Ursprüngen her als einen großen Zusammenhang deuten will, in welchem der Mensch – inmitten der Erfahrungen von Bedrohtsein – Stand und Orientierung finden kann.

Der Mythos spricht also nicht von Vergangenem, sondern vom Je-Jetzt. Treffend hat Salustius (4. Jh.) vom im Mythos Erzählten gesagt: „Dies geschah niemals, ist aber immer." Das heißt: Im Mythos werden die *archetypischen Urmuster oder Urmodelle* und die ewig gleichen, sich wiederholenden Grundstrukturen alles irdischen Geschehens dargestellt.

Solche später sogenannten „Schöpfungs"-Mythen hatten – z.B. in Babylon – ihren Sitz in zwei kritischen Momenten des Lebens voller Ungewissheit: am Beginn des agrarischen Neuen Jahres (Weltschöpfungs-Mythos) und bei der Geburt eines Kindes (Menschenschöpfungs-Mythos). Im Rahmen eines dramatischen Kultrituals wurde das mythische, archetypisch-modellhafte Urgeschehen der dem Chaos abgerungenen lebensfreundlichen Ordnung erzählt, um seine gründende Kraft in den ungesicherten Neuanfang des Jahreskreislaufs (Wiedererwachen der Natur, der Fruchtbarkeit usw.) bzw. des neugeborenen Lebens hinein beschwörend zu vergegenwärtigen.

Solche „Schöpfungs"-Mythen haben daher eine doppelte Funktion: Zum einen geben sie eine *ätiologische*, d.h. auf ein Urgeschehen bildhaft rückverweisende, *Erklärung* der vorhandenen Welt (wie es kommt, dass das Gegebene so *ist*, wie es erfahren wird: schön, geordnet, zugleich gefährdet, vielfach gestört und immer neu bedroht). Zum andern zielen sie auf *Bestandssicherung* der gegenwärtigen Ordnung (der Natur, des Staates, des Rechts, der eigenen Sippe), die gestiftet und verpflichtend ist (wie es *sein soll*), die aber immer wieder durch das zerstörerische Chaos (Gewalt, Katastrophen, Krankheit) bedroht ist. Es geht also um die Grundfrage nach der Halt gebenden Weltordnung: Sie wurde „einst" dem Chaos abgerungen, und dieser gute „Anfang" wird jetzt vergegenwärtigt, um ihn neu zu beleben.

2) Viele dieser „Schöpfungs"-Mythen haben eine ähnliche *Struktur*.[15] Sie gehen aus von den grundlegenden empirischen Gegebenheiten der vorfindlichen Welt und fragen hinter sie zurück, indem sie von ihr (in einer Art Subtraktionsmethode) alle Ordnung, alles Geformte, Gegliederte, Konkrete abziehen: *„Als noch nicht entstanden waren"* Himmel, Erde, Gebirge, Täler, Schilf, Getreidehalme, Schafe, Menschen, Götter, ja „als noch nicht zwei Dinge entstanden waren", – so beginnen viele dieser Mythen, z.B. das akkadisch-babylonische Weltschöpfungsepos „Enuma elisch" aus dem 12. Jh. v. Chr. (Beyerlin 1975, 107f; vgl. 33f; Eliade 108f; Sproul 212ff). – Übrig bleibt dann ein ungegliedertes Einerlei, ein amorphes Urelement, das *uranfängliche Chaos* (das griechische Wort „Chaos" begegnet allerdings erst bei Hesiod um 700 v. Chr.). Dieses uranfängliche Chaos wird je nach geografischem Kontext gedacht: als undefinierbare finstere Urflut (z.B. im Enuma elisch; vgl. auch Gen 1,2), als wasser- und leblose öde Wüste (vgl. auch Gen 2,5) usw. – Man dringt also nicht vor bis zu dem Punkt, wo es noch „nichts" gab; ein Nicht-Sein können sich die antik-semitischen Kultu-

ren weder vorstellen noch es denken. Die Frage nach der Herkunft des Chaos stellt keiner der altorientalischen Texte.

Dieses chaotisch-amorphe Urelement wurde irgendwann aus sich heraus *eigenschöpferisch tätig* (oft gedacht nach dem Modell von sexueller Differenzierung und Vereinigung, Zeugung und Geburt) und brachte als erste Gestalten das erste Götterpaar hervor (z.B. im Enuma elisch das Götterpaar Apsu/Süßwasser und Tiamat/Salzwasser), das sich dann vermehrte. Die Götter sind also selbst entstanden (= *Theogonie*), sind Produkt eines ihnen vorausliegenden Werdeprozesses aus chaotischen Naturkräften; sie sind die Tiefenkräfte der Natur, gehören zu ihr, sind ihr gegenüber nicht transzendent (ein Kennzeichen jedes Polytheismus; auch wo eine Urzeugung durch den Sonnengott angenommen wird, wie teilweise in Ägypten, bleibt dieser eine Kraft der Natur). – Alles geht aus der chaotischen (evtl. vergöttlichten) Urgewalt hervor, ist von ihr umfangen und fällt in sie wieder zurück. Die Allgewalt der apersonalen Natur ist die dominante Erfahrung, sie hat einen resignativen Zug (Geborgen- *und* Ausgeliefertsein).

Der Theogonie, dem Entstehen der Götter, folgt die *Kosmogonie*, das Werden des Kosmos. Schaffen/Bilden von Welt heißt – in Umkehrung des Weges der Subtraktion – vorhandenes Chaos gliedern/scheiden (Himmel-Erde, Wasser-Land), formen (Berge, Tiere, Menschen), ausschmücken/ordnen („Kosmos"; Kanäle usw.). Das ist eine titanische Anstrengung, ein gewaltiges Werk der Götter (vor allem des jeweiligen Hauptgottes), in dramatischen Kämpfen den chaotischen Urgewalten abgerungen. Das wird häufig dargestellt mit dem Motiv des Chaosdrachenkampfes (Texte bei Beyerlin 1975, 107 ff; Eliade 1964, 134 ff), aber auch der mühevollen Arbeit des Töpfers usw.

Die Götter formen sich dann die Menschen als Frondiener, damit sie ihnen die Arbeit abnehmen, die im Kosmos getan werden muss (z. B. sumerische Eridu-Genesis 3. Jtsd; Atramhasis-Mythos 18. Jh. v. Chr.); Arbeit ist also im Ansatz schon negativ verstanden. Außerdem ist das Böse (Rebellion, Feindschaft, Krieg) schon ursprünglich in den Menschen angelegt; denn sie sind aus einer Abspaltung des Bösen im göttlichen Bereich geformt: „einen Gott (den rebellischen Kingu) soll man schlachten, mit seinem Fleisch und Blut Ton vermischen und daraus Menschen formen" (Enuma elisch; ähnlich Atramhasis u. a.).

b) Gott als kreativer Urgrund: Zur Eigenart biblischen Schöpfungsdenkens

Israels Schöpfungsdenken bezieht manche Motive aus diesem gemeinsamen orientalischen mythischen Hintergrund, und doch fällt es – von seiner geschichtlichen Erfahrung mit Gott (JHWH) her – *entscheidend anders* aus. Indem vorgegebene Motive des Mythos vereinzelt und anders verwendet werden, wird der Mythos ausgetrieben oder entmythisiert.

1) Es fehlt jede generative Herleitung Gottes aus einem vorausliegenden Chaos (es gibt keine Theogonie). *Gott ist einfach und von Anfang an da* (in Ex 3,14 wird der Name JHWH als „Ich bin da, als der ich da bin und da sein werde" gedeutet). Gott ist das erste Subjekt, das die Bibel erwähnt (in Gen 1 gleich 30mal wiederholt), die Grundvoraussetzung von allem. Er allein liegt allem voraus und zugrunde, nichts ist ohne ihn. *Alles außer Gott ist „Kreatur":* So erst ist die Schöpfungsvorstellung konsequent durchgeführt. Und der Gottesgedanke ebenso: *Gott ist der, ohne den nichts ist* (man kann deshalb streng genommen von Gott keinen Plural bilden, die Rede von Göttern, Geistern und anderen objekthaft übernatürlichen Wesen führt in die Irre).[16] Gott ist das einzig Beständige in allem Unbeständigen: Und wenn schon alles wackelt und ver-

geht, Du bist für immer „mein Fels" (Ps 62,7 f; 73,26; 90).
Er entzieht sich jedem Zugriff und ist doch der unfassbar
nahe Gott: „Und ob ich schon wanderte in finsterer
Schlucht, ich fürchte kein Unheil, denn du bist bei mir."
(Ps 23,4)

Gott allein ist der absolut geltende Bezugspunkt, in
dem die Menschen „sich gründen" und „festmachen" dürfen (das hebr. hä'ämin, gewöhnlich mit „glauben" übersetzt, meint: sich festmachen in dem, was festen Halt gibt;
vertrauen und sich verlassen auf das, was allein absolut
verlässlich ist). Alle sonstigen – und sei es noch so be-
drohlichen oder viel versprechenden – Mächte und Größen sind keine „letzte" (alles bestimmende) Instanz mehr.
Der Unterschied zwischen Gott und Welt / Mensch ist daher, genau besehen, ein wohltuender, heilsamer Unterschied. Denn nichts in der Welt braucht dann mehr ver-
göttlicht und abgöttisch verehrt zu werden, auch nicht die
Natur; der Mensch darf froh und dankbar dieser endliche
Mensch sein, der sich nicht selbst fundamental begründen
muss, weil er schon fundamental begründet ist. Und ebenso muss nichts in der Welt mehr ängstlich dämonisiert,
verteufelt und gefürchtet werden; alles kann in seiner endlichen Schönheit und auch in seiner Gefährdung voll
wahrgenommen werden. Der Monotheismus Israels hat
deshalb, recht verstanden, eine zutiefst befreiende Wirkung.

2) Die Welt ist nicht aus göttlicher Zeugung, Götter-
kampf und Uropfer hervorgegangen und auch nicht einfach Produkt einer eigen-schöpferischen chaotischen
Urgewalt. Zwar sind in Gen 1,2 altorientalische Chaos-
motive aufgenommen: tóhu-wabóhu, ein Wort mit schau-
rigem Klang, aus dem der Hebräer das heulende Urchaos
heraushört (die griechische Übersetzung sagt: cháos),
chóschäch (Ur-Nacht, Finsternis), tehóm (das gähnend-
verschlingende schwarze Loch der Urflut oder des Urdra-
chen); aber *das Chaos ist keine eigenschöpferische Größe,*

sondern nur Kontrastbild, um die erstaunliche, von Gott gegründete Weltordnung beschreiben zu können. Aus dem Chaos (Nicht-Ordnung) gliedert nach Gen 1 der Schöpfergott sukzessiv die Welt als Kosmos (schmucke Ordnung) aus, den er als Lebenshaus gestaltet und mit Lebewesen ausstattet. So sehr das Chaos auch weiterhin die Erde bedrohen mag, es kann sie nicht mehr zerstören (so die Aussageintention der Sintfluterzählung Gen 6–9). Und am Ende, in der neuen Schöpfung – so die Hoffnung – wird kein Chaos mehr sein (vgl. Jes 27,1; Offb 21,1–5). Nicht ins Chaos fällt alles zurück, sondern – metaphorisch gesprochen – in Gottes gute Hände. Eine vertrauensvolle Deutung menschlicher Existenz in ihrer Bedrängtheit und Zuversicht.

3) Dem Chaos ist der *entscheidende erste Satz* der Bibel Gen 1,1 vorgeschaltet, der alles verändert: „Im Anfang (oder: Als Anfang) schuf Gott Himmel und Erde." Ein *„überschriftartiger Mottosatz"* (Bauks 1997, 145).

Der Dual „Himmel und Erde" meint: alles, die Totalität der Welt (das Althebräische hat kein Wort für Welt). „Im/als *Anfang"* ist freilich keine treffende Übersetzung; denn das hebräische Wort (abgeleitet von rosch = Kopf, Haupt, Hauptsache, Grundlage) meint weniger den zeitlich *vergangenen* Anfang, der vorbei ist, als vielmehr den *mitgehenden* Anfang, der andauert (ähnlich wie griech. arché oder lat. principium: Prinzip, Grund, Grundlage). Die Vulgata, die maßgebende lateinische Bibelübersetzung, übersetzt das „Im/als Anfang" daher richtig mit „in principio" (nicht mit „in initio"). Deshalb kann man auch sagen: „In der alten Frage nach dem Anfang der Welt müssen wir unsere Frage nach ihrem Wesen wiederentdecken. Dann erst fragen wir dasselbe." (Arenhoevel 1970, 9) Gen 1,1 besagt dann: Es macht das prinzipielle Wesen der Welt aus, von Gott erschaffen zu sein. Dieser erste und Motto-Satz der Bibel ist die hoch reflektierte Zusammenfassung eines langen Lern- und Denkprozesses in Auseinandersetzung mit den religiösen Kosmogonien der Umwelt Israels, der hermeneutische Schlüssel zum Verständnis des Ganzen – und der Bibel insgesamt.

Man darf hier jedoch nicht spätere Auslegungen eintragen. Es ist noch nicht – wie bei den Kirchenvätern seit dem 2. Jh. n. Chr. – an Erschaffung aus nichts *(creatio ex nihilo)* gedacht. Der Gedanke „nichts" ist dem konkret denkenden Alten Orient und Alten Testament fremd. Er kommt erst dort auf, wo biblisches Denken in griechisch-ontologisches übersetzt wird. Dann aber *muss* die Aussage „Gott hat alles Nichtgöttliche geschaffen" auch so gewendet werden: Gott hat die Welt „nicht aus schon Seiendem" (2 Makk 7,28) erschaffen, er hat sie vielmehr „aus nichts" erschaffen (so seit Irenäus um 180 die allgemein-christliche Auffassung), d. h. er hat *kein* vorgegebenes Material als *Ko-Prinzip* benötigt; alles, auch die chaotische Urmaterie, ist – selbst wenn sie zeitlich anfanglos sein sollte – jederzeit von ihm allein begründet, hat ihren Grund nicht in sich selbst. Diese Sicht liegt in der Konsequenz des biblischen Glaubens.

4) Beim Sprechen von Schöpfung veranlasst uns die Bibel zu größter Vorsicht.[17] Sie kann zwar auch Wörter für menschliches Schaffen auf Gott übertragen und davon sprechen, dass Gott „machte" (Gen 1,25 f) oder „formte" (Gen 2,7), und das kann zu artifizialistischen Vorstellungen verleiten (als ob Gott wie ein Handwerker die Welt hergestellt habe und sie dann außerhalb seiner stünde, er also ihr endliches Gegenüber und gar nicht der unendliche Gott wäre). Aber dort, wo die Bibel ganz sorgfältig und am reflektiertesten spricht, korrigiert sie alle handwerklich herstellenden (und sexuell-erzeugenden) Vorstellungen, indem sie einerseits zur subtilen Metapher des Hervorrufens durch das Wort greift (Gen 1,3 und folgende Verse: Gott „sprach": Es werde, und es ward), andererseits aber – und das vor allem gibt zu denken – führt sie ein neues Wort ein, das es sonst gar nicht gibt und das sie nur für

Gott allein gebraucht: bará (Gen 1,1.27; vgl. Jes 45,18; 65,17; Jer 31,22; Ps 51, 12).

Dieser Sachverhalt wird kaum je in seiner ganzen *Abgründigkeit* und in seinen Konsequenzen bedacht. Während wir nämlich die Wörter „schaffen, Schöpfer, kreativ" von allen möglichen Größen aussagen können, wird das biblische bará (das wir meist allzu leichtfertig mit „schuf" übersetzen) und das zugehörige Substantiv boré (das wir mit „Schöpfer" wiedergeben) ganz *allein* von Gott ausgesagt. Wenn ein jüdischer Mensch sagt „der Boré", dann verweist er auf etwas Urgewaltiges ohnegleichen, auf etwas absolut Singuläres. Deshalb sind bará und boré *eigentlich unübersetzbar*, weil es dafür nichts Vergleichbares in der Welt gibt. Unsere Übersetzungen „schaffen, Schöpfer" suggerieren und tun so, als gebe es etwas Vergleichbares, werden also dem absolut Grundlegenden und Einzigartigen nicht gerecht, wo wir an die *Grenze des Sagbaren* geraten. Sicher, wir werden die eigentlich unübersetzbaren Wörter bará und boré weiterhin übersetzen, aber wir sollten dabei wenigstens stolpern oder stutzen. Dieses Stutzen will der spätere (nachbiblische) paradoxe Ausdruck *creatio ex nihilo* hervorrufen.

Das werden wir im Blick behalten müssen. Wenn wir also im Folgenden von Schöpfung und vom Schöpfer sprechen, so sind diese Wörter eigentlich immer in Gänsefüßchen gesetzt zu denken. Vor allem aber werden wir versuchen müssen, uns im Denken an *das Unvordenkliche* heranzutasten.

5) Blicken wir kurz zurück. Was ist der Kernpunkt?

Im alten biblischen Israel ist etwas passiert, das alles andere als selbstverständlich ist und das wir in seiner Bedeutung kaum überschätzen können: Die Annahme einer gegenüber dem vorhandenen Weltall unterschiedenen (aber nicht von ihr getrennten) unendlichen Wirklichkeit, die gerade nicht außerweltlich, sondern in allem anwesend ist (s. u. III. 2 und IV.) und die letztlich all unsere Vorstellungen und Sprachmöglichkeiten sprengt. Das Denken der altorientalischen *Umwelt* Israels hatte sich ja ganz in einem in sich geschlossenen Chaos-Kosmos-Chaos-Rahmen bewegt, den es nicht überschritt: Es gibt nur das All, die reine Immanenz, sie ist der einzige Lebens- und Sterbenshorizont, mit dem man sich zufrieden geben muss; eine wirkliche Transzendenz, die noch etwas anderes einbringen oder die darüber hinausführen könnte, gibt es nicht. Ähnlich sieht es übrigens das monistische Denken der griechischen Vorsokratiker (alles kommt aus dem einen chaotischen Urstoff) und heutiger Materialisten (alles hat sich selbst organisiert). Anders das kleine Volk Israel: Allem Welthaften (auch dem Urchaos und Urstoff) liegt etwas Anderes zugrunde, das All ist nicht alles, da ist noch wer. Wenn der biblische Gedanke eines dem Weltall gegenüber differenten, aber in ihm präsenten unendlichen Gottes auftaucht, dann wird die Wirklichkeit als ganze zur Frage über sich hinaus. Alles gründet in der Gewähr eines unverfügbar Anderen.

Der *präzise* Gedanke der Schöpfung der Welt und der zugehörige Gedanke der Mit-Geschöpflichkeit alles Geschaffenen sind somit ein Ergebnis des jüdischen Gottesglaubens. Hier hat sich in einem tief reichenden Klärungsprozess die feste Überzeugung durchgesetzt, dass alles, was weltlich ist, nur durch Gottes beständige Gegenwart (und seine schöpferische Energie: Gen 1,2b) überhaupt Sein hat und im Dasein erhalten wird. – Inwiefern es Gründe für diese Annahme und Überzeugung gibt, soll in den Kapiteln III. 2 und IV. bedacht werden.

Exkurs: Ursprungs- und Schöpfungsmythen in den Religionen des Ostens

Die frühen Hochkulturen Chinas und Indiens haben auch Ursprungs-/Schöpfungsmythen von ähnlicher Struktur (Chaos, Theogonie, Kosmogonie) hervorgebracht. Die Religionen des

Daoismus und Konfuzianismus, Hinduismus und Buddhismus zogen aus ihnen *monistische* Konsequenzen: Die all-eine Natur (Kosmos) und ihr a-personaler Seinsgrund (Dao, Brahman) schienen das *einzig* Gültige, daher das angestrebte Einssein mit ihnen der Glücks- und Heilszustand. Menschliche Individualität, Personalität, Geschichte ist nur eine vorübergehende, zu überwindende Konkretion naturaler Prozesse; personale Beziehung und Gemeinschaft, Hoffnung auf Sinn und Vollendung der Existenz usw., all das hat keine endgültige Chance. – Demgegenüber besteht der *dialogische* (nicht: dualistische!) *Monotheismus* der Bibel darauf, dass die – kosmisch anscheinend so belanglose – Existenz des *konkreten Einzelnen* bleibende Würde und Gültigkeit hat (vom Schöpfer gewünscht, bejaht, angenommen und gerettet wird). Die Beziehung der Liebe hat Ewigkeitsstruktur, sie ist der Sinn des Seins. – Diese beiden grundlegend verschiedenen Konzepte sind bis heute die zwei Grundoptionen von religiöser Deutung der Wirklichkeit und ihres Urgrundes.

2. Wie sind die Schöpfungstexte am Anfang der Bibel (Gen 1 und 2–3) zu verstehen?

Lange Zeit haben die meisten (nicht alle) die ersten Kapitel der Bibel wie einen fortlaufenden Bericht über die Urgeschichte gelesen.[18] Dabei hat man über die Ungereimtheiten und Brüche, die bei einer solchen Lektüre auftreten (zwei Schöpfungsberichte mit sich widersprechenden Darstellungen), einfach hinweggelesen. Man hat übersehen, dass die Kapitel Gen 1 und Gen 2–3 bezüglich Vorstellungswelt, Denkweise und Sprachstil so stark differieren, dass sie nicht von ein und demselben Autor stammen können.

Die beiden Schöpfungstexte Gen 1 und Gen 2–3 gehen auf verschiedene Quellen und Kreise zurück: Gen 1,1–2,4a[19] ist ein nüchterner Hymnus, der aus Priester-Kreisen stammt (und zum umfänglicheren Werk der sog. Priesterschrift gehört, abgekürzt P). Gen 2,4b–3,24 ist eine farbige Erzählung, die aus Weisheitslehrer-Kreisen stammt (weil sie für Gott das Tetragramm JHWH gebraucht, spricht man vom Jahwisten, abgekürzt J). Beide Texte enthalten alte Traditionen und haben eine längere Vorgeschichte hinter sich, sind unabhängig voneinander entstanden und angewachsen (und dann um 500 v. Chr. von einem Redaktor aneinandergefügt worden); ihre jetzige, uns vorliegende Endfassung ist in die Zeit zwischen 550 und 500 v. Chr. zu datieren.

Außer Gen 1 und 2 enthält das AT aber noch andere Schöpfungstexte, die hier außer Betracht bleiben müssen: so kleinere Stücken (etwa in Amos 4,13; 5,8–9; 9,5–6), besonders aber die großen Schöpfungstheologien bei Deuterojesaja (40,12–31; 44,9–28; 45,5–25; u.a.), in den Schöpfungspsalmen (8; 19; 33; 74; 93; 104; 139; 148), im Buch Ijob (v.a. 28; 38–41), im Buch der Sprüche (v.a. 1–9) oder im Buch Jesus Sirach (16,24–17,10; 24; 42,15–43,33).

Ich beschränke mich also auf die beiden Schöpfungstexte am Anfang der Bibel, die in der Geschichte die größte Wirkung ausgeübt haben und auf die auch in den heutigen Debatten immer wieder Bezug genommen wird, die aber sehr oft gründlich missverstanden werden.

Und ich spreche ganz bewusst von Schöpfungs*texten*, *nicht* von Schöpfungs*berichten*, weil der Ausdruck „Schöpfungs*bericht"* – der sich leider auch immer wieder in sprachlich fahrlässiger exegetischer und theologischer Literatur findet – ein Missverständnis dieser Texte als naturkundlicher Beschreibungen geradezu nahelegt: als wolle z.B. der Text Gen 1 sagen, Gott habe die Welt und die Arten der Lebewesen in 6 Tagen (in getrennten Schöpfungsakten) geschaffen; wobei die 6 Tage als 6000 (oder gar als 6 Milliarden) Jahre zu verstehen seien, da doch im Psalm (90,4) zu lesen ist: „bei Dir sind 1000 Jahre wie ein Tag". – Aber das geht völlig an den Texten vorbei.

a) In sieben Tagen? Der Schöpfungshymnus am Anfang der Bibel (Gen 1)

Hier ist das in 1.2 Dargelegte in Erinnerung zu behalten. Darüber hinaus ist zum richtigen Verständnis des ersten Kapitels der Bibel Folgendes von grundlegender Bedeutung.

1) Der einst die Priesterschrift und heute die ganze Bibel eröffnende Text Gen 1,1–2,4a ist kein Schöpfungs*bericht*, auch keine Schöpfungs*erzählung*, sondern ein *Hymnus (Lied)*; weil er sehr nüchtern und lehrhaft ist, kann man auch sagen: ein *Lehrgedicht*. Die 6 oder 7 Tage sind nicht die inhaltliche Aussage, sondern gehören zur Form des Liedes oder Lehrgedichts (wie 7 Strophen). Dieses hat eine längere Vorgeschichte (Seebass 1996, 91–94). Die Forschung konnte zeigen, dass der Text ursprünglich – nämlich eine ältere „Vorlage oder Erstfassung" (Görg 1998, 139) – *ohne* dieses 7-Tage-Schema existierte und erst nachträglich mit diesem überformt wurde. Das geschah wohl in der Zeit des babylonischen Exils (circa 587–520 v. Chr.), in dem für die deportierten Juden der Sabbat zum wichtigen Identitätszeichen wurde, und auf den Sabbat, den siebten Tag, zielt das 7-Tage-Schema: der Sabbat – nicht der Mensch – ist die Krone der Schöpfung.

Das Lehrgedicht ist hoch reflektiert, kunstvoll durchgeformt, oft umständlich feierlich (mit refrainartigen Wiederholungen): „Nach Art eines Bilderbuchs" (Görg 1998, 134) kann man sich nacheinander staunend die Szenen vor Augen führen. Anders als die altorientalischen Ursprungsmythen bietet es keine Kosmogonie, sondern eine Phänomenologie des Kosmos aus der Sicht des Glaubens, hat also *nicht* die Funktion zu erklären, *wie* die Dinge entstanden sind, sondern möchte dazu einladen, in den vielfältigen Erfahrungen von Chaos und Lebensbedrohung auf Gott als den Halt gebenden Urgrund sein Vertrauen zu setzen und den von ihm zugesicherten guten Lebensraum dankbar zu erleben und zu gestalten. Es geht, wie oben dargelegt, nicht um etwas, was früher einmal passiert ist, sondern um das, was (von Anfang an) immer gilt.

2) Selbstverständlich geht das Lehrgedicht von der damaligen Weltsicht aus, nimmt sozusagen das naturwissenschaftliche Wissen seiner Zeit in Anspruch, aber nicht um *dieses* zu verkünden, sondern um in dieser Vorstellungswelt *seine grundlegende Botschaft* zu verkünden: Gott ist einfach und von Anfang an da. Er liegt allem Werden zugrunde. Nicht das Chaos ist der quasi-göttliche Urgrund, aus dem zuerst die Götter und dann der Kosmos hervorgehen (wie viele Ursprungsmythen der altorientalischen Umwelt es sehen); das Chaos (Gen 1,2) ist vielmehr nur die materiale Basis für Gottes Schöpferwirken, und diese materiale Basis ist, wie der dem Chaos vorausgesetzte Mottosatz (Gen 1,1) zum Ausdruck bringt, selbst von Gott begründet. Gott ist der Urgrund, er „erschafft" aus dem Chaos ein großes Lebenshaus, eröffnet Lebensräume: Tag und Nacht (Zeiten), Luft und Wasser, trockenes Land und Meer. Und diese Lebensräume werden – übrigens *unter Mitkreativität der Erde* (Verse 11f.20.24: „das Wasser" und „die Erde bringe hervor" Pflanzen und Tiere) – mit den zugehörigen (Lebe-)Wesen ausgestattet: mit Gestirnen (die im Alten Orient als Lebewesen und Götter gelten[20], hier jedoch zu Leuchten ent-göttlicht sind), mit Luft- und Wassertieren, schließlich mit Landtieren und den Menschen, die beide in einen (den sechsten) Tag bzw. in eine Strophe zusammengepackt sind, will sagen: eng zusammengehören.

Von Arten im biologischen Sinn und von Konstanz der Arten ist in Gen 1 (1,11f. 20f. 24f) keine Rede, es geht schlicht um die augenfällige *Vielfalt* der Lebewesen, die von Gott *gewollt* ist (so sieht es auch der Schöpfungspsalm 104): Kein einziges Wesen ist von seinem Ursprung her schlecht, jedem kommt vom Schöpfer her *Gutheit* zu (so die wiederholte Billigungsformel „Gott sah, dass es gut war"). Es gibt weder ein böses Gegenprinzip (wie beim iranischen Zarathustra) noch eine Abwertung von Materie, Leib und Geschlechtlichkeit (wie später in Platonismus, Gnosis und Manichäismus). Auch und besonders der Mensch ist von Gott gewollt: „Es war sehr gut", heißt es da.

3) *Der Mensch (adám)* ist als Mitgeschöpf eingebunden in den großen Lebenszusammenhang. Er steht in besonderer Verwandtschaft mit den Tieren, die wie er „näfäsch hajjah" = lebendige Seele, also beseelt, sind (Gen 1,20f.24.30), die er deshalb eigentlich nicht töten und verzehren soll (so der Sehnsuchtstraum von Gen 1,29f; nüchtern anerkennt dann Gen 9,1–3P die leidige Faktizität als Notordnung wegen der menschlichen Bosheit). – Zugleich wird die unvermeidliche Sonderstellung, die der heutige Naturalismus dem Menschen abzusprechen strebt[21], bedacht und der Mensch *inmitten* der Schöpfung hervorgehoben: Gott spricht den Menschen an, *nur ihn* (Gen 1,28–30). Der Mensch ist das *von Gott angerufene* Wesen, nicht nur weltoffen, sondern auch ursprünglich geöffnet für Gott und möglicher Gesprächspartner Gottes. Gen 1,27P (vgl. 5,1fP; 9,6P; Ps 8) sagt dafür: er ist „Bild"/Ikone Gottes (nicht Frondiener der Götter wie im Enuma Elisch). *Jeder* Mensch ist Ikone Gottes (nicht nur der König wie in Ägypten[22]), ist als solcher zu würdigen, wie gering, verächtlich, schuldig er auch sei (die biblische Begründung der Menschenwürde). Mit „Bild Gottes" ist ein Sein und ein Sollen gemeint. Bild/Ikone Gottes *ist* der Mensch: d.h. im Antlitz jedes Anderen begegnet der ganz Andere. Und Bild/Ikone Gottes *soll* er *sein*: Er soll Gottes Art gegenüber den Geschöpfen „abbilden" und *so*, als Treuhänder (co-creator, co-operator) Gottes, sich verhalten; d.h. nicht ausbeuterisch, sondern schonend wie ein Gärtner soll er die Erde „betreten" (das meint das hebr. kabásch in Gen 1,29) und fürsorgend wie ein Hirt über die Tiere „walten/herrschen" (das meint das hebr. radáh in

Gen 1,26.28[23]). So versteht das nicht nur heutige Bibelwissenschaft, der Sache nach ganz ähnlich hat man das auch fast durchgehend in der Christentumsgeschichte verstanden. Erst seit etwa 1600, seit Descartes und Francis Bacon, wurde dieser sogenannte Herrschaftsauftrag anders und ganz falsch verstanden, nämlich im Sinne von Ausbeutung (vgl. Zenger 1983, 90–98; Kessler 1990, 58–67; Wybrow 1991; Rappel 1996).

Beide Aspekte, das Eingebundensein und die Sonderstellung des Menschen, gehören zusammen; wird einer von beiden ohne den andern stark gemacht, verfällt der Mensch in Selbstnegierung oder in Größenwahn.

4) Wichtig ist die Rahmung des Textes. Der erste Satz sagt: Gott ist die einzige Voraussetzung und der verlässliche Grund aller Weltwirklichkeit. Und der letzte Satz sagt: Alles will hinaus auf die Ruhe und Feier der Vollendung. Sie soll im gegenwärtigen Leben schon erfahrbar werden im Sabbat (vgl. Ex 31,15.17; 20,10f): als Aufatmen von den Mühen der Arbeit, als Aufhören mit dem Machen und Haben-Wollen, als Zu-sich-Kommen und Ruhenlassen (auch der Tiere), als Stillwerden vor dem Schöpfer, Erfahren seiner Nähe und Zugewandtheit, als gemeinsames Genießen seiner guten Gaben und dankbares Sich-Freuen am Dasein. Nur deswegen, weil alles auf diesen siebten Tag hinauslaufen soll, haben die priesterlichen Überarbeiter dieses Schöpfungstextes nachträglich das Sieben-Tage-Schema als Darstellungsform gewählt.

b) Urzeitidylle und Sündenfall? Die Schöpfungs- bzw. Paradieserzählung Gen 2–3

Die vom Jahwisten stammende sogenannte Paradieserzählung Gen 2,4b–3,24 ist auch *kein Bericht* über eine paradiesische Urstands-Idylle und den dann leider folgenden Sündenfall, der zur Vertreibung aus dem Paradies führt, sondern eine poetisch-bildhafte *Erzählung*. Wo Spätere nach dem Wesen des Menschen fragen und eine Beschreibung oder Definition geben würden, fragt der Jahwist, was mit dem Menschen vom (andauernden, mitgehenden) Anfang an geschieht, und bringt eine Erzählung. Eine Erzählung hat ihre eigenen Möglichkeiten: Was sie (als gleichzeitig!) sagen will, muss sie in einer Handlungsabfolge erzählen.

1) Die Paradieserzählung führt nacheinander die Urmuster des menschlichen Daseins vor Augen. Sie tut dies mit einer außerordentlichen Vielfalt von Motiven und Anspielungen, in mehrbödigen und kaum ausschöpfbaren archaisch-symbolischen Bildern (z. B. vom Garten Eden, vom Baum des Lebens und vom Baum der Erkenntnis, usw.). Sie spricht von *menschheitlichen* Grunderfahrungen, die zu allen Zeiten gemacht werden, seit es Menschen gibt. Das hebräische adám heißt kollektiv: Mensch, Menschheit; ist geschlechtsübergreifender Gattungsbegriff[24], ist also nicht männlicher Individualname (der wird erst später daraus im griechischen Sprachraum, wo man das hebr. kollektive adám nicht mehr versteht). In Gen 2–3 wird also nicht etwas erzählt, was sich einmalig am Anfang der Menschheitsgeschichte zugetragen hätte, der Leser wird nicht in eine ferne Zeit entrückt, sondern er erfährt etwas über sich selbst: Was „der Mensch" tut, das tun wir alle. Von welchen menschheitlichen Grunderfahrungen spricht der Text?

Gen 2 sagt, wie „der Mensch" von Gott *eigentlich gemeint* ist: im ungebrochen-vertrauten Verhältnis zu Gott, zu Tieren und zum Partner, seine Endlichkeit annehmend als Grenze (die ihn über sich hinaus auf den Andern verweist), den Garten bebauend und bewahrend. *So müsste es sein, so* wäre es gut. Aber – sagt dann Gen 3 – so ist es *faktisch nicht*. Faktisch ist das Verhältnis zum göttlichen Lebensgrund gestört, und das führt zu Lebensminderungen und Störungen aller andern Beziehungen (Schuldzuweisung, Scham, Mühsal, Beschwernisse, Gewalttat usw.). Eigentlich müsste die Erzählung von rückwärts her gelesen werden: Sie beschreibt in Gen 3 den leidvoll erfahrenen Ist-Zustand und konfrontiert ihn mit dem Ideal- oder Soll-Zustand, den Gen 2 als positiven Gegenentwurf oder als Leitbildutopie zeichnet, auf die hin es zu leben gilt. Die Paradieserzählung war also *nie ein Tatsachenbericht*, sie war immer schon *eine Sehnsuchtsgeschichte*: Mitten in der realen Welt, die wenig paradiesisch ist, entwirft sie ein Gegenbild, an dem man sich orientieren kann.

2) Betrachten wir einige Einzelzüge von Gen 2:

(a) *Das Gleiche*, was der priesterschriftliche Schöpfungshymnus in Gen 1,27 mit dem Ausdruck Bild Gottes sagen wollte, sagt die jahwistische Schöpfungserzählung in Gen 2,7 in *poetischen Bildern*[25]: „Da formte Gott JHWH den adám (= Erdling) aus adamá (= rote Acker-Erde) und blies in seine Nase den Lebensodem; so wurde der Mensch zu einem lebendigen Wesen." Lebendige, beseelte Wesen sind nach Gen 2,19 auch die Tiere, aber ihnen ist nicht der göttliche Lebensodem eingehaucht; der Lebensodem (neschamáh chájim) ist das Gott Eigene, an dem er den Menschen teilhaben lässt. So ist der Mensch ein spannungsreiches Wesen: aus Erde (Staub, Materie) gebildet und zu ihr zurückkehrend (Gen 3,19b) und doch für Gott empfänglich, mit einer „Antenne" für ihn; eingespannt zwischen Erdverhaftung (2,15) und Verwiesenheit auf Transzendenz. M. a. W.: Der Mensch ist das Wesen mit „Weltoffenheit" (Max Scheler) und mit Transzendenzbewusstsein.

(b) Gen 2,18: „Nicht gut ist es, dass der Mensch allein sei". Eine echte „Hilfe" gegen seine Einsamkeit kann aber weder Gott allein sein, noch können es nach 2,19f die Tiere sein (obwohl wir nach dem AT mit ihnen eng verwandt sind und – gegen den Dünkel Späterer, etwas unendlich Besseres zu sein – zusammen gehören, auch in der Vollendung: Jes 11,6–8; Hos 2,20). Echte „Hilfe" gegen die Einsamkeit des Menschen kann nur ein zu ihm passendes, ein ebenbürtiges, gleichberechtigtes „Gegenüber auf Augenhöhe" (2,18b.20) sein: ein Mit-Mensch.

(c) Zunächst ist von adám (= Gattungsbegriff Mensch) die Rede. Erst als die Frau (ischáh) geschaffen ist, wird nun auch der Begriff Mann (isch) eingeführt; ohne sie ist er nicht. Die Frau wird betont *neben* den Mann gestellt, ebenbürtig, ohne jede Unterordnung (2,23 f); sie ist nicht Arbeitskraft und Besitz des Mannes, sondern ebenbürtige Gefährtin. Damit wendet sich der Jahwist scharf gegen die patriarchalischen Zustände im ganzen Alten Orient (z. T. auch in seinem Volk), mit denen er nicht einverstanden ist. In Gen 3 sagt er deshalb: Dass die Frau dem Mann untergeordnet und er ihr Herr ist, das ist *nicht* die gottgewollte Ordnung, sondern es ist ein Fluch, die innere Folge einer Beziehungsstörung. Und im Gegensatz zum herrschenden Brauch sagt Gen 2,24 (matrilinear): Der Mann „verlässt Vater und Mutter, hängt seiner Frau an und sie werden ein einziges basár" (= Fleisch, als der ganze Mensch, ohne jede negative Konnotation), sie werden also ganzheitliche, auch sexuelle Gemeinschaft.

(d) Gen 2,21 f: Die Vorstellung, die Frau sei aus einer Rippe des adám erschaffen, wird viel belächelt und karikiert, weil man die Bilder nicht versteht. Manche Interpreten sehen hier Reste des Mythos vom „runden" zweigeschlechtlichen Urmenschen, der dann in zwei Hälften auseinanderfällt. Eine andere Deutung (Uehlinger 1998) ist sehr aufschlussreich: Der Name der sumerischen Göttin Nin-ti hat die doppelte Bedeutung „Frau der *Rippe*" und „Frau, die *Leben* gibt"; das hat möglicherweise den Erzähler einer Vorlage von Gen 2 auf Idee gebracht, wie er mit dem Bild der „*Rippe*" in seiner Erzählung weiterkommen könnte, nämlich von dem einen adám zu isch und ischáh, *zur* „*Mutter der Lebenden*" (= hebr. Chawwá/Eva: Gen 3,20). Hinzu kommt: Der adám (der dann zum isch = Mann wird) ist, genauso wie die Tiere, nur aus Erde geformt, die Frau dagegen sozusagen aus edlerem Stoff, nämlich aus dem adám, ja aus dessen Herzmitte (da fehlt dann dem isch etwas, dessen er bedarf). Dass aber vom adám nur das Knochengerüst genommen ist (vgl. viele Funde von Lehmstatuetten, die um ein Knochenstück herum gebildet sind), besagt auch: Die bewunderte Fähigkeit der Frauen, neues Leben hervorzubringen, geht weit über die Möglichkeiten des adám (welche die des Mannes bleiben) hinaus, sie verdankt sich göttlichem Schöpferwirken und göttlicher Lebenskraft. Deshalb kann dann in Gen 4,1 die Frau nach ihrem ersten Gebären ausrufen: „mit JHWH habe ich einen Mann hervorgebracht", ohne den biologischen Erzeuger auch nur zu erwähnen.

(e) Gen 2,9.16 f (vgl. 3,3 – 7): der „Baum des Lebens" und der „Baum der Erkenntnis" sind symbolische Bilder, die man sich nicht als reale Bäume vorstellen darf. Der Text spricht von der großen Freigabe *aller* Bäume (die ja „begehrenswert und gut zu essen" sind: Gen 2,9), mit einer einzigen Ausnahme (Gen 2,16 f). Diese *eine* Ausnahme ist der „Baum der Erkenntnis von Gut und Böse" (der Dual Gut und Böse meint wieder: alles, die Totalität, das überlegene Umfassen aller Gegensätze). Die Erkenntnis der Totalität, die Allwissenheit ist dem Menschen vorenthalten; wenn er sich diese in anmaßender Hybris einbildet, ist das im Endeffekt todbringend und tödlich. Damit wird signalisiert: Es gibt kein Menschsein ohne Begrenztheit, ohne ein Nein, ohne einen Mangel, der ihn ja gerade über sich hinaus führen soll in die Beziehung zum Anderen als Weg echter Erfüllung (vgl. 2,18: Allein-Sein ist nicht gut/lebensförderlich). Gott setzt fürsorglich dem adám eine Grenze, die ihn als Beziehungswesen strukturiert, und appelliert an seine Freiheit und sein Vertrauen (Drewermann 1977; Wénin 2004).

3) Die Erzählung Gen 3 enthält viele weltweit verbreitete Motive (ist also Menschen aller Kulturen zugänglich), ist aber als Ganzes weltweit ohne Parallele (gibt also eine einzigartige Deutung). Psychologisch meisterhaft wird erzählt: Das Vertrauen der Menschen zu Gott bekommt einen Riss durch den Argwohn, Gott könne ihnen etwas vorenthalten haben. Das Verbot macht das anscheinend Versäumte zum einzig Interessanten, weckt das Begehren, die Grenzen des eigenen Daseins zu überschreiten, mehr haben und mehr sein zu wollen. Der Mensch akzeptiert nicht mehr die ihm gesetzten Grenzen (seine Geschöpflichkeit und Endlichkeit: Ps 39,5 – 8); er bekommt einen „Gotteskomplex" (Horst Eberhard Richter), will Grundlage, Herr, Maßstab und Zielpunkt seiner selbst und des anderen sein und verfehlt so gerade das für ihn und alles Leben Förderliche. Alles wird nun ambivalent, auch das

Sterben (der Tod) wird etwas Angstvolles. – Wieder einige Einzelzüge:

(a) Die Schlange in Gen 3,1 ff hat nichts mit dem Teufel zu tun (erst die griechische Schrift Weisheit 2,24 um 50 v. Chr. identifiziert sie mit dem Diábolos). Sie ist im Alten Orient ein vielschichtiges Symbol: zunächst das raschelnd erschreckende Tier; dann die alles verschlingende Chaosschlange; im Gilgamesch-Epos raubt die Schlange das Lebenskraut; im orgiastischen Baalskult ist sie Sexual-Symbol ewiger Jugend und Fruchtbarkeit. All diese Assoziationen rief ihr plötzliches Auftauchen in Gen 3,1 bei den israelitischen Zuhörern hervor. Doch der Jahwist holt sie von dort weg, macht aus dem Material etwas ganz anderes: Die Schlange wird entmythisiert zum bloßen Feldtier, alle Göttlichkeit ist ihr ausgetrieben, mit Ausnahme der Züge, die für den Fortgang der Erzählung gebraucht werden: Schläue und Sprechen. Übrigens ist die Schlange im Hebräischen männlich; Seebass übersetzt deswegen „der Schlang" (Seebass 1996, 98 f).

(b) Antike Erzählung kennt keine Selbstgespräche; das Gespräch zwischen der Schlange und der Frau stellt das Gespräch *im* Menschen dar: Was im Menschen zu sprechen beginnt, ist „die Schlange der *Begierde*" (Wénin 2004), die Gier, die in ihm aufsteigt und alle Beziehungen verdirbt. Die im Menschen aufsteigende Schlange der Begierde erweitert die *eine* Ausnahme (Gen 3,1: „Hat Gott wirklich gesagt: Ihr dürft von *keinem* Baum essen?"), so dass nur noch die Grenze da ist, die große Freigabe und die Fülle der Gaben aber verschwinden. Dem entspricht ein bewusst gesetzter Zug in der Erzählung des „Jahwisten"(!): Die Schlange spart den Eigennamen Gottes („JHWH" = ich bin da für euch) gerade aus, sie bietet stattdessen ein Bild von Gott, der das volle Leben vorenthält, und sie macht den Menschen den perversen Vorschlag, wie ein solcher einengender (Rivale-)Gott zu werden (3,1–5). Folgen der im Innern aufsteigenden Begierde sind Misstrauen und Angst vor dem Andern: Sie „erkennen" nun in der Tat – aber was? „Dass sie nackt sind" (3,7). Furchtsam „verstecken sie sich" (3,8–10) auch vor dem zum Kontrolleur-Richter gewordenen Gott. Der Mann schiebt die Schuld auf den Andern – auf die Frau und auf Gott selbst – ab (3,12: „die

Frau, die *du* mir gegeben hast, sie" war's). So untergräbt die Begierde die Fähigkeit zur Partnerschaft und zum Loslassen-Können. Wenn Begierde die Beziehungen bestimmt, wird der Andere zum begehrten Objekt, das man besitzen oder beherrschen will, zum bloßen Instrument, das man benutzt, oder zum auszuschaltenden Rivalen.

(c) Die Wörter „Sünde" und „Sündenfall" kommen in Gen 3 nicht vor, aber es ist die Rede vom faktisch gebrochenen Verhältnis zum Lebensgrund Gott und deshalb zu allem. Gen 3 spricht nicht von einem vergangenen „Sündenfall" mit Folgen für alle Späteren und erst recht nicht von „Erbsünde"[26]. Gen 3 spricht vielmehr von einem *typischen Grundmuster*, das in und durch Menschen immer wieder geschieht: Der „Sündenfall" geschieht ständig, adám sind wir alle. Erst spätere Texte *historisieren* dies zum einem einmaligen Anfangsgeschehen mit Folgen für alle Späteren.

(d) Was ist der Ursprung des Bösen? Ursprungsmythen und moderne naturalistische Mythen (einiger lautstarker Soziobiologen und Hirnforscher) sagen gern: Das Böse (Eigennutz, Aggressivität, Gewalttätigkeit) ist – durch Götter bzw. durch „egoistische Gene" (R. Dawkins) und Hirnvorgänge (Wolf Singer) – in die Natur des Menschen hineingelegt, es ist Schicksal, er kann gar nicht anders; und viele nehmen das als Entlastung von eigener Verantwortung gerne an. Oder: Jeder zeigt auf den andern, keiner auf sich selbst (wie Gen 3,12 f realistisch zeichnet). Die Antwort des Jahwisten ist anders: Das Böse ist Tat des Menschen, das „*Gebilde seines Herzens*" (so Gen 6,5J; 8,21J). Die Definition ist sorgfältig gewählt: Nicht das Herz ist schlecht, sondern das Gebilde des Herzens (die in ihm aufsteigende Begierde). Dort wird der Wunsch, das unbefriedigte Sehnen, in dem Moment zur Begierde, wo der Mensch in Konfrontation mit seiner Grenze meint, sie und damit seine Endlichkeit leugnen zu können, in der illusorischen Hoffnung, vollständige Erfüllung durch eigenwilliges Sich-Nehmen zu erlangen. Der Mensch *muss* nicht Böses tun, er *tut* es; wenn er es nicht hervorbringt, *ist* es nicht. Der Jahwist will (wie Jesus Mt 7,3–5), dass der Leser nicht auf andere zeigt, sondern an seine Brust schlägt, dass er die Verantwortung für sein Tun auf sich nimmt und keinem andern zuschiebt. Er mutet uns eine Erkenntnis zu, die wir so wenig hören wollen wie der Mensch des Mythos: Es gibt nicht nur determinierendes Schicksal, schlimme Einflüsse, seelische Erkrankungen usw. (natürlich gibt es die und sie schränken die Verantwortung des einzelnen ein!), es gibt auch Schuld.

Die menschheitliche Selbstanalyse, die Gen 2–3 leistet, ist ohne Illusionen, enthält bittere Wahrheiten, unterschlägt aber nicht die Freude an der Schöpfung Gottes, die bleiben darf und soll, und die Ausrichtung auf eine Leitbildutopie, auf die hin zu leben Genuss, Freude und Sinn ins Leben bringt.

c) Anti-evolutionär? Was der Redaktor wollte, der beide Texte aneinanderfügte

Beide Schöpfungstexte am Anfang der Bibel (Gen 1 und Gen 2 f) wurden um 500 v. Chr. von einem Redaktor aneinandergefügt. Beide Texte differieren in ihren Vorstellungen stark, vor allem auch in der Reihenfolge der Schöpfungswerke; während für den Hymnus Gen 1 der Mensch als letztes Lebewesen auftritt, spricht die Erzählung Gen 2 mythisch vom noch nicht zweigeschlechtlich differenzierten Menschen als erstem Lebewesen. Dadurch, dass der Redaktor beide Texte zusammenstellte, gab er auch zu erkennen, dass es ihm nicht auf ihre unterschiedlichen weltbildlichen Vorstellungen ankam, dass er (anders als die Kreationisten und ihre atheistischen Kontrahenten meinen) *gerade keine naturkundliche Aussage machen wollte*, dass es ihm vielmehr um die religiösen Grundaussagen der beiden Texte ging, die einander nicht widersprechen, sondern ergänzen.

Die beiden Texte denken natürlich nicht evolutiv, sie denken aber auch nicht anti-evolutiv. Von Evolutionsdenken wissen sie – wie der ganze Alte Orient – nichts, deswegen können sie es auch nicht ablehnen. Aber die Texte sind auch nicht verschlossen gegen ein künftiges Evolutionsdenken: Die von Gott begründete Welt soll ja *selber kreativ* sein („das Wasser" bzw. „die Erde bringe hervor …", wie dreimal gesagt wird: Gen 1,11f.24), und *genau dies wird als Gottes Schaffen verstanden* („die Erde bringe hervor …, und so geschah es; Gott machte/schuf …": Gen 1,21.25). Würden die Verfasser heute leben, so würden sie ihre Botschaft im Rahmen einer evolutiven Weltsicht darlegen, wie es z.B. Teilhard de Chardin, Karl Rahner, Wolfhart Pannenberg, Jürgen Moltmann und viele andere getan haben, oder in dichterischer Form Ernesto Cardenal in seinem Cántico Cósmico.

3. Anhang: Hinweise zum Evolutionsdenken in der Geschichte des Christentums

Wenigstens kurz möchte ich andeuten, dass Evolutionsdenken für christliche Denker in der Kirchengeschichte nichts Fremdes oder gar Unmögliches gewesen ist.

Exkurs: Evolutionsideen in vorchristlicher Antike

Dabei muss vorausgeschickt werden, dass die noch vage Vorstellung einer Evolution vereinzelt schon in der vorchristlichen griechischen und römischen Antike zu finden ist. Der vorsokratische Philosoph Anaximander von Milet (611–546 v. Chr.), der den Begriff des Chaos bei Hesiod und des Urstoffs Wasser bei seinem Lehrer Thales zum Begriff des Apeiron (des Unbegrenzten) weiterbildete, aus dem die Erde durch eine Wirbelbewegung entstanden sei, konnte sagen: „Die Tiere sind aus dem Feuchten, das unter der Einwirkung der Sonne verdunstet, hervorgegangen … Die Ahnen des Menschen sind aus Fischen entstanden und vom Meer auf das Land gestiegen." Zwei Jahrhunderte später vertrat Aristoteles (384–322 v. Chr.) den Gedanken einer Urzeugung von Lebewesen aus unbelebter Materie. Er konnte sogar mit dem Gedanken einer „zufälligen Bildung" von Lebewesen spielen, die hernach, je nach ungeeigneter oder „geeigneter Struktur", in einer Art natürlicher Selektion „untergingen" oder „erhalten blieben". „Aber das hieße dem Zufall zu viel Platz einzuräumen", so

fügt er hinzu und entwirft das Konzept der Entelechie, wonach
Lebewesen „in sich selber das Ziel haben" (en-tel-echein), so dass
ihr Sein im Wandel in sich selbst das Ziel und der Zweck ist und
eine zielgerichtete Entwicklung denkbar wird (Zitate nach Lüke
2006, 87 f). Der römische Dichter und Philosoph Lukrez (ca 95 –
55 v. Chr.) hat dann in seinem philosophischen Lehrgedicht „De
rerum natura" die materialistisch-mechanische Naturphilosophie
der Epikuräer vertreten und dabei sowohl die (von Aristoteles
schließlich abgelehnte) natürliche Auslese als auch die Möglichkeit menschlicher Freiheit behauptet, Letzteres dadurch, dass er
den Zufall streng als Ursachelosigkeit verstand.

a) Dynamisch-evolutiv denkende griechische Kirchenväter

Manche griechischen Kirchenväter konnten durchaus dynamisch-evolutiv denken, also Schöpfung und Evolution
zusammendenken. So sagt z. B. der bedeutende Philosoph,
Theologe und Mystiker *Gregor von Nyssa* in Kappadokien
(335 – 394) in seiner Auslegung von Gen 1: „Der Möglichkeit nach war alles in dem enthalten, was Gott zuerst an
der Schöpfung tat, indem er gleichsam eine gewisse Keim-
kraft (δύναμίς τις σπερματική/dýnamís tis spermatiké)
zur Entstehung des Alls grundlegte; der Wirklichkeit nach
war das Einzelne noch nicht da", es hat sich erst nach und
nach entfaltet (Gregor von Nyssa, Hexaëmeron: PG 44,
77D). Mit einem ganz ähnlichen Satz hat bekanntlich, wie
wir sahen, 1500 Jahre später Charles Darwin sein Werk
„Über die Entstehung der Arten" (1859) beschlossen.
Gregors älterer Bruder *Basilius der Große* (330 – 379),
für die christlichen Ostkirchen der wichtigste Kirchen-
vater, sagt in aller Klarheit, Gen 1 treibe keine Naturwissenschaft, mische sich nicht in die Theorien der Naturphilosophie ein, sondern wolle nur eins: heilspädagogisch den
Menschen aus der sichtbaren Schöpfung zur dankbaren
Anerkenntnis des unsichtbaren Schöpfers führen (Basilius,

Hexaëmeron 1,10f). Nach Basilius lässt der Schöpfungs-glaube der Naturwissenschaft ihr eigenes Recht, denn – so sagt er wörtlich – das gläubige „Staunen ob so großer Dinge wird ja nicht abgeschwächt, wenn man (wissen-schaftlich) die Weise ergründet, *wie* etwas Staunenswertes zustande kommt" (ebd. 2,7; vgl. 4,6; 5,4). Ähnlich äußern sich auch andere.[27]

Gegen kreationistische und atheistisch-naturalistische Fundamentalisten gilt es daher festzuhalten: *Es macht we-nig Sinn, die Bibel so zu verstehen, als stünde sie mit der wissenschaftlichen Forschung in einem Wettbewerb um die Beantwortung derselben Fragen.*

b) Statisch denkende Theologen in Antike und römisch-germanischem Mittelalter

Anders sahen es allerdings dann schon um 550 Ausleger der Theologenschule von *Antiochien*: Sie verstehen Gen 1 als *wörtlich* zu nehmende Beschreibung des Weltaufbaus, verstehen die Bibel somit als Quelle naturwissenschaft-licher Auskünfte, mal zur Widerlegung des ptolemäisch-naturphilosophischen Weltbildes der Zeit (so Kosmas Indikopleustes [= der Indienfahrer]), mal zu seiner Bestä-tigung (so Johannes Philoponos, † ca 565). Dieser Weg sollte zur Sackgasse werden.

Das römisch-germanische *Mittelalter* vermochte nicht mehr evolutiv zu denken. Das lag einerseits an seinem dinglichen Denken, andererseits am geschlossen-statischen Weltbild von einem Ordo universi, an dem alles seinen fixen Platz hat. Beides wirkte so zusammen, dass sich da-raus ein buchstäbliches Verständnis von Gen 1–11 ergab. Die biblischen Erzählungen und Bilder (von Adam und Eva, Kain und Abel, Sintflut usw.) wurden seitdem weit-hin als eine Abfolge von Berichten über die Anfänge von Welt und Menschheit gelesen. (Und das hat sich leider durchgehalten bis in die seit etwa 1850 aufkommende Neuscholastik und eine von ihr inspirierte Erklärung der päpstlichen Bibelkommission von 1910, man müsse die ersten Kapitel der Bibel wörtlich verstehen.)

Durch diesen weltbildlichen Hintergrund wird auch *Thomas von Aquin* (1225–1274) an evolutivem Denken gehindert, obwohl die prinzipiellen Ansätze dazu bei ihm zu finden sind. So kann Thomas von Aquin – beispielsweise in seinen *Quaestiones Disputatae de Potentia* sowie in seinem *Kommentar zur Metaphysik (L.XII) des Aristoteles* – über den „Verlauf des Werdens" sagen, dieser gehe vom Einfachen zum Komplexeren; die Urmaterie werde erst über die „informatio durch niedere Formen fähig, höhere Formen zu empfangen". Hätte ihn nicht die erwähnte, für das germanische Mittelalter selbstverständliche statische Hintergrundüberzeugung gehindert, so hätte sich aus diesen Prinzipien gut ein dynamisch-evolutives Denken ergeben können.

Nur nebenbei sei schon einmal erwähnt, worauf ich später noch einmal zurückkommen werde: Anders als für fast alle seine mittelalterlichen Mit-Theologen war es für Thomas von Aquin durchaus *denkbar*, eine zeitlich anfanglose (oder „ewige") Welt anzunehmen, ohne dass dies dem Schöpfungsgedanken widersprechen müsste. Für ihn war es ohne Widerspruch denkbar, dass die Welt von Gott begründet ist und dennoch niemals nicht gewesen sei (Thomas von Aquin, De aeternitate mundi contra murmurantes 306; Sth I 46,2).

c) *Dynamisch-evolutives Denken bei Theologen der Neuzeit*

Dynamisch-evolutiv denkt dann wieder der universale *Nikolaus von Kues* (1401–1464), der lange vor Kopernikus allein durch philosophische Spekulation zu umstürzenden

Einsichten in der Kosmologie kam (weder die Erde noch ein Stern sei feststehendes Zentrum des Universums; dessen Stoffe und Kräfte verwandeln sich unaufhörlich ineinander; andere Gestirne könnten bevölkert sein; usw.). Cusanus verwandelte das statische Weltbild des Mittelalters in ein dynamisches Weltgeschehen und entwarf eine Einheitsschau von Gott, Kosmos und Mensch: Gott, in dessen Unendlichkeit alle durch die Endlichkeit bedingten Gegensätze in eins fallen *(coincidentia oppositorum)* und an dem selbst der tiefgründigste Verstand scheitern muss, ist „die absolute Voraussetzung" von allem, das Können-selbst *(posse ipsum)*, der Grund allen Werden-Könnens *(posse fieri)*, aller Kreativität, schöpferisch tätiges dreieiniges Leben. Er begründet (erschafft) die Welt *als Ganzes*, als Gesamthorizont aller Möglichkeiten in ihr, er wirkt *nicht* direkt *die einzelnen Teile* der Welt; diese entfalten sich erst allmählich: omnia evolvuntur (Cusanus, De apice theoriae 4,12–14; De sapientia 2,30; De visione Dei 12, u. a.). Und diese von Gott begründete Welt ist *unendlich*, aber nur im privativen Sinn unendlich, d. h. nicht durch etwas anderes Endliches begrenzt; sie hat also keinen Rand, hinter dem noch etwas anderes Weltartiges wäre. Insofern ist sie auch unendlich anfänglich.[28]

Auch andere können evolutiv denken, z. B. um 1840 der aus der Tübinger Schule stammende Freiburger katholische Dogmatiker Franz Anton Staudenmaier (in seiner *Enzyklopädie* von 1840 und in seiner *Christlichen Dogmatik* von 1848). Aber sie alle fassen den Gedanken der Evolution natürlich noch in einer vordarwinistischen Interpretation.

Als dann 1859 Darwins bahnbrechendes Werk über die „Entstehung der Arten" erschien, soll zwar die Frau des Bischofs Samuel Wilberforce von Oxford geäußert haben: Wir sollen von den Affen abstammen – „From the apes? My dear – let's hope that it is not true. But if it is, let's pray that it will not become generally known." Der Herausgeber der einflussreichen christlichen Zeitschrift *The Outlook* hat Darwins Erkenntnis damals jedoch ganz anders kommentiert, nämlich so: „Evolution is God's method, to create the world."

Zahlreiche Theologen und Zeitgenossen Darwins sahen keine grundsätzlichen Probleme zwischen einer Schöpfungstheologie und einer darwinistischen Entwicklungslehre. Deren Vereinbarkeit vertraten etwa der Münsteraner Philosoph und Priester Friedrich Michelis, der amerikanische Theologe John Gmeiner oder der englische Biologe George Jackson Mivart, der bei Darwin hoch angesehen war und dem Leo XIII. 1876 die philosophische Ehrendoktorwürde verlieh (vgl. Unterburger 2009). Auch der von der Anglikanischen zur Katholischen Kirche konvertierte Theologe und spätere Kardinal John Henry Newman (1801–1890) konnte schreiben: „Ich kann nicht verstehen, warum der Darwinismus mit der katholischen Lehre unvereinbar sein soll. … Ich meine, es ist ebenso seltsam, dass Affen den Menschen so ähnlich sein sollten, ohne dass es einen geschichtlichen Zusammenhang zwischen ihnen gibt, wie dass es keinen Geschehensablauf gebe, durch den fossile Knochen in Felsen gelangen" (zit. nach Schmitz-Moormann 1992, 51).

Newman reagierte damit auch auf den römischen Neuthomismus, der – in defizitärer Thomas-Kenntnis – die philosophische Unvereinbarkeit von Evolution und Christentum behauptete (aus Niedrigem könne niemals Höheres entstehen) und der es dann mit seinen Denunziationen und scharfen Angriffen seit etwa 1890 auch schaffte, dass einige – Evolution und Schöpfung verbindende – Werke (von Raffaello Caverni, Dalmace Leroy, John A. Zahm, Henri Bergson) von der römischen Kurie verurteilt wurden oder deren Veröffentlichung (wie im Fall des Bonner Fundamentaltheologen Arnold Rademacher) verhindert wurde. Auch das Erscheinen der Schriften von Teilhard de Chardin wurde von der jesuitischen Ordenszensur auf tragische Weise unterdrückt.

Nicht erst der Jesuit, Paläontologe und Mystiker *Pierre Teilhard de Chardin* (1881–1955) hat also evolutives Denken in das christliche Schöpfungsdenken eingeführt. Er aber war es, der eine große spekulative Synthese von Evolutions- und Glaubenslehre entwarf, eine umfassende evolutive Gesamtschau. Teilhard sah die Evolution, bei allen Zufällen im Einzelnen, als einen großen zielgerichteten Zusammenhang von der Kosmo- und Geogenese über die Biogenese (bis zum Auftauchen des Menschen) zur kulturgeschichtlichen Noogenese[29] (die über gemeinsames Denken, Fühlen, Verantworten in mühsamer Anstrengung zu einer sich vernetzenden einen Menschheit hin tendiert), und er ließ alles konvergieren und kulminieren im „Punkt Omega". Damit meinte er Gott (bzw. den universalen Christus) als die von Anfang an wirksame einende Grundkraft des Universums. Differenzierung und Vereinigung seien die durchgehenden Merkmale des Werdeprozesses auf all seinen Ebenen: Das Neue, das entsteht (Atome, Moleküle, Zellen usw.), wird jeweils durch Vereinigung von Elementen in einen größeren Zusammenhang. So zentriert sich auch der Organismus mehr und mehr und gewinnt im Menschen personalisierte Gestalt, die ihrerseits wieder nach einer (das Personsein nicht mindernden, sondern vertiefenden) Vereinigung strebt. „Mehr-sein ist mehr aus mehreren vereinigt werden und mehreres mehr vereinigen" (Teilhard 1996, 353). Die Evolution wird theologisch gedeutet als „schöpferische Einigung"; „erschaffen ist vereinigen". Und die versammelnde (Anziehungs-)Kraft dieses Einswerdungsprozesses, der ihm „eingestiftete Charme" und das „über ihm schwebende Ideal", ist in allen Phasen die dem Zerfall (der Entropie) entgegenwirkende Liebe, die ausgeht von der Liebe Gottes und zu ihm hinführt (vgl. Broch 2003, 154 ff; Trennert-Hellwig 1993). Teilhards Synthese erfuhr vielfache Kritik: seitens der Naturwissenschaften, weil er nicht klar zwischen wissenschaftlich anerkannten Daten bzw. Konzepten einerseits und spekulativen Vorstellungen andererseits unterschied; aber auch seitens der Theologie, etwa weil er auch die Erlösung als Resultat der Evolution und das Übel nur als deren statistisch notwendiges Nebenprodukt ansah. Auch wenn seine Synthese so kaum haltbar ist, hat er als ein großer Inspirator gewirkt, dessen Gedanken beim Zweiten Vatikanischen Konzil (1962–1965) die „Pastoralkonstitution über die Kirche in der Welt von heute" befruchteten und bis heute Theologen aller Konfessionen anregen.

III. Der harte, weltanschauliche Naturalismus – warum er zu kurz greift

Ist es überhaupt sinnvoll und begründet, sich auf die biblisch-christliche Glaubenswelt einzulassen, mit einem Schöpfergott im angedeuteten Sinn zu rechnen und die Evolution mit ihm zusammenzudenken? Der harte, weltanschauliche (ontologische oder metaphysische) Naturalismus bestreitet dies. Deshalb ist es nötig, dass wir zunächst auf ihn eingehen und in Auseinandersetzung mit dem harten Naturalismus (1) dessen Unzulänglichkeit aufweisen und (2) die Berechtigung des Gottes- und Schöpfungsgedankens begründen. Erst nach diesem Zugang von außen werden wir dann den Schöpfungsglauben selbst inhaltlich entfalten (IV.), um schließlich sein Verhältnis zur Evolutionstheorie genauer zu bestimmen (V.).

1. Die eine komplexe Weltwirklichkeit und unsere pluralen Erkenntniszugänge

a) Plurale Perspektiven auf die mehrdimensionale Wirklichkeit

Die Wirklichkeit ist vieldimensional und aus mehreren Perspektiven zugänglich. Wir leben deshalb mit einer Pluralität von Erkenntniszugängen, haben plurale Perspektiven: naturwissenschaftliche (physikalische, chemische, biologische), historische, psychologische, ästhetische (poetische, musikalische, bildnerische), soziologische, technische, lebenspraktische (z. B. medizinisch-heilende), ethisch-moralische, religiöse, kontemplativ-betrachtende, mystische. Verschiedene Perspektiven auf die Wirklichkeit; keine erfasst das Ganze.[30] Viele Menschen übersehen, dass sie eine Perspektive haben, vielleicht in ihr gefangen sind: So können Theologen ihren Blick auf die Wirklichkeit für die Wirklichkeit selbst halten und auch Naturwissenschaftler können ihre Forscherperspektive auf die Natur mit der Natur selbst verwechseln (doch die Natur der Naturwissenschaften ist nicht die Natur überhaupt).

Es lohnt, hierzu wenigstens zwei sehr unterschiedliche Philosophen anzuhören.

Willard van Orman Quine (1908–2000), in seinen Anfängen ein beinharter Szientist und Positivist, für den das größte Hindernis auf dem Weg zur Wahrheit neblige Wörter und Metaphern waren, musste erkennen, dass es unmöglich ist, naturwissenschaftliche Erkenntnisfragen von kulturellen Bedeutungsfragen zu isolieren; es gibt keinen Test, der felsenfest beweist, wo eine Tatsache aufhört und der Einfluss von Wortbedeutungen beginnt. In seinem Werk *Word and Object* (1960) stahl er den Naturwissenschaftlern den Glauben, sie besäßen einen zweifelsfreien Zugang zur Wahrheit. Tatsächlich seien unumstößliche *Fakten* der Wissenschaft in ein Vorverständnis, eine vorgängige Philosophie, eingelassen, weshalb wir sie *niemals „rein"* zu Gesicht bekämen. Wissenschaften *bilden* also *nicht einfach Wirklichkeit ab*, sondern entwerfen Modelle, die – immer vorläufig – bestätigt werden oder aber falsifiziert sind.

Richard Schaeffler (*1926) unterscheidet in seinem monumentalen Werk *Erfahrung als Dialog mit der Wirklichkeit* (1995) *vier strukturverschiedene Erfahrungstypen:* wissenschaftliche, ästhetische, moralische und religiöse Erfahrung. Jede ist autonom, aber nicht autark, sondern auf die andern verwiesen. Keine, auch nicht die wissenschaftliche Erfahrung, ist interpretationsfrei, jede setzt das Vorhandensein eines Horizonts (Vorverständnisses, geordneten Kontextes) voraus, der das Interesse und die

Interpretation leitet. Jede dieser strukturverschiedenen Weisen von Erfahrung ist wesentlich „*responsorisch auf den größeren Anspruch der Wirklichkeit*", auf den sie sich in selbstkritischer Prüfung offen halten muss, wenn ihre Erfahrungsfähigkeit nicht verloren gehen soll.[31]

Das bedeutet: Alle Perspektiven sind auf ihre je begrenzte, der Ergänzung bedürftige Weise Entdeckungsreisen ins Reich der Wirklichkeit. Jede dieser Perspektiven *kann* wahr sein, kann etwas an der realen Wirklichkeit treffen. Aber jede trifft nur *eine* Seite oder Schicht der Wirklichkeit, und es wäre irrsinnig, die andern Seiten oder Schichten schlechthin zu leugnen oder als sinnlos abzutun.

Den vielen Schichten und Facetten der Wirklichkeit entsprechend gibt es auch viele spezifische Begabungen: Wer selbst unmusikalisch ist oder technisch zwei linke Hände hat, wird deshalb nicht den Sinn von Musik oder Technik leugnen; und wer selbst farbenblind ist, wird nicht die Existenz von bestimmten Farben leugnen (von denen ihm sonst glaubwürdige Mitmenschen sprechen). So muss auch, wer selbst „religiös unmusikalisch" (Max Weber, Jürgen Habermas) ist, nicht den Sinn – und die mögliche Wahrheit – von Religion bestreiten.

b) Was spricht gegen einen naturalistischen Erklärungsmonismus?

Nun sagen harte Naturalisten oder Materialisten: Alles muss mit rechten Dingen zugehen, und das heißt für sie: „mit natürlichen Dingen = mit physikalisch-chemischen Dingen" (so z. B. Kutschera 2004, 290[32]). Sie weisen gern auf *Ockhams Rasiermesser* (Sparsamkeitsprinzip) hin: Alles aus möglichst einfachen Prinzipien erklären; was man durch einfachere Prinzipien erklären kann, soll man nicht durch kompliziertere erklären (das ist ja auch ganz richtig).[33] Oder in den berühmten Worten des Franziskaner-Theologen und -Philosophen Wilhelm von Ockham (1285–1348): Erklärungen sollten nicht vervielfacht (verkompliziert) werden, *außer* – und genau das ignorieren die Reduktionisten – *es ist notwendig* („sine necessitate"). Oft ist es notwendig.

Ein einfaches Beispiel[34]: Jemand entzündet auf seiner Wiese ein Holzfeuer. Der Nachbar fragt, warum das Feuer brennt. Eine mögliche Antwort wäre: „Es brennt, weil sich der im Holz befindliche Kohlenstoff mit Sauerstoff zu Kohlendioxyd verbindet." Für eine gewisse naturwissenschaftliche Denkart ist diese Erklärung ausreichend, doch der Nachbar fühlt sich auf den Arm genommen. Eine andere Antwort wäre: „Das Feuer brennt, weil ich es mit dem Streichholz entzündet habe." Da kommt eine Handlung ins Spiel, freilich ohne dass von ihrem Zweck *(télos)* die Rede wäre, und der Nachbar fühlt sich wieder nicht ernst genommen. Eine einleuchtende Antwort aber wäre: „Das Feuer brennt, weil ich Kartoffeln rösten möchte", oder: „weil wir Sonnenwende feiern möchten." Das wären beides Antworten, die Absichten, Zwecke, Sinnziele angeben. Absichten, Zwecke, Sinnziele aber übersteigen die Perspektive der Naturwissenschaften; in einer physikalischen oder chemischen Analyse treten sie nicht zutage, sie treten erst auf anderen Erklärungsebenen auf.

Das bedeutet: Erklärungen auf verschiedenen Ebenen können *ohne Konflikt nebeneinander* existieren (dabei kann es auf jeder Ebene richtige und falsche Erklärungen geben). Um der Realität gerecht zu werden, bedarf es also eines *Perspektiven-, Erkenntnis-, Beschreibungs-, Erklärungs-Pluralismus* (nicht eines eindimensionalen Erklärungsmonismus). Fast alles im Universum ist für Erklärungen auf mehreren unreduzierbaren Ebenen offen. Auch das Universum als Ganzes.

Nehmen wir also – analog zum Beispiel vom Holzfeuer – einmal an, dass es eine letzte Wirklichkeit gibt, die ein

Universum erschaffen möchte, in dem Leben, Empfinden, Lieben möglich wird: Wir können nicht erwarten, dass diese göttliche Absicht in einer physikalischen oder überhaupt in einer naturwissenschaftlichen Analyse zutage tritt. Aber wie der Nachbar wissen möchte, warum und wozu (mit welchem Zweck, Ziel, Sinn) das Holzfeuer brennt, und sich mit Antworten auf der chemischen Ebene nicht zufrieden gibt, sondern eine weitergehende Erklärung haben möchte, so möchten wir Menschen (auch Naturwissenschaftler als Menschen) nicht nur wissen, *wie* die Welt und die Dinge entstanden sind und funktionieren, sondern darüber hinaus auch: *Warum* sind sie entstanden, *wozu*, zu welchem Zweck ist die Welt da und sind wir da? Welchen *Sinn* hat die ganze Welteinrichtung, und welchen Sinn unser Leben? Warum überhaupt existiert das Universum? Warum dieser Feuerball, der explodiert, warum die unglaubliche Feinabstimmung der Naturkonstanten in den frühesten Nanosekunden, warum Evolution, Erde, Leben, Geist, Sprache, Ethik, Religion, warum wir mit unsern Fragen?

Die Weltanschauungen und Religionen versuchen sinndeutende Antworten auf solche Fragen zu geben, manche weniger überzeugend, andere mehr. Die Antworten der Religion auf solche Fragen nach dem Warum und Wozu *müssen* nicht im Konflikt und im Widerspruch zu naturwissenschaftlichen Erklärungen stehen. Beide bewegen sich auf verschiedenen Ebenen, die *nebeneinander* existieren können, ja die zusammengehören, komplementär sind und aufeinander verweisen.[35] Aber wir dürfen die Ebenen nicht durcheinanderbringen. Und doch hängen sie irgendwie zusammen: nur wie?

c) Eine Schichtentheorie der Wirklichkeit: Wie stehen die Ebenen zueinander?

1) Der geniale Physiker Wolfgang Pauli schlug vor, das Verhältnis von Kausal- und Sinnbeschreibung als ein komplementäres anzusehen, analog dem Ortsauge und dem Impulsauge in der Quantentheorie (vgl. dazu Römer 2003); zu jeder Beschreibung der Natur (z.B. Evolution) könne man eine komplementäre (z.B. Schöpfung) finden, d.h. eine solche, die sie zutiefst ergänzt und gleichberechtigt ist, obwohl sie oberflächlich völlig anders erscheint und ihr zu widersprechen scheint.

Ein anderer großer Physiker, Werner Heisenberg, sprach von einer *„Schichtentheorie der Wirklichkeit"*. Die Wirklichkeit habe mehrere Schichten. Auf einer untersten Schicht könnten die kausalen Zusammenhänge der Erscheinungen und Abläufe in Raum und Zeit objektiviert werden, dann gebe es darüber andere Schichten usw. usw. (ich komme in 2.1 darauf zurück), und dann sprach er von einer „obersten Schicht der Wirklichkeit …, in der sich der Blick öffnet für die Teile der Welt, über die nur im Gleichnis gesprochen werden kann": vor allem über „den letzten Grund der Wirklichkeit" (Heisenberg 1942, 294 und 302).[36]

Nur im Gleichnis, in Metaphern, Bildern und sich herantastenden Analogien könne von dieser obersten Schicht, über diesen letzten Grund gesprochen werden, nicht in objektiven Formeln und mathematischen Gleichungen, die im Prinzip jeder – quer durch alle Weltanschauungen – nachvollziehen kann, ohne selbst betroffen zu sein. Weil es um den letzten Grund geht, der auch Grund meiner Existenz ist, bin ich dabei immer selbst involviert mit meinem Lebensentwurf oder Lebensexperiment; es gibt da keine Zuschauerhaltung und distanzierte Objektivität. Deswegen die Vielfalt der Annäherungsversuche in den Religionen und Weltanschauungen, die Differenzen zwischen ihnen und innerhalb von ihnen, *und* – die emotionalen Empfindlichkeiten.

2) Die Wirklichkeit hat also mehrere Schichten, Ebenen, Dimensionen; sie erfordert deswegen mehrere, einander ergänzende Auslegungsweisen oder Lesarten. Diese betrachten die eine komplexe Wirklichkeit aus verschiedenen Perspektiven und wählen daher unterschiedliche methodische Zugänge und Wissensformen.[37] Die Wahl der Perspektive und Methodik präformiert die Ergebnisse; sie leitet auch das, was ich bei Beobachtungen sehe.

Die *Naturwissenschaft* bezieht eine *objektivierende Beobachter-Perspektive*. Sie untersucht regelhafte (gesetzmäßige) Funktionszusammenhänge zwischen endlichen Ursachen, z. B. die Mechanismen und Faktoren der Evolution. Sie fragt nicht, *was* etwas ist, sondern – mit der Absicht, in den Lauf der Dinge eingreifen zu können – danach, *wie* die Dinge auseinander entstehen und *wie* sie funktionieren. Sie fragt also, wie aus einem gegebenen Anfangszustand unter welchen Bedingungen dies und jenes wird. Und so kann sie umgekehrt die erkennbaren Funktionszusammenhänge zurückdenken bis zu den physikalischen Ursprungsbedingungen des Lebens, der Gestirne, der Elemente usw., und bis zu einem möglichen Anfangszustand (welcher selbst der Erklärung nicht direkt zugänglich ist), über den sie Theorien entwirft. So fasst sie also auch das expandierende Universum als geschlossenen (was nicht heißt: determinierten[38]) Kausal-Zusammenhang auf und bedarf zu dessen Beschreibung keines Schöpfergottes.

Aber naturwissenschaftliche Wie-Beschreibung und Kausal-Erklärung der Dinge und des Kosmos im Ganzen ist keine *vollständige* Erklärung, sondern nur *ein* möglicher Zugang zur Wirklichkeit unter anderen, der *eine* Sorte von Aspekten an der Wirklichkeit erfasst, indem er von anderen, dazu komplementären Aspekten *abstrahiert*. Jede Wissenschaft konzentriert sich auf ganz bestimmte

Aspekte, andere klammert und blendet sie aus. Durch die *verengte Perspektive* gewinnt sie in Bezug auf den sie interessierenden Aspekt eine *große Schärfe des Blicks* und große Klarheit. Aber diese sind erkauft durch eine Einschränkung der Wahrnehmung. Die Natur des Naturwissenschaftlers ist, wie gesagt, nicht einfach die Natur überhaupt.[39]

Wenn z. B. jemand sagt, eine Flöten-Melodie von Mozart, das seien nur Schallwellen, ein lebender Organismus (z. B. ein Pfau) sei nur eine hydraulische Maschine, so hat er rein physikalisch gesehen Recht. Aber damit ist die Wirklichkeit der Melodie bzw. des Organismus nicht entfernt erfasst. Was hat man schon von einem Gemälde Tizians erfasst, wenn man es physikalisch-chemisch analysiert (außer vielleicht, woher die Leuchtkraft der Farben rührt), was vom Sternenhimmel und Weltall, wenn man sie auf eine mathematisch-physikalische Gleichung bringt? *Mit Naturwissenschaft allein kann man die Welt nicht zureichend wahrnehmen und beschreiben, aber ohne Naturwissenschaft kann man es auch nicht.*

Physik z. B. befasst sich mit den Struktur- und Baugesetzen, die auf der *untersten, basalen Ebene* sozusagen als Grammatik[40] oder Klaviatur für *alle* Welt-Wirklichkeit gelten (jedenfalls seit den frühesten Momenten der kosmischen Entwicklung). Das ist der Sockel, auf dem *alles* Welthafte aufbaut und steht, ohne diesen Sockel gibt es gar nichts in der Welt. Aber was auf diesem Sockel dann steht, *was* sich *warum* nach diesen Gesetzen auf einer höheren Ebene bildet – z. B. auf der biologischen oder psychischen Ebene – und was es für uns (oder für andere Lebewesen) bedeutet, das kann Physik nicht sagen. Sie kann also nicht sagen, was auf dieser Klaviatur dann gespielt wird, in welcher Weise sie auf einer höheren Ebene verwendet wird; das entscheidet sich vielmehr auf dieser höheren – biologischen, psychischen, mentalen – Ebene von den dort gemachten Entwürfen und Ideen her, etwa von Mozarts Idee dieser Melodie her, oder von dem Gefüge dieses bestimmten Organismus Pfau her.

3) *Wie stehen die Ebenen (oder Schichten!) zueinander?* Die untere, physikalische Ebene ist, *ohne* ihre Gesetzlichkeit zu verlieren, dienend integriert in eine höhere Ebene, die nicht auf jene reduzierbar ist, auf der vielmehr neue, eigene Gesetzmäßigkeiten hinzukommen (bei Organismen z. B. Kohärenz, Autopoiese, Sich-Fühlen, qualifizierte Perzeptionen wie Schmerz, ferner Spontaneität und kreative Selbstüberschreitung; Lebewesen sind Zentren der Welterschließung[41]).

Dieses Verhältnis zwischen unterer und höherer Ebene *gilt* aber nun *generell für die vielen gestaffelten Ebenen oder Schichten der Wirklichkeit.* So bildet das auf der jeweils höheren (etwa biologischen, psychischen, mentalen) Ebene bestehende Gefüge für die jeweils ein- und untergeordnete (etwa physikalisch-chemische oder mikrobiologische) Schicht den jeweils umfassenderen und maßgebenden Rahmen. Im Vergleich gesprochen: Das Klavierstück bildet den maßgebenden Rahmen dafür, wie die Klaviatur, mit der man ja ganz Verschiedenes machen kann, verwendet wird. (Natürlich kann man auf der Klaviatur planlos herumklimpern und sehen, was dabei herauskommt; aber das ist etwas anderes.) Deshalb sind alle Phänomen-Erklärungen *rein* von unten her, nach dem Baukasten-Prinzip (sogenannte Bottom-up-Erklärungen), unzureichend und bedürfen der *Ergänzung* durch Erklärungen vom übergeordneten Rahmen her (sogenannte Top-down- oder Whole-part-Erklärungen).

Alle empirisch prüfbaren Phänomene, *einschließlich* psychischer und religiöser Regungen (deren Korrelate im Gehirn messbar sind), können *auch* naturwissenschaftlich beschrieben („erklärt") werden, ohne dass damit alles erklärt wäre; jede derartige Erklärung ist nur *ein* möglicher Zugang zur Wirklichkeit, erfasst nur eine Sorte von Aspekten an ihr, ist also keine *vollständige* Erklärung der

Phänomene. Das Gleiche gilt auch für theologische Erklärungen, auch sie sind keine vollständigen Erklärungen. Jeder *All*-Erklärungsanspruch – gleichgültig von welcher Seite er kommt, ob von Theologen oder von Evolutionsbiologen – ist eine Selbst- und Fremdtäuschung.

d) *Was der Naturalismus unbeantwortet lässt, ausblendet und unbemerkt voraussetzt*

1) Es gibt die verschiedensten Argumente gegen den Naturalismus. Auf einige eher metaphysische Argumente – wie das Verlangen nach einer Erklärung für die Existenz der Welt überhaupt und des Menschen, die Suche nach Begründung des Guten und von ethischen Verpflichtungen (die ja aus der Natur nicht ableitbar sind), das Vorhandensein der Frage nach Sinn – werde ich später eingehen. Hier soll es zunächst um Sachverhalte gehen, die sich der methodisch naturalistisch vorgehenden Wissenschaft selbst stellen und die *der weltanschauliche Naturalismus unerklärt lassen muss.*

So steht die *Neurowissenschaft* vor Problemen, die für sie wohl prinzipiell unbewältigbar bleiben. Die sogenannten *Qualia* etwa, d. h. die inneren Erlebnisgehalte bestimmter mentaler Zustände (z. B. Zahnschmerz, Farbwahrnehmung, Glücksgefühl; wie es sich anfühlt, dieser Mensch zu sein, welche Weltsicht sich daraus ergibt, usw.): Sie lassen sich nicht einfach auf neuronale Zustände reduzieren.[42] Denn man kann nicht sagen, dass diese Empfindungen, die es nur in der Ich-Perspektive der ersten Person gibt, identisch sind mit den Gehirnzuständen, von denen sie abhängig sind und die sich in der Beobachter-Perspektive der dritten Person untersuchen lassen. Man weiß eben noch nicht, wie es sich anfühlt, glücklich zu sein, wenn man den dem Glücksgefühl zugeordneten Gehirnzustand kennt und wenn man weiß, durch welche

Psychopharmaka er sich herbeiführen lässt. Selbst wenn ein Forscher, der die Physiologie meines Gehirns vollständig überblickte, in dieses hineinsieht, wird er nicht auf meine Glücksempfindungen stoßen, sondern nur auf deren neurobiologische Korrelate. Mein Glücksempfinden oder auch meine Wahrnehmung der Farbe Rot ist doch nicht dasselbe wie die Bewegung von Teilchen in meinen Nerven oder meinem Gehirn. Das Qualia-Problem zeigt, dass etwas Wesentliches bestimmter Bewusstseinszustände nicht aus einer auch noch so exakten Kenntnis der physischen Zustände des Gehirns und seiner Gesetzmäßigkeiten abgeleitet werden kann. Die Perspektive der ersten Person ist etwas, das sich nicht naturalisieren lässt; der objektivierende Blick der Naturwissenschaften kann ihrer nicht ansichtig werden (Goebel 2003).

Auch andere Probleme lassen sich – selbst durch den gewaltigsten wissenschaftlichen Fortschritt – nicht naturalistisch bewältigen, weil sie den Zuständigkeitsbereich der Wissenschaften überhaupt überschreiten. Alle *Geltungs-Fragen* nach Sinn, Werten und Bedeutung übersteigen die empirisch-kausalwissenschaftliche Analyse. Auch alle *Fragen nach den Prinzipien unseres Erkennens*, nach den Grundlagen der Logik und Mathematik, nach der Möglichkeit des Verstehens sind naturwissenschaftlich nicht zu beantworten, obwohl Naturwissenschaft streng genommen gar nicht möglich wäre, wenn sie sich überhaupt nicht beantworten ließen.

Diesbezüglich weist der einflussreiche amerikanische Philosoph Thomas Nagel die Unzulänglichkeit des evolutionären Naturalismus auf. Zwar biete dieser innerhalb *seines* Bereichs die stärksten Erklärungen, deren wir fähig sind: Die Zelle, das Auge, das Gehirn werden hinreichend als Produkte eines zufälligen Evolutionsprozesses beschrieben. Unerklärt aber bleibe die menschliche Vernunft: Wie ist es für uns endliche Wesen möglich, Unendliches zu denken? *Wie kann es Übereinstimmung zwischen unseren erkenntnismäßigen Dispositionen und der Welt außerhalb von uns geben?* Wenn man nicht in unbegründete totale Skepsis verfallen will, ist es nach Nagel notwendig, eine rationale Struktur der Welt, die durch menschliche Vernunft erfasst werden kann, zu postulieren; ohne diese rationale Struktur könne die Tatsache vernünftigen Handelns nicht erklärt werden. Eine Welt, in der rationales Denken möglich sein soll, müsse eine Welt sein, in der es „eine natürliche Sympathie zwischen den tiefsten Wahrheiten der Natur und den tiefsten Schichten des menschlichen Geistes", also „zwischen Geist und Welt" gibt, andernfalls würde die Übereinstimmung von Denken und physischer Welt unerklärt bleiben (Nagel 1999, 190). Zwar wünscht sich Thomas Nagel – aus welchen „ödipalen oder sonstigen Ursachen" und wegen welcher Vorstellungen von Gott auch immer –, „es möge keinen Gott geben" (ebd. 191). Aber man kann mit Philip Clayton über ihn hinausgehen und eine weitergehende „Frage zweiter Ordnung" anfügen: Erfordert „mit derselben Logik die Tatsache dieser Sympathie zwischen Vernunft und den Wahrheiten der Natur nicht *selbst* eine Erklärung"? Warum gibt es diese natürliche Sympathie? Eigentlich gibt es darauf nur zwei mögliche Antworten: „Entweder ist die Tatsache, dass die Welt rational ist, eine absolute Wahrheit" (m. a. W.: es ist halt so) „oder dahinter verbirgt sich" etwas anderes: „dass die Welt eben so rational geschaffen wurde – d. h. als Produkt einer zielgerichteten Handlung entstanden ist". „Der von Nagel zu Recht akzeptierte Rationalismus selbst erfordert eine Erklärung, die nur eine intentionale Schöpfung zu liefern in der Lage wäre" (Clayton 2008, 192). Aber damit haben wir schon auf spätere Überlegungen vorgegriffen.

2) Die Naturwissenschaft muss also manches ausblenden. Vor allem blendet sie unser *Zwecksetzen und Sinnverstehen* aus. Einen Sinn der Welt kann sie weder finden noch leugnen. Das gilt nicht nur für die Physik. Auch das

Biologische ist nicht alles. Die biologisch erforschten Naturprozesse zeigen *funktionale* und in dieser Wortbedeutung sinn*hafte* Zusammenhänge, zu denen auch Destruktion, Tod, genetische Defekte usw. gehören. Aber muss, was funktional sinn*haft* ist (z. B. Destruktion), auch sinn*voll* und damit prinzipiell bejahbar sein? *Das naturhafte Dasein sagt nichts über den Sinn dieses Daseins.*

Die naturwissenschaftliche Beschreibung der notwendigen Entstehungsbedingungen und der Funktionszusammenhänge eines Entwicklungsprozesses reicht nicht aus, um diesen Prozess selbst, sein faktisches Auftreten, seinen Beginn und seine Dynamik zu erklären. Erst recht liegt die Frage nach dem Warum und dem Sinn des Prozesses außerhalb naturwissenschaftlichen Fragens.

Deshalb vermag die Naturwissenschaft letzte menschliche Fragen nach dem Warum und Wozu der Welt nicht zu beantworten; sie muss diese aus dem Spiel lassen. *Der Mensch aber* (auch der Physiker, der Biologe, der Hirnforscher als Mensch, wenn er sich das Weiterfragen nicht verbietet) *fragt nach der Bedeutung und dem Sinn*: dem Sinn des Lebens, der Geschichte, der ganzen Welt-Einrichtung. Der Mensch *sucht sich und die Welt zu verstehen:* Woher kommen wir, wohin gehen wir, warum und wozu das alles, oder auch: Was bedeutet dies und jenes für uns?

Wahrnehmen können wir ja immer nur Ausschnitte der Wirklichkeit: dies und jenes und wie es zusammenhängt. Aber wenn wir über den Sinn der Ausschnitte nachdenken, müssen wir irgendwie einen Gesamtzusammenhang annehmen, in dem die Ausschnitte einen Sinn haben. Ohne uns dessen bewusst zu sein, haben wir praktisch immer eine Hintergrundüberzeugung vom Ganzen, eine Gesamtsicht, eine Weltanschauung oder Meta-Physik, die wir uns in der Reflexion dann auch bewusst machen können.

Das bedeutet: Wo über letzte Fragen entschieden wird (ob atheistisch, deistisch, theistisch oder sonstwie), ge-

schieht dies *immer* in einem – meist unbemerkten – sinndeutenden Vorgriff auf das Ganze der Wirklichkeit, *im
Vorgriff auf eine unbemerkt schon vorausgesetzte Weltanschauung* oder Metaphysik (also auf einen transzendentalen Interpretationsrahmen, und der ist immer *eine mehr
oder weniger gut begründete Option*). Niemand kann
ohne metaphysische Prämissen und Vorentscheidungen
denken; es ist möglich, dass man sich ihrer nicht bewusst
ist, das gewiss.

Gegenwärtig dominiert in den Medien eine eindimen-
sionale naturalistische Metaphysik, die auf einem Auge
blind ist. Man sagt z. B. in einer ungerechtfertigten Expan-
sion des eindimensional-naturwissenschaftlichen Ansatzes:
„Die Evolution erklärt alles, alle Phänomene"; und dann
zaubert man irgendwelche Just-so-Stories[43] aus dem Hut,
die man glauben kann oder auch nicht (z. B.: „Vielleicht
ist ästhetisches Empfinden, ist metaphysisches Nachdenken biologisch nützlich, vielleicht verleiht es Sozialstatus
oder Sexappeal, so dass man mehr Frauen und mehr Fort-
pflanzungsmöglichkeiten hat."). Oder man sagt, weil die
Naturwissenschaft ein Ziel und einen Sinn nicht erkennen
kann: „Alles ist zufällig, ziel- und sinnlos, es gibt kein Ziel
und keinen Sinn." Nur: Warum können wir dann überhaupt nach Sinn fragen? Diese Frage schenkt man sich.
Aber „bedeutet unsere Beschäftigung mit der Frage nach
Sinnhaftigkeit nicht, dass es da etwas in unserer Natur
gibt, das durch naturalistische Erklärungen nicht abgedeckt ist" (Clayton 2008, 187)? Was, wenn die Realität anders ist, wenn mehr als die Welt existiert und es dafür gar
Indizien (nicht Design-Beweise) gibt? Ich werde darauf
zurückkommen.

Die Frage ist also: Welche Weltsicht, welcher Interpretationsrahmen ist offen und weit genug, dass er erlaubt,
die Wirklichkeit in möglichst all ihren Dimensionen und
Aspekten wahrzunehmen und ernst zu nehmen. Welcher
Interpretationsrahmen ist weit genug, dass er nichts, kein

Phänomen und keine Frage, ausklammern muss, dass man also auch ultimative Fragen nicht verdrängen oder lächerlich machen muss, und dass man kein Argument, auch wenn es einem nicht passt, einfach ignorieren muss, sondern alle Argumente ernsthaft prüfen kann?

2. Die Frage nach einem göttlichen Urgrund – warum sie sich nicht erübrigt[44]

a) Gegenfragen zur naturalistischen Bestreitung Gottes als Urgrund der Welt

1) Atheistische Religionskritiker und harte Naturalisten behaupten, jede Annahme einer anderen als der rein natürlichen, physikalisch erklärbaren Wirklichkeit sei reine Illusion. Eine andere, transzendente Dimension und alles damit Implizierte (wie Hoffnung auf ein Leben der Verstorbenen, auf universale Gerechtigkeit usw.), das alles sei nichts als eine realitätsferne Illusion, reine Wunschprojektion. Der Gottesglaube entspringe einem infantilen oder krankhaften Bedürfnis.

Mit Recht sagen diese Religionskritiker: Eine bloße Projektion schafft keine Wirklichkeit, der Durst des Verdurstenden zwingt nicht die Oase herbei; „das Äußerste, was der Durst selbsttätig zu erzeugen vermag, ist die Fata Morgana." Richtig. Aber dann folgern die atheistischen Kritiker: So sei eben auch Gott eine bloße Fata Morgana, eine „Wahngestalt" (B. Müller 2007, 101), eben „Gotteswahn" (Dawkins).

Doch diese Folgerung ist nicht schlüssig. Denn: Mein jetziger konkreter Durst bedeutet zwar sicher nicht, dass es jetzt hier auch etwas zu trinken geben muss. Aber – und genau das übersehen die Kritiker – die Tatsache, dass es überhaupt das Phänomen Durst gibt, besagt durchaus, dass es irgendwo etwas geben muss, das den Durst stillen kann, sonst wären Wesen mit Durst gar nicht entstanden; gäbe es kein Wasser, so wären in der Evolution nie auf Wasser angewiesene Wesen entstanden. Nun haben wir Menschen nicht nur natürlich-vitale Bedürfnisse (wie Atmen, Trinken, Schutz) und spezifisch humane Bedürfnisse (wie Tätigsein-Können, Freude am Werk), sondern darüber hinaus auch metaphysisch-existenzielle Bedürfnisse (nach Begründung der Welt, des Guten, nach Sinn) und ein entsprechendes Verlangen (eine Sehnsucht nach dem alles Übersteigenden, Unbegrenzten). Es gibt also auch einen „meta-physischen" Durst[45]! Er kommt nicht von ungefähr. Gäbe es definitiv keinen letzten Sinn, wieso sollten dann Wesen mit Durst nach einem solchen Sinn entstanden sein? So gesehen wird der zum Menschen gehörende Durst nach einem letzten, umfassenden Sinn zu einem starken *Indiz* dafür, dass ein solcher Sinn (den Glaubende mit Gott verbinden) tatsächlich existiert, oder vorsichtiger gesagt: existieren könnte.

2) Wenn harte Naturalisten sagen, die Annahme einer anderen, göttlichen Dimension sei *nur* unsere Wunschprojektion, *nur* unser Konstrukt, so muss man gegenfragen: Warum ist denn der Mensch überhaupt so strukturiert, dass er sich mit der vorhandenen Welt nicht zufrieden gibt, dass er – in einer (zumindest prinzipiell) endlosen Unzufriedenheit und Unersättlichkeit – über alles, eben auch über diese Welt, die Natur, den Tod, hinausfragt, hinaus-verlangt, hinaus-transzendiert und hinaus-projiziert, dass er dies zumindest *kann*? Der Mensch ist ja ein erstaunliches Wesen, weil er trotz seiner radikalen Endlichkeit von einer unstillbaren Sehnsucht beseelt ist. Er ist ausgerichtet auf ein Mehr und Besser. Er kann sich – wie die Hirnforschung zeigt – aufgrund der hoch komplexen biologisch-neuronalen Beschaffenheit seines Gehirns sogar auf eine andere, transzendente Dimension ausrichten. Er kann ihrer in extremen Grenzsituationen sogar gewahr werden (nicht nur in sogenannten Nahtoderfahrungen, die

weltweit 4 % der Menschen machen, sondern auch in anderen Grenzsituationen, etwa einer tiefen Erschütterung; aber auch künstlich induziert: in Trance, durch Drogen). Unser menschliches Gehirn hat diese Möglichkeit, nach einer anderen Dimension zu fragen, ja sie bisweilen zu ahnen, ihrer inne zu werden, sie zu spüren, zu gewahren. Warum ist das so?

Führt uns da wirklich nur unsere (Gehirn-)Konstitution in die Irre, ist das also *nur* unser Konstrukt, oder hat sich unsere Konstitution im Laufe der Evolution so herausgebildet, weil sie sich einer tieferen Dimension der Wirklichkeit annähert (darwinistisch gesprochen: sich einer umfassenderen Umwelt „anpasst")? Ist das nur ein zufälliges Nebenprodukt der Evolution oder doch das Ergebnis einer Korrespondenz zu einer tieferen Schicht der Realität? Warum bringt die Evolution ein so komplexes Gehirn hervor, das nicht nur (1) *sinnlich* wahrnehmen und (2) *rational-begrifflich* denken kann, sondern (3) darüber hinaus – mit einer *trans-*(nicht sub-)*rationalen,* meditierenden, vernehmenden Vernunft – eine „dritte Ordnung der Realität" (Koestler 1978, 329 f) ahnungsweise erschließen kann und – sich den kühnen Gedanken „Gott" leistet?

Sind wir vielleicht so gebaut, so voller Durst nach Dauer, Liebe, Gerechtigkeit, Sinn, weil es – am Grunde von allem – eine andere Wirklichkeit gibt, die uns hat entstehen lassen, auf sich hin (als unsere wahre Sinn-Erfüllung), so dass wir deswegen unablässig auf der Suche sind und uns dabei oft an Dingen festmachen, die uns *ent-*täuschen müssen, weil *sie* das nicht halten können, was wir uns fälschlich von ihnen versprechen, sondern ein Versprechen auf *mehr* sind? Stimmt es vielleicht, was Augustinus (in seinen Confessiones 1,1) so sagte: „Du (Gott) hast uns auf dich hin erschaffen, und ruhelos ist unser Herz, bis es seinen Halt findet in dir" (und zwar nicht erst im Tod, sondern jetzt schon)? Stimmt, was Kierkegaard sagte:

„Gottes zu bedürfen ist des Menschen höchste Vollkommenheit"?

Die Frage bleibt theoretisch unentscheidbar; jeder entscheidet sie selbst mit seiner praktischen Lebensoption, seinem Lebensexperiment. Beide, der Glaube an Gott wie der Atheismus, sind eine Option und ein Lebensexperiment, und keiner von beiden hat eine *beweisbare* Sicherheit, ob er sich als richtig erweisen wird. Die Annahme eines Gottes legt sich *nicht* zwingend nahe (Atheisten werden eben andere Erklärungen für die Phänomene zu finden versuchen). Aber wenn man die Frage stellt, warum wir so gebaut sind (so voller Durst nach Dauer, Gerechtigkeit, Sinn) und warum unser Gehirn so ist, dass wir *in der Lage* sind, *am Rande* unserer Wahrnehmungsfähigkeit noch eine ganz andere, transzendente Dimension zu ahnen (spüren), wenn man diese Frage nicht verdrängt (mit Denk- und Frage-Verboten), sondern aushält, dann kann eine erweiterte, tiefere Weltsicht plausibel werden, eine Weltsicht, die mit einer ganz anderen Dimension rechnet.

3) Vielleicht ist ja die evolutive Entwicklung hin zu einer immer größeren Sensitivität der Lebewesen (also zu Empfindungsfähigkeit, zu Fürsorge, zu Liebe[46]), und vielleicht ist ja die Entwicklung hin zur Fähigkeit, eine andere, transzendente („heilige") Dimension gewahren zu können, ihrer innewerden zu können, vielleicht ist das alles ja nicht ein bloß zufälliges Nebenprodukt der Evolution, sondern ihr tiefster Sinn.

Ich sprach von der (mit der Struktur unseres Gehirns gegebenen) Fähigkeit, über alles hinauszufragen, ja sich über sich und alles hinaus auszurichten auf eine andere, transzendente Dimension, für sie empfänglich zu sein. Ich lasse einmal offen, ob jeder Mensch die schlummernde Fähigkeit dazu hat, die verschüttet sein kann, dadurch, dass er bestimmte Verhaltensweisen (wie Stillwerden, Horchen, Meditieren, Besinnung, Kontemplation) von klein an unterlässt, so dass in seinem Gehirn bestimmte

Neuronenvernetzungen nie geknüpft, vielmehr nur alle möglichen anderen Neuronenbahnen ständig verstärkt werden, so dass er eben auf diese anderen Neuronenbahnen eingefahren ist und immerzu auf sie abfährt – es sei denn, eine tiefe Erschütterung wirft ihn aus dieser Bahn und führt dazu, dass mühsam neue Verknüpfungen hergestellt werden. Ich lasse das offen. Dann jedenfalls, wenn die besagte anthropologische Möglichkeit aktiviert wird, wird das alles übersteigende Absolute zum tiefsten Ziel menschlichen Suchens.

Natürlich sind wir Menschen nicht *nur* durch die bestimmten Verhaltensweisen, die wir praktizieren, unterschiedlich. Wir haben auch unterschiedliche genetische Anlagen und Begabungen: Nicht alle sind z.B. begabt, ein Computer-Programm zu erstellen, oder andere zu trösten, oder – Signale aus der Transzendenz (sogenannte Offenbarung) zu empfangen. Auch da sind wir auf andere angewiesen. Und weil es da eingebildete *und* echte Erfahrung geben kann, ist kritische Unterscheidung der Geister nötig.

b) Was erklären die Wissenschaften eigentlich und was will die Frage nach Gott?

1) Eine naive Anschauung meint: Die Wissenschaften erklären doch alles, also habe Gott sich aufgelöst im Säurebad wissenschaftlicher Erklärungen. Doch was erklären die Erklärungen der Wissenschaften eigentlich? Was erklärt die Evolutionstheorie?

Die Erklärungen der Wissenschaften erklären ein endliches Faktum durch ein anderes und dieses wieder durch ein anderes: eine unabschließbare Bewegung. Nun sagen Religionskritiker: Um nicht endlos weiterfragen zu müssen, führe die Religion Gott ein; und das sei willkürlicher Abbruch des Erklärungs- und Begründungsverfahrens; so meint z.B. der Kritische Rationalist Hans Albert (Albert

1991, 15 f). Der kämpferische Atheist Dawkins meint, „dass Religiosität den Intellekt unterminiert, die Suche nach Wahrheit untergräbt; man ist zufrieden mit etwas, das nichts erklärt – obwohl wir Erklärungen haben!" (Dawkins 2007b). Auch der Religionsanthropologe und „sanfte Atheist" Pascal Boyer kann sagen: „Was bleibt noch übrig, wenn alles erklärt ist? ... Welche Notwendigkeit ergibt sich dann noch für einen Begriff wie Gott?"[47]. Doch hier werden geradezu regelmäßig zwei Ebenen verwechselt, die scharf unterschieden werden müssen.

Einerseits die Ebene der Wissenschaften: Sie erklären, wie gesagt, ein Faktum durch ein anderes, und sie verbleiben dabei *innerhalb* der Welt bzw. innerhalb einer weltartigen Entität. Das gilt auch für die physikalische Theorie vom Urknall, weil auch ein Urknall etwas voraussetzt, das explodieren konnte.[48] Alle kosmologischen Theorien müssen etwas (Weltartiges) voraussetzen, aus dem das Universum entstanden sei (z. B. ein Quantenfeld oder -vakuum, in dem sich Fluktuationen abspielten).[49] Alle wissenschaftlichen Erklärungen beschreiben also regelhafte Funktionszusammenhänge zwischen endlichen Ursachen innerhalb der Welt, und sie brauchen dazu keinen Schöpfergott.

Andererseits die meta-wissenschaftliche Ebene der umfassenden Weltdeutung und der Religion: Die Annahme eines *einzigen* Gottes als Urgrund (oder Schöpfer) der Welt etwa will nicht das wissenschaftliche Fragen nach Ursache-Wirkungs-Zusammenhängen innerhalb der Welt beenden; das kann ungehindert weitergehen. Wer nach Gott fragt, fragt – recht verstanden – *nicht* zurück nach einer ersten Ursache, also nach dem *ersten Glied einer Kette von Ursachen, sondern* er fragt nach dem *Grund der ganzen Kette*, also nach dem, was die Kette als Ganze begründet und trägt – und zwar in jedem ihrer Zustände (ob vor oder nach dem Urknall).

Die Unterscheidung zwischen *Ursache* und *Grund* ist wichtig. Der Grund unterscheidet sich begrifflich insofern von der Ordnung der Ursachen, als er die seinsmäßige Basis meint, dank derer die endliche Ordnung der Ursachen überhaupt existiert. Es geht also weder um einen Lückenbüßergott (oder um Götter, Geister und andere objekthaft übernatürliche Wesen) noch um einen Abbruch des Begründungsverfahrens auf der Ebene der endlichen Ursachen; es geht im Gegenteil um die „radikale" (um die allem an die radix, die „Wurzel", gehende) Frage nach Begründung.

2) Ganz entsprechend der Unterscheidung zwischen Grund und Ursache unterscheidet die Theologie scharf zwischen *creatio* und *mutatio*. Wer Gott sagt, will nicht Mutationen (Veränderungen) *in* der Welt erklären, sondern will auf den Grund des Ganzen verweisen, will das *Sein* (den Sprung vom Nichtsein zum Sein), das *Faktum* der Welt selber und seinen Sinn verstehbar machen.

„Nicht *wie* die Welt ist, ist das Mystische, sondern *dass* sie ist", heißt es in Wittgensteins *Tractatus*. Dieselbe Erfahrung kann er anderswo (mit Leibniz, Schelling, Heidegger) so formulieren: „Wie sonderbar, dass überhaupt etwas existiert" oder „Wie seltsam, dass die Welt existiert". Und er kann folgern: „An einen Gott glauben, heißt, dass es mit den Tatsachen der Welt noch nicht abgetan ist." Und: „Wir fühlen, dass selbst wenn alle möglichen wissenschaftlichen Fragen beantwortet sind, unsere Lebensprobleme noch gar nicht berührt sind."[50]

Wer dagegen im naiven Pathos des wissenschaftlichen *All*-Erklärens solche (wissenschaftlich nicht beantwortbaren) letzten Lebens-Fragen als *sinnlos* abtut, der leidet an Blickverengung, er hat einen Tunnelblick auf die Wirklichkeit. Es gibt viele Fragen (z.B. die Frage, ob die Natur eine Absicht, ein Ziel verfolgt), die von ihrer Sache her außerhalb des legitimen Geltungsbereiches empirischer Methoden liegen und die die Naturwissenschaften nicht zu beurteilen vermögen, sofern sie ihre methodische Selbstbeschränkung beachten und sich nicht eine unsachgemäße Grenzüberschreitung anmaßen. Mehr noch: Es ist ein Trugschluss zu glauben, die einzig möglichen Erklärungen seien wissenschaftlicher Art. Wer aus Naturwissenschaft eine Weltanschauung macht, glaubt, er hätte verstanden, *was* etwas ist (und warum und wozu es ist), wenn er verstanden hat, *wie* es *entstanden* ist *(genetic error)*.

3) Die Annahme einer von der Welt unterschiedenen (nicht getrennten!) Wirklichkeit, die sie in ihrem Sein begründet, wurzelt in der *Erfahrung der Kontingenz* (des Nicht-notwendig-da-seins). Diese Erfahrung der Kontingenz geht uns an der radikalen Faktizität unseres eigenen Menschseins auf, wenn wir z. B. verwundert innewerden, dass wir existieren, wo wir doch auch nicht da sein könnten (oder wer anderer). Wir erfahren uns als Gegebenheit, durch Geburt und Tod begrenzt, des Anfangs und Endes nicht mächtig. Diese Erfahrung kann sich ausweiten auf die Entdeckung der Kontingenz aller Dinge und schließlich der Kontingenz des Weltganzen (als Inbegriff des Werdens und Vergehens). Diese Grunderfahrung ist es, die in der Menschheitsgeschichte mit mehr oder minderer Klarheit zur *Intuition* einer die Welt in ihrem Sein begründenden, ungewordenen Wirklichkeit führt: sei diese nun (in noch fragwürdiger Vorstellung) das „Höchste Wesen", oder (im indischen Rigveda) das „Eine, das ohne Atem zu holen atmet", oder (in der Bibel) der Creator, der kreative Wesen ermöglicht.

Beim Gebrauch des Ausdrucks „Schöpfer" veranlasst uns die Bibel freilich, wie wir (in II. 1. b) sahen, zu größter Vorsicht. Sie ahnt das *Abgründige, absolut Singuläre*, für das es nichts Vergleichbares in der Welt gibt, wo wir also an die Grenze des Sagbaren geraten. Deswegen führt sie ein neues Wort (bará) ein, das es sonst gar nicht gibt und das eigentlich unübersetzbar ist. Der spätere paradoxe Ausdruck *creatio ex nihilo* will dieses absolut Grundlegende andeuten.

Der recht verstandene Schöpfungsbegriff meint eine analogielose Ursprungsrelation. Es geht um eine „absolute Bedingung", „die selbst kein Bedingtes ist". In diesem Sinn kann man den „Begriff des *Grundes überhaupt*" und damit den Schöpfungsbegriff als philosophisch sinnvoll und sogar notwendig erweisen (Schnepf 2006, 502–505).

c) Weltformel, anfanglose Welt, Multiversen? Die Abwehr letzter Fragen

1) Für empirisch und naturalistisch denkende Menschen wäre die Annahme eines Schöpfergottes noch am ehesten einleuchtend, wenn das Universum einen Anfang hätte und damit auch in zeitlicher Hinsicht endlich wäre.

Bekanntlich hat Albert Einstein einmal bemerkt: „Zwei Dinge sind unendlich, das Universum und die menschliche Dummheit; aber beim Universum bin ich mir nicht so sicher." Diese erheiternde Bemerkung spricht eine schwierige Frage an: Ist das Universum, wenigstens in zeitlicher Hinsicht, unendlich? Unter den Kosmologen ist es nämlich nach wie vor umstritten (und möglicherweise ist es für uns auch nie klärbar), ob die Welt in irgendeiner Form anfanglos-„ewig" existiert oder ob sie einen Anfang hat, der zugleich der Anfang von Raum und Zeit wäre. Wenn die Welt überhaupt (also auch ein physikalisch eventuell vorausgesetztes Quantenvakuum) einen *Anfang* hätte, so würde sich zwangsläufig die – nicht mehr physikalische, sondern *meta*-physische – Frage nach dem Woher dieses Anfangs stellen. Eine inner-weltliche Ursache (ein erstes Glied in der Ursachenkette) käme nicht in Frage, da es ja um den Anfang der Welt im Ganzen (um den Grund der ganzen Kette) geht. Die Hypothese einer Erschaffung durch einen transzendenten Urgrund böte eine Lösung an, die so gut wie konkurrenzlos wäre.

Nun versuchen naturalistisch orientierte Kosmologen das Problem des Anfangs zu vermeiden (genauer: Sie versuchen das Problem der Erklärungs*bedürftigkeit* und theistischen Erklärungs*möglichkeit* eines Anfangs der Welt loszuwerden), indem sie die These einer *Anfanglosigkeit* oder „Ewigkeit" der Welt favorisieren – in unterschiedlichen Formen (oszillierendes Universum, unzählig viele Parallelwelten oder Multiversen, usw.).

Zur Zeit wird insbesondere die *Multiversen-Idee* diskutiert (dazu Carr 2007), also der Vorschlag, unser Universum könnte, statt einzig, eines von unzählig *vielen* (lat. multi) Universen sein, deren Naturkonstanten jeweils verschieden sind, also andere Werte haben; unter diesen unzähligen Universen wäre dann zufällig auch unser Universum, in dessen frühesten Nanosekunden sich die grundlegenden Naturkonstanten mit genau *den* Werten eingependelt haben, dass Leben und intelligentes Leben möglich wurde. Atheistisch-naturalistische Kosmologen neigen zu dieser Annahme von unendlich vielen Parallel-Welten, weil sie damit den Ursprung unseres Universums und die extrem unwahrscheinliche Feinabstimmung seiner Naturkonstanten, die notwendig war für das Auftreten von Leben, erklären könnten und damit zugleich die mögliche *Frage* nach Gott – sozusagen mit wissenschaftlichem Recht – loswerden. Andere naturalistische Naturwissenschaftler sowie Philosophen bleiben skeptisch und ablehnend. Denn diese Multiversen-Idee ist reine Spekulation[51] und prinzipiell nie testbar, weil wir aus unserer Welt mit ihren Naturkonstanten nicht herauskommen und in eine eventuelle andere Welt mit anderswertigen Naturkonstanten nie hineinkämen.

Der Münchener Astrophysiker Harald Lesch hat dazu bemerkt (Lesch 2005, 20): „Es gibt keinerlei Möglichkeit, die Existenz auch nur eines Paralleluniversums zu überprüfen; damit wird aber gegen eine Grundregel naturwissenschaftlichen Tuns verstoßen: Wissenschaftliche Theorien müssen grundsätzlich falsifizierbar sein", also wenigstens irgendwann in der Zukunft empirisch überprüfbar sein durch Experimente und Vorhersagen. Wenn man das Prinzip der empirischen Überprüfbarkeit (und damit Falsifizierbarkeit) aufgebe, treibe man nicht mehr Wissenschaft, sondern begebe sich auf das schlüpfrige Gelände bloßer Spekulation. Die Annahme von Paralleluniversen sei deshalb nicht Naturwissenschaft, sondern phantasievolle Idee und Spekulation ohne jede empirische Basis *und* – so könnte man hinzufügen – viel fragwürdiger als die Glaubensannahme eines Gottes.

Andererseits kann, wer an Gott glaubt, auch der Idee vieler Universen gelassen begegnen: unzählig viele Universen, darunter dann unseres, und in unserem Universum viele Galaxien, darunter unsere Milchstraße, und darin unsere Sonne mit diesem wunderschönen, lebensvollen blauen Planeten Erde – der Aufwand, den Gott mit uns machte, erschiene noch gewaltiger, noch staunenswerter und Gott noch unendlich viel größer, als der staunende Beter des Psalms 8,2.4 f ahnen konnte. Die Annahme von Multiversen erledigt ja keineswegs die Frage nach dem tragenden Grund oder nach den letzten Bedingungen der Möglichkeit von so etwas wie vielen Universen.

Insgesamt kann die These einer Anfanglosigkeit oder „Ewigkeit" der Welt, egal in welcher Form, nicht das leisten, was sie vorgibt. Denn wenn die Welt – oder irgendetwas Weltartiges vor dem Urknall – ohne zeitlichen Anfang wäre (was wir wie gesagt nicht wissen können und was deswegen unter Kosmologen strittig ist), so wäre sie (z. B. als eine gekrümmte, in sich geschlossene Raum-Zeit-Welt) zwar in *zeitlicher* Hinsicht unbegrenzt, sonst aber (bzw. zugleich aber) immer endlich, unvollkommen, *bedingt*, also erklärungsbedürftig, eines *unbedingten* Grundes bedürftig. Aus ähnlichen Überlegungen heraus hatte, wie wir (in II. 3. b) sahen, bereits ein Thomas von Aquin im 13. Jh. – übrigens gegen fast alle seine Mittheologen – gefolgert, dass eine zeitlich anfanglose Welt nicht dem Schöpfungsgedanken widerspreche.

Hier ist, um ein häufiges Missverständnis zu beheben, eine Nebenbemerkung nötig. In der Alltagssprache wird das Wort *Ewigkeit* oft im Sinne von endlos ausgedehnter, unendlicher Zeit verwendet („das dauert eine Ewigkeit"). Ähnlich ist es, wenn Anfanglosigkeit als Ewigkeit, eine zeitlich anfanglose Welt als ewig, bezeichnet wird. Beide Male ist der Begriff Ewigkeit unpräzise verwendet. Denn Ewigkeit ist – präzise verwendet – kein Zeitbegriff, sondern meint eine qualitativ andere Dimension, die aller Zeit ko-präsent ist, die also gleichzeitig ist zu aller Zeit. So verstanden verweist das Wort Ewigkeit – genauso wie der präzise gebrauchte Begriff Schöpfung bzw. Schöpfer (boré!) – auf den der zeitlichen Welt stets zugrunde liegenden unbedingten Grund hin, mag diese Welt zeitlich noch so ausgedehnt oder gar ohne zeitlichen Anfang sein.

2) Stephen Hawking hat früher gemeint, es sei möglich, eine Great United Theory (GUT) oder Theory of Everything (TOE) zu entwickeln, eine von manchen so genannte *Weltformel*, mit der die Welt sich völlig selbst erklären und einen Schöpfergott entbehrlich machen würde. Er hat die (unter Kosmologen strittige) Vorstellung von einem in sich geschlossenen Universum ohne Anfang und Grenzen (auch ohne Anfangssingularität) entworfen und von diesem Universum gesagt: *„Es würde einfach sein. Wo wäre da noch Raum für einen Schöpfer?"* (Hawking 1988, 179). Als ob ein Schöpfer-Gott – wie ein menschlicher Schöpfer und empirischer Gegenstand – auf der empirisch-kategorialen Ebene der Welt einen ausgesparten Raum bräuchte, gleichsam als Verlängerungsstück und erstes Glied der Kette, wo er doch ganz anders zu denken ist, nämlich als transzendentaler Grund der ganzen Kette, als der Maqóm (der Raum), in dem alles ist, wie Rabbinen sagen und christliche Theologie ebenso. Auch eine anfanglose, raumzeitlich randlose Welt würde nicht „einfach sein", sie bedürfte eines zureichenden, unbedingten Grundes; denn sie wäre ja, wie gesagt, zwar in raumzeitlicher

Hinsicht ohne Grenzen, zugleich aber durchaus begrenzt, bedingt und eines unbedingten Grundes bedürftig. – Inzwischen ist Hawking zur Erkenntnis gekommen, dass eine GUT prinzipiell nicht möglich, seine bisherige Sicht daher zu korrigieren ist (vgl. Hawking 2004); aber das wird in der Öffentlichkeit kaum zur Kenntnis genommen.

Eine einheitliche physikalische Theorie oder Weltformel, falls sie erreichbar wäre, könnte nur die – auf einer basalen physikalischen Ebene – für alle Weltwirklichkeit geltenden physikalischen Gesetze vereinheitlichend formulieren, also alle elementaren Kräfte und Bestandteile der Materie sowie von Raum und Zeit einheitlich beschreiben. Aber sie könnte nichts darüber aussagen, was alles und wie alles auf diesem Sockel nach diesen physikalischen Gesetzen (oder „grammatikalischen" Regeln) sich bildet, welche Bedeutung diese Bildungen auf den je übergeordneten (biologischen, psychischen, mentalen, ästhetischen, ethischen, religiösen) Ebenen für uns (gewichtende, wertende, sinndeutende) Menschen haben. Schon früher hatte deshalb der Mathematiker und Physiker John Barrow vor falschen Erwartungen an eine physikalische *Weltformel* gewarnt und betont, dass es Dinge gebe, „die sich nicht in die Zwangsjacke der mathematisch fassbaren Welt der Naturwissenschaft fesseln lassen": „Es gibt keine Weltformeln, die alle Wahrheit, alle Harmonie, alle Einfachheit enthalten" (Barrow 1992, 14 und 268; auch Fahr 2004).

3) Wer nach einem göttlichen Urgrund fragt, fragt also, wie wir sahen, nicht nach einem ersten Glied der Kette, sondern nach dem Grund der ganzen Kette: Er fragt auch nicht nach einer unsichtbaren Hinterwelt, sondern er fragt nach dem Urgrund, der aller Welt zugrunde liegt, und nach der Urkraft, die allem zuinnerst *inne*wohnt, er fragt nach *der* „Wirklichkeit, die Allem seine Bestimmung gibt" (Wilfried Härle). Warum sollen Menschen, denen sich solche Fragen nach Urgrund und nach letzter Bestimmung

(nach Sinn) aufdrängen, danach nicht fragen dürfen? Ist es nicht vernünftig, ja sogar geboten, gründlich nachzudenken, um die beste der menschlichen Meinungen zu finden?

Robert Spaemann hat gefragt, *warum solche letzten Fragen heute weithin verdrängt werden.* Zwei Gründe nannte er: Einerseits werde durch die rasante Veränderung unserer Lebensverhältnisse unsere Aufmerksamkeit so stark auf die immer neue Anpassung fixiert, dass „die Frage nach Grund und Sinn des Ganzen als etwas erscheint, das wir uns nicht mehr leisten können". Und andererseits erzeuge der wissenschaftliche Fortschritt mit seiner raschen Erweiterung des Bereichs des Machbaren das rauschhafte und irrige Gefühl der Unendlichkeit; er erwecke in einer Art Verblüffungseffekt „den Eindruck, dass Wissenschaft schließlich eben doch alles erklären werde, obwohl dieser Gedanke so absurd ist, als warte man in einem Film darauf, dass schließlich doch der Film sich selbst erkläre und damit den Projektor überflüssig mache" (Spaemann 2004). Absurd, denn die Wissenschaft müsste ja dann z. B. auch die Ich-Perspektive des erklärenden Wissenschaftlers erklären (was sie nie kann, weil sie vom Ansatz her immer nur objektivierend Es-Perspektiven erklären kann), und sie müsste z. B. auch erklären, warum überhaupt etwas ist und nicht vielmehr nichts.

d) Reichweite der Vernunft und Argumente für Glauben an Gott als Urgrund

1) *Philosophie*, wenn sie radikal denkt und fragt (und so nach Theodor W. Adorno den Namen Philosophie, also Liebe zur Weisheit, erst verdient), geht den Sachen auf den Grund, fragt nach den Voraussetzungen, die wir ständig machen, nach letzten Gründen und Strukturen der Wirklichkeit, fragt auch nach den *nicht*-empirischen *Be-*

dingungen der Möglichkeit unserer empirischen Erfahrungen. Radikal denkende, unsere Denkmöglichkeiten bis zu Ende denkende Philosophie stellt dann (mit Leibniz, Schelling, Heidegger, Wittgenstein) auch die Frage: Warum ist überhaupt etwas und nicht vielmehr nichts? Sie bedenkt die Kontingenz der Dinge und der Welt (also nicht nur, wie zufällig es ist, dass *ich* da bin, oder wie extrem unwahrscheinlich die Herausbildung genau *dieser* Naturgesetze war, die Vorbedingung für Leben sind, sondern dass das Dasein von Welt überhaupt nicht selbstverständlich ist; die Welt könnte ja auch nicht sein).⁵² Radikal denkende Philosophie sucht also nach einer tiefer gehenden Erklärung, stellt die *Frage nach dem zureichenden Grund der Welt im Ganzen*, d. h. nicht nach relativen Gründen und Ursachen (die kettenartig endlos weiterfragen lassen), sondern nach einem absoluten Ur-Grund, der selber keines andern Grundes mehr bedarf (sonst müsste ich ja immer nochmals weiterschreiten, hätte nicht den absoluten Grund der ganzen Kette, sondern nur ein Glied der Kette anvisiert).⁵³

Die menschliche Vernunft kann also, wenn sie radikal fragt, den *Grenzgedanken* von einem Unbedingten, absolut Notwendigen, von einem „Grund überhaupt" (Robert Schnepf) erreichen. Sie kann den Begriff eines *einfach Nicht-nicht-sein-Könnenden* als abschließenden Grenzgedanken erreichen und als sinnvoll erweisen.⁵⁴ Das ist indes kein Gottesbeweis. Denn die Vernunft kommt mit diesem Gedanken an die Grenze ihrer Möglichkeiten. Und dies in zweifacher Hinsicht:

Sie kann erstens den *Gedanken* von einem gründenden Urgrund zwar fassen, aber wegen der Endlichkeit ihres Vermögens kann sie – das ist die unhintergehbare Einsicht Kants – aus diesem Grenzgedanken nicht auf das *wirkliche Dasein* Gottes (als dieses schlechthin Notwendigen) schließen. Immerhin gibt Kant zu bedenken: Die Realität Gottes kann zwar „nicht bewiesen, aber auch nicht widerlegt werden"; vielmehr ist durchaus „die Untauglichkeit einer jeden Gegenbehauptung zu beweisen. Denn wo will jemand durch reine Spekulation der Vernunft die Einsicht hernehmen, dass es kein höchstes Wesen, als Urgrund von Allem, gebe" (Kant, KrV B 668–670).

Und zweitens kann die reine, theoretische (d.h. die auf betrachtendes, objektivierendes Wissen hingeordnete) Vernunft dieses von ihr unabweisbar zu denkende letzte Nicht-nicht-sein-Könnende nicht mehr eindeutig bestimmen. Sie muss es nach Kant sogar „unausgemacht" lassen, ob das schlechthin und einfach notwendig Seiende „die Welt selbst, oder ein von ihr unterschiedenes Ding sei" (Kant, KrV B 484). Es ist also die Frage, ob das Universum seinen Grund in sich selbst hat und eben „einfach ist" (Hawking) oder ob die Welt einen von ihr unterschiedenen (nicht getrennten) Grund hat und so als „Schöpfung" zu verstehen ist. Die Entscheidung darüber also, *wo* man das „Den-Grund-in-sich-selbst-Haben" *ansetzt*, wird für die *theoretische Vernunft* zu einer Frage der weltanschaulichen Option und Vorentscheidung. Unser theoretisches Wissen *zwingt* weder zur Option des Gottesglaubens noch zur Option des Atheismus.

2) Für die *praktische Vernunft* aber (d.h. für dieselbe Vernunft, sofern sie auf sittliches Handeln hingeordnet ist) stellt sich die Sache etwas anders dar. Denn einerseits weiß sie um die Endlichkeit unserer Freiheit und zugleich um die in unserer Freiheit liegende Spannung, insofern wir in unserer endlichen Freiheit *mehr* intendieren, als wir einzulösen vermögen (z.B. Gerechtigkeit, Güte, Sinn, Unvergänglichkeit). Wenn andererseits der sittlich handelnde Mensch (bzw. die praktisch gebrauchte Vernunft) nicht bereit ist, sich mit dem Unrecht, dem Tod und dem unversöhnten Leid abzufinden, dann kann die Welt selbst das Letzte nicht sein. Die praktische Vernunft fordert mehr: Sie fordert eine Einlösung von Gerechtigkeit, Sinn, Unvergänglichkeit. Deswegen stellt sich ihr aufgrund ihrer

Sinnforderung *unausweichlich* die *Frage* nach einer sinngebenden und rettenden Wirklichkeit, die *Frage* nach einem Gott (die *Realität* Gottes aber kann auch sie nicht beweisen).

Wer immer entschieden gegen Unrecht und für Gerechtigkeit Partei ergreift, der setzt – ob er es weiß oder nicht – letztlich darauf, dass ein guter (Ur-)Grund ist und das Gute das Ziel des Ganzen ist. Wenn nämlich alles nur zufällig, aus blinden Naturgesetzen, entstanden wäre, hätte es gar keinen Sinn, sich gegen Böses und Leid zu empören. Die *Empörung* gegen das Böse spricht für ein letztes *Gutes*, das *un*bedingt *sein* soll. Wenn *kein* guter Urgrund wäre, dann müsste die Orientierung an einem unbedingt Guten in sich zusammenbrechen, die moralische, praktische Vernunft verlöre ihren Legitimationsgrund; was bliebe, wäre der reine Wille zur Macht.

3) Indes, *auch* für die *theoretisch* gebrauchte Vernunft gibt es *einige Argumente*, die dafür sprechen *können*, dass die Welt nicht „einfach ist" (und sich völlig selbst erklärt), sondern einen von ihr unterschiedenen Urgrund hat, so dass die entsprechende praktische Option auch vernünftig begründet ist. Ich will – über das bereits Ausgeführte hinaus – wenigstens noch zwei solche Argumente andeuten.

(a) Im Menschen kommt ein Teil der Natur zu selbstreflexivem Selbstbewusstsein und Weltoffenheit. Der Mensch ist ursprünglich geöffnet auf das Ganze der Wirklichkeit. Er *kann* sich und dem Ganzen fragend gegenübertreten und *kann* auch nach dessen Grund fragen. Wie aber ist so etwas möglich? Wie soll „die Natur" ein Wesen hervorbringen, das auch über *sie* (und über das Ganze der Welt) hinausfragen kann?[55] Dieses – über die Natur (und die Totalität der Welt) hinausschießende – Mehr muss doch irgendwo her kommen. Wie soll es aus der Natur (der Evolution, der Welt) kommen, wenn es über sie *überschießt*? Dann liegt im Menschen etwas, das nicht einfach *nur* Produkt der Natur (Evolution, Welt) sein kann. Ist das nicht ein starkes Indiz dafür, dass das All (und die Evolution) doch nicht alles ist, dass es noch etwas Anderes gibt, dem sich die Evolution annähert, indem sie ein Wesen mit so hoch komplexem Gehirn hervorbringt?[56] Ein Argument für die Annahme eines die Welt begründenden Urgrundes, eines großen Ermöglichers, der – mit diesem großen Experiment Universum und Evolution – auf einen geschöpflichen Partner hinauswill und ihm eigene Kreativität ermöglicht? Wird da nicht die Sicht des Schöpfungsglaubens sehr plausibel (nicht zwingend), der einen kreativen Urgrund annimmt und mit Augustinus sagen kann: „Du hast uns auf dich hin erschaffen, und ruhelos ist unser Herz, bis es seinen Halt findet in dir" (Confessiones 1,1)?

(b) Die Evolution ist von Anfang an ein Drahtseilakt voll extremer Unwahrscheinlichkeiten, ohne welche menschliches Leben nie möglich geworden wäre: die unglaubliche Feinabstimmung der verschiedensten Naturkonstanten, die Voraussetzung für Leben ist (das sog. Anthropische Prinzip); ferner die Bildung der für Leben notwendigen Stoffe im Innern der Sterne; die ausgeklügelte Konstellation Sonne-Erde-Mond-Jupiter (dessen Masse Asteroiden von der Erde ablenkt); die tägliche Rotation der Erde (nicht jährliche wie bei der Venus, die sich einseitig auf 500° Celsius aufheizt); die Erdgeschichte mit Andauer einer lebensgünstigen Temperatur-Amplitude seit Jahrmilliarden (trotz enormem Vulkanismus) usw. usw. – lauter staunenswerte Vorgänge, in denen, wer will, eine Absicht und einen Ermöglicher sehen kann; wer nicht will, ist nicht dazu gezwungen. Ich komme auf diese Aspekte zurück (siehe V. 2. c).

Hier soll aber schon einmal der Biochemiker Peter Schuster zu Wort kommen, der seine Bestandsaufnahme der Evolutionstheorie folgendermaßen abschließt: Nach dem heutigen Stand des Wissens erscheine die gesamte Evolution als ein einheitlicher

Prozess, der nach den Naturgesetzen abläuft und der keiner Intervention von außen bedarf; eine solche Intervention, sollte es sie geben, könne nicht Gegenstand naturwissenschaftlicher Überlegungen sein. Am Ende fügt Schuster noch eine persönliche Bemerkung an, mit der er bewusst aus der Naturwissenschaft heraustritt:

„Was mich fasziniert und bewegt, ist der relativ schmale Korridor in der Vielfalt aller möglicher Welten, durch welchen der Pfad vom Anfang der naturwissenschaftlichen Vorstellungen des Urknalls bis zum heutigen Kosmos führt. Meine Freunde aus der Kosmologie sagen mir, dass eine kleine Änderung der Naturkonstanten völlig andere Welten ergeben würde. Die präbiotische oder chemische Evolution auf der Erde benötigt einen ziemlich schmalen Temperaturbereich, und die Entwicklung der Biosphäre im Sinne der biologischen Evolution von den Urformen des Lebens bis zum Menschen ging durch eine nicht kleine Zahl von ‚Nadelöhren‘, welche durch klimatische und andere widrige Umweltbedingungen bestimmt waren. Das erfolgreiche Zusammenspiel dieser vielen Bedingungen erscheint mir höchst bemerkenswert, und hier und nicht durch Eingriffe in den Verlauf der biologischen Evolution, so könnte ich mir vorstellen, wäre Raum für einen Brückenschlag zwischen Theologie und Naturwissenschaften." (Schuster 2007, 56) Erst wenn wir „den Prozess als ganzen" sehen, „diesen langen Korridor" vom Urknall bis zur Entstehung des Lebens und dann des Menschen, erkenne man eventuell „einen Plan, den ich nicht in der Naturwissenschaft finde, welche ja die einzelnen Prozesse betrachtet. Dieser Korridor kann das Werk eines Schöpfers darstellen" (ebd. 154). In diese Richtung hatte ja, wie wir (in I. 2. c) sahen, auch schon Darwin gedacht; und in diese Richtung werden wir (unten in V. 2. 3) weiterzudenken haben.

e) Was atheistischer Naturalismus nicht erklärt, wohl aber der Gottesglaube

Wenn man die uns zugängliche Wirklichkeit in ihrer Vielfalt und in ihren verschiedenen Dimensionen aufmerksam, ohne Scheuklappen, Ausblendungen und Blickverengungen wahrnimmt, so bleibt ein gewaltiger Überhang an Fragen, die sich nicht für immer beiseite schieben lassen, Fragen, auf die der Gottesglaube eine plausible und hilfreiche Antwort zu geben vermag.

Jedenfalls ist die atheistisch-naturalistische Auskunft, man *brauche Gott nicht*, um die Existenz unseres Universums und des Menschen zu erklären, unbegründet. Denn dafür, dass überhaupt eine Welt existiert, hat der Atheismus letztlich keine Erklärung, erst recht nicht für einen eventuellen Anfang der Welt. Und dafür, dass sich nach dem Urknall die grundlegenden physikalischen Naturkonstanten des Universums – extrem unwahrscheinlich – mit genau *den* Werten eingependelt haben, dass Leben und intelligentes Leben möglich wurde, hat der Atheismus entweder keine Erklärung oder nur eine arg spekulative: unendlich viele Welten, die sich nie nachweisen lassen, unter denen dann zufällig unsere sein soll.

Umgekehrt hat der Gottesglaube für die Existenz der Welt eine gute Erklärung und ebenso für einen Anfang der Welt. Auch für ein fein abgestimmtes Universum, in dem menschliches Leben möglich ist, und für die vielen anderen Drahtseilakte der Evolution dorthin, hat er eine gute Erklärung: Gott hat ein Ziel mit dem Ganzen. Die Evolution von Leben und von Bewusstsein auf zumindest einem, nämlich unserem Planeten steht in keinem Widerspruch zum Gottesglauben, denn dieser schreibt dem unser Begreifen übersteigenden Gott nicht vor, auf welche Weise er Lebewesen hervorzubringen habe. Wie er dies tut, darüber kann nur im Nachhinein (a posteriori), nämlich aus den in der Welt zu erkennenden Phänomenen etwas gesagt werden. Und dann ergibt sich aus heutiger Sicht: Die Evolution ist die Weise, wie Gott die Dinge schafft. So konnten das, wie wir sahen, auch schon Frühere wie z. B. Gregor von Nyssa (um 380) oder Nikolaus von Kues (um 1450) sehen.

Kurzum: Der Gottesglaube hat für seine Annahme eines schöpferischen Urgrundes, der *mehr* ist als die natürliche Welt im Ganzen, keine schlechten Argumente. Er wurzelt in Erfahrungen *und* – er kann sich im Leben als tragfähig bewähren. *Es ist vernünftig*, an Gott als Urgrund oder Schöpfer der Welt und des Menschen zu glauben.

IV. Zum christlichen Verständnis von Gott, von Schöpfung und von Evolution

Im vorausgehenden Kapitel III. habe ich versucht, vom harten, weltanschaulichen Naturalismus ausgehend dessen Grenzen und Unzulänglichkeit herauszuarbeiten und von da aus, gewissermaßen aus einer *Außenperspektive*, einen vernünftigen Zugang zum Gottesglauben und zum Schöpfungsgedanken zu bahnen, ohne diesen schon, von innen her, zu entfalten. Im jetzigen Kapitel IV. komme ich auf die *Innenperspektive* zu sprechen.

Nach biblisch-christlicher Sicht ist ja das All nicht alles, da ist noch „etwas": ein „Ich bin da" (Ex 3,14; vgl. Hos 1,9; Jes 52,4 – 6; 55,6 u. a.). Gegenwart eines Ewigen, Ungewordenen, Unendlichen *im* Endlichen. Zuerst soll es um die Frage gehen, ob die Gegenwart dieses Anderen erfahren werden kann. Dabei werde ich wenigstens auf zwei Beispiele von besonders tief gehenden Gotteserfahrungen hinweisen, wie sie die meisten Christen so nicht erleben, obgleich auch sie Intuitionen von Gott und intuitive Erfahrungen seiner Gegenwart haben können (1. a). Dann werde ich darüber nachdenken, was dies für das Sprechen von Gott dem Schöpfer (1. b) und für das Verständnis der Weltwirklichkeit (2.) bedeutet.

1. Worauf man sich einlässt, wenn man von Gott denken/sprechen will

Es ist schwer zu sagen, ob der Gottesglaube primär einem Bedürfnis entspringt, wie wir oben erörtert haben, oder eher einem „un-bedingten Angegangen-Sein" (wie man mit Paul Tillich sagen könnte), dem Ahnen von etwas Übersteigendem, dem Gewahren einer anderen Dimension und Wirklichkeit, wofür es sogar Vorstufen bei manchen Primaten geben mag.[57]

a) Kann Gottes Gegenwart erfahren werden?

1) Blaise Pascal (1623–1662) – der geniale Mathematiker (Erfinder der Wahrscheinlichkeitsrechnung, Konstrukteur von Rechenmaschinen), Physiker (Experimente zu Luftdruck und leerem Raum) und scharfsinnige philosophische Denker – hat in den endlosen Räumen des Weltalls, deren Schweigen ihn schaudern ließ, keine Hinweise auf Gott mehr gefunden, und in der Natur nur zweideutige Zeichen. Zugleich gab ihm die Existenz des Menschen zu denken, der in den Weiten des Weltalls nur ein Sandkorn oder „ein Schilfrohr" ist, aber „ein Schilfrohr mit Geist", der sich überall hin versetzen kann; „der Mensch ist sich selbst das rätselhafteste Ding der Natur" (Pascal 1963, Fragmente 72 und 229). Von Zweifeln geplagt verharrte Pascal (am 23. 11. 1654) nachts in einer Pariser Kirche, zwei Stunden lang, meditativ versunken, und da wird ihm seine *Schlüsselerfahrung* zuteil. Auf dem Zettel, der nach seinem Tod in seinem Rock eingenäht entdeckt wurde, steht dazu: „Seit ungefähr abends zehneinhalb bis ungefähr eine halbe Stunde nach Mitternacht: FEUER. Gott Abrahams ..., nicht der Philosophen und der Gelehrten. *Gewissheit, Gewissheit.* Empfinden: Freude, Friede. Gott Jesu Christi. ... Vergessen der Welt und aller Dinge, aus-

genommen Gott. ... Möge ich *nie* von ihm getrennt sein."
(Pascal 1963, 248 f) – Pascal behielt dieses „Memorial" für
sich. In seinen zur Veröffentlichung bestimmten Notizen
findet diese Schlüsselerfahrung keine Erwähnung, da wird
argumentiert (z. B. mit der „Wette" auf Gott und ein ewiges Leben, bei der man nichts verlieren könne). Und man
fragt sich, ob das alles ist, was Pascal als Grund seines
Glaubens anzugeben hat. Doch nebenbei finden sich Hinweise darauf, dass es noch einen tieferen Grund gibt: Eben
die Erfahrung der Gegenwart Gottes. Sie eröffnet sich
nicht dem *esprit de géometrie* (der erfasst höchstens die
Hälfte der Wirklichkeit), sondern dem *esprit de finesse*
(der auf feinere Frequenzen gestimmt ist), wo der Mensch
sich von innen her aufschließt und dann bisweilen von
diesem Anderen berührt werden kann. „Es ist das Herz
(d. h. das Tief-Innerste), das Gott spürt, nicht die *raison*";
„das Herz hat seine Gründe, die die *raison* nicht kennt"
(Pascal 1963, Fragmente 277 f). Gründe, die es in einer
Tiefendimension des menschlichen Erfahrens gibt. Deswegen konnte Pascal auch sagen: „Atheismus ist Kennzeichen eines starken Geistes, aber nur bis zu einem gewissen
Grade." (ebd. Fragment 225)

Denn da ist eben noch „etwas", das der Alltagserfah-
rung, dem wissenschaftlichen Zugriff und dem Räsonieren
entgeht, das den Menschen – an seinem Machen und
Schlussfolgern vorbei – aus der Tiefe (in uns, um uns, im
Herzen der Materie) anschweigt, manchmal auch an-
spricht (durch Zeichen, Winke, Anrufe, Konstellationen,
Nadelöhre in der Entwicklung, usw.): ein in allem Anwe-
sendes und Wirkendes, ein Anderes, ein Mehr, eine intime
Präsenz.

Der Einfall Gottes in die Existenz eines Menschen, das
existenzielle Ergriffenwerden von der Gegenwart des
wirklichen (nicht bloß eines gedachten) Gottes lässt die
gedanklichen Konstrukte blass und leer erscheinen. Das
musste auch der große Theologe des Hochmittelalters,

Thomas von Aquin (1225–1274), erfahren. In relativ kurzer Zeit hatte er ein gewaltiges Werk geschaffen, war mitten im Verfassen des dritten Buches seiner großen Theologischen Summe, als er eines Morgens, am 6. Dezember 1273, bei der Eucharistiefeier ein ekstatisches Erlebnis hatte. Erschüttert kam er danach in seine Arbeitszelle, legte all seine Schreibgeräte beiseite und sagte denen, die ängstlich nach dem Sinn seines Tuns fragten: „Ich kann nicht mehr, denn alles, was ich geschrieben habe, scheint mir wie Stroh zu sein." Danach hat er keine einzige Zeile mehr geschrieben. Drei Monate später, am 6. März 1274, ist Thomas – auf dem Weg von Neapel zum Konzil von Lyon, zu dem er gerufen worden war – gestorben (vgl. Pesch 1988, 51).

2) Ich hatte oben (in III. 1. a) davon gesprochen, dass die Wirklichkeit mehrdimensional ist und es verschiedene Perspektiven und Erfahrungszugänge zur Wirklichkeit gibt. Es gibt nicht nur die sinnliche, gegenständliche und die empirisch-wissenschaftliche Erfahrung. Es gibt auch ungegenständliche Erfahrungen: Sie können sich auf Imaginationen (Vorstellungen, Erinnerungen) beziehen oder auch auf das Bewusstsein selbst, das für sich selbst präsent wird (Selbstbewusstsein). Und es gibt reflexive Erfahrung der Logik und betrachtend-spekulative Erfahrung der Metaphysik (die einen reflektierbaren und korrigierbaren Verstehensrahmen entwirft). In den genannten Erfahrungen wird uns eine Sache präsent (sei sie gegenständlicher Natur oder ungegenständlicher); dass etwas da ist, wissen wir nur durch Erfahrung, und dann können wir untersuchen, was (welche Sache) da ist.

Darüber hinaus gibt es aber auch *Erfahrungen des Transzendierens*: der analytische Philosoph Ludwig Wittgenstein nennt die Erfahrung des Staunens darüber, dass überhaupt etwas ist, ferner die Erfahrung eines letzten Geborgenseins (the experience of feeling absolutely safe), schließlich die sittlich-moralische Erfahrung eines unbedingten Sollens und von Schuld (Wittgenstein 1965/1991, 14f). Solche *intuitiven* Erfahrungen weisen über uns und alle Sachen hinaus, sie bewegen sich auf einen Fluchtpunkt hin, der rätselhaft bleibt.

Und dann gibt es die *Erfahrung der Gegenwart eines Göttlichen*. In ihr wird erst recht keine Sache mehr präsent und erfasst, sondern nur ein *numen*, ein Wink, ein Anruf, eine Wirksamkeit, eine Bezugnahme, doch ihr Ursprung bleibt uns entzogen, bleibt außerhalb unseres Horizontes (vgl. Leidhold 2008). Wir spüren in unserer Erfahrung eine Spur, doch die Quelle selbst, die diese Spur hervorruft, bleibt jenseits der Erfahrung; das Transzendente selbst wird nicht zum Inhalt der Erfahrung, in der es sich meldet. Und während wir die vorher genannten Erfahrungen (Sinnlichkeit, Imagination, Selbstbewusstsein, reflexive, spekulative und bis zu einem gewissen Grad auch intuitive Erfahrung) „machen" und jederzeit nach Belieben wiederholen können, um uns die Sache nochmals genauer anzusehen, haben wir über *diese* Erfahrung keine Macht (und das macht sie für Empiristen zum Ärgernis). Wir müssen darauf warten, dass „die andere Seite" oder Dimension sich regt, aus ihrer Transzendenz in unsere Existenz einfällt und hineinwirkt. Es ist keine Sache da (weder für die Sinne, noch für die Vorstellungskraft, noch für die Ratio), nur ich mit meinem Bewusstsein bin da, in dem sich diese Erfahrung vollzieht.

Deshalb könnte man dazu neigen, sie als Phantasie, Einbildung, Projektion, Wahngebilde aufzufassen. Aber das schlägt fehl: Denn in jeder Einbildung ist ja immer eine bestimmte Vorstellung, Idee oder Illusion da; die aber fehlt hier gerade. Und wenn Phantasiegebilde, dann müsste es auch in unserer Macht stehen, es nach Belieben hervorzurufen; aber auch das geht hier nicht. D. h., wir können klar unterscheiden: Immer wenn wir ein bestimmtes Angst- oder Wunsch-Bild vor Augen haben (z.B. den starken Vater, der mich schützt, mir nützt und „etwas bringt"), sind wir auf dem Holzweg (Leidhold 2008).

Wer wie Dawkins alle Religion aus infantilen Bedürfnissen erklärt, macht es sich zu billig. Denn nach originär religiöser Sicht verfehlt man Gott gerade, wenn man ihn für solche Bedürfnisse einsetzt. So konnte z. B. Meister Eckhart sagen: „Manche Leute wollen Gott ... lieben, wie sie eine Kuh lieben", wegen der Milch usw.; „die aber lieben Gott nicht recht, sondern sie lieben ihren Eigennutz" (Predigt 16). Oder heute schreibt Huub Oosterhuis: „Gott nötig-haben für jetzt und später, in Reserve haben ... – das ist menschlich. Ihn ohne Nebengedanken grüßen, nichts von ihm verlangen, keine Einsicht, kein Gefühl, kein ‚Ich'... – das ist *Beten*. Das ist es, was Freundschaft tut." (Oosterhuis 1973, 24) Die Gott-Sucher bezeugen, dass Gott anders ist als unsere Wunschbilder von ihm, nicht Spiegel unserer ich-bezogenen Wünsche, dass die Begegnung mit Gott irritierend ist im doppelten Sinn: hinreißend und erschütternd.

Freilich müssen wir, wenn wir vom Inhalt der Erfahrung der Gegenwart Gottes sprechen wollen, irgendein Wort oder Zeichen verwenden. Doch kann es sich hierbei nur um die symbolische Repräsentation eines Ungeschauten, Ungehörten handeln (religiöse Traditionen sprechen von innerer Stimme und Anruf, besonderem Licht und Erleuchtung, Führung, Angeblickt-Werden, Geliebt-Sein).

Im Bewusstsein erleben Menschen also bisweilen die intime Präsenz eines Anderen, einer ganz anderen Dimension. Sie werden plötzlich gewahr, wie ein ganz Anderes (und doch nicht von ihnen und der Welt Getrenntes) auf ganz intime Weise da ist, etwas, in dem sie geborgen sind, eine Zuwendung, die von Wohlwollen geprägt ist.

Wer die Möglichkeit solcher religiöser Erfahrung rundweg leugnet, wird sie, sofern sie sich spontan einstellt, entweder nicht bemerken (sie nicht als solche identifizieren) oder sie verdrängen. Wem noch keine solche Erfahrung widerfahren ist, dem können – wie bei anderen Erfahrun-

gen, die wir noch nicht gemacht haben – Zeugnisse glaub-
würdiger Anderer dazu dienen, die Sache ernst zu nehmen
und selbst auf die Suche zu gehen.

„Machen" können wir diese Erfahrung nicht, wir können nur günstige Bedingungen dafür schaffen, dass sie sich
eventuell ereignen kann. Vorbereiten kann man sich vor
allem durch innere Einkehr, Stillwerden, meditativ-kon-
templative Offenheit, in der das Bewusstsein frei geräumt
wird (von Gegenständen, Vorstellungen, auch von Selbst-
reflexion und metaphysischen Ideen), so dass das Bewusstsein, derart entleert, in seiner Tiefe sich öffnet für
die intime Präsenz eines Anderen, das zugleich entzogen
bleibt. In solchem Tiefenbewusstsein kann es zur intimst
möglichen Erfahrung eines Anderen kommen, das aus seiner ganz anderen Dimension heraus nahe ist, diskret anwesend ist.

b) *Wie der Schöpfer-Gott (nicht) gedacht werden darf*

1) Nach Anselm von Canterbury (1033–1109) ist „Gott"
dasjenige übergegenständliche Wesen, „über das hinaus
nichts Größeres gedacht werden kann", ja genauer noch:
das noch „größer ist, als gedacht werden kann" (Anselm,
Proslogion 2 bzw. 15). Und genau dies, dass Gott größer
ist als gedacht werden kann, kann menschliche Vernunft
denken. Diese tiefe Einsicht Anselms deutet an, auf welches Abenteuer man sich einlässt, wenn man sich im Denken und Sprechen wirklich Gott annähern will.

Bereits Augustinus (354–431) hatte signalisiert: „Wenn
du begriffen hast, so ist es nicht Gott; wenn du begreifen
konntest, so hast du etwas anderes für Gott gehalten, dich
durch dein Denken täuschen lassen." (Augustinus, Sermo
52,6,16) Aber nicht nur jeder Begriff, auch jedes Wort
und jedes Bild bleiben unangemessen: Sie werden alle zur

symbolischen Repräsentation, zum Zeichen, das auf die gemeinte ganz andere Dimension und Wirklichkeit hindeutet (sie aber nicht deskribiert und definiert); sie werden zur verweisenden Geste, die ins Unnennbare hinüberzeigt, zur „Meta-pher" (griech.), die uns „hinüber-trägt".

2) Viele Zeitgenossen haben ein naives Gottesbild (das sie annehmen oder eben ablehnen): Sie verstehen unter Gott ein übergroßes, räumlich von uns getrenntes Wesen, einen himmlischen Übervater, der über aller Welt thront, also im Jenseits sitzt, und der wie eine externe erste Ursache (Uhrmacher oder Designer) die Welt einmal am Anfang hervorgebracht hat und im Übrigen von außen (vom Sky-Himmel herab) zusieht, was die Geschöpfe so alles treiben, um es dann mit Lohn und Strafe zu quittieren. Auch manche religiösen Schriften, Gebete, Lieder zeichnen leider ein derartiges Gottesbild. Dabei wird nicht bedacht, dass ein derart außerhalb der Welt sitzender Gott durch die Welt begrenzt, also nicht unbegrenzt, nicht unendlich und damit gar nicht Gott wäre.

Aber Gott darf *nicht* gedacht werden als ein übergroßes gegenständliches Wesen, das einen entweder beengt und verdrängt, oder das bloß in einem räumlich gedachten „Jenseits" sitzt (räumliche Bilder wie „Ehre sei Gott in der Höhe" oder „Vater unser im Himmel" sind nicht räumlich gemeint); Gott darf *nicht* gedacht werden als von der Welt (dualistisch) getrennte, also durch sie begrenzte „Person" und externe Weltursache, die in der Welt selbst nicht vorkommt. Gott darf auch *nicht* gedacht werden als verabsolutierende Überhöhung endlicher Güter und Größen (wie Geld, Besitz, Vitalität, Macht oder der Tiefenkräfte des Kosmos bzw. der Seele); das wären die Götter und Götzen, die es allüberall in den Religionen und in den Ersatzreligionen, auch des Atheismus, gibt.

In solchen Vorstellungen zeigt sich die Grenze unseres Vorstellens. Indem wir „Vor-Stellungen" von Gott entwerfen, stellen wir Gott sozusagen vor uns hin: Hier sind wir, und dort ist noch ein Gegenüber wie ein uns äußerlicher Gegenstand. Auf diese Weise vergegenständlichen (verobjektivieren) wir Gott, machen ihn zu etwas Endlichem, durch uns und die Welt Begrenztem, so dass es gar nicht mehr der Unendliche und unendlich Innerliche, nicht mehr Gott ist, sondern ein von uns entworfener beschränkter Götze, auf den wir uns beziehen.

Im christlichen Schöpfungsglauben meint das Wort Gott etwas anderes als Götter, Geister und andere objekthaft übernatürliche Wesen. Unsere Sprache ist inadäquat: Wenn sie vom Wort „Gott" einen Plural „Götter" bilden kann, konterkariert sie sofort alles, was mit dem Singular Gott gemeint ist. Die große christliche Tradition meint mit „Gott" weder ein von der Welt getrenntes, bloß im Jenseits sitzendes Wesen noch ein Verlängerungsstück der Welt, das erste Glied einer Ursachen-Kette, sondern den Grund der ganzen Kette, wie wir gesagt haben, den absoluten Urgrund des Seins, aus dem alles hervorgeht und der allem diskret nahe, eben all-gegenwärtig ist.

Deshalb geht es auch *nicht* um eine weitere endliche Dimension zusätzlich zu den vier Raum-Zeit-Dimensionen (oder zu den von Superstringtheoretikern postulierten elf Dimensionen) der Weltwirklichkeit. *Vielmehr* geht es um eine qualitativ und total andere Dimension, die nicht *dort* erst beginnt, wo die uns bekannten Dimensionen *enden*, sondern die sie und alles durchdringt (Raum und Zeit, Materie und Geist, Natur und Geschichte, Zufall und Notwendigkeit usw.), die allem zugrunde liegt und allem ko-präsent ist. Eine Quer-Dimension sozusagen. Die Wörter Himmel[58] (heaven, nicht sky), Ewigkeit, Gott, der Urgrund und Schöpfer (boré) verweisen alle auf diese radikal andere Dimension und Wirklichkeit, auf ein unbegreifliches Geheimnis im innersten Grund der Welt und unseres Lebens.

3) Der Philosoph *J.G. Fichte* (1762–1814) hat gegen die damalige vulgäre Schultheologie, die Gott deistisch als

weltjenseitige (und damit endliche) Person und Schöpfung als willkürliche Setzung nach dem handwerklichen Modell des Wirkens nach außen dachte und so Gott zur externen ersten Ursache bzw. zum Werkmacher reduzierte, der in der Welt nicht vorkommt (und damit nicht Unendlichkeit ist), in einer fundamentalen Kritik formuliert: „die Annahme einer Schöpfung" ist „der absolute Grundirrtum aller falschen Metaphysik und Religionslehre"; „denn eine Schöpfung lässt sich gar nicht ordentlich denken" (Fichte 1806, 90f). Wenn man Schöpfung wie die von Fichte mit Recht kritisierte Schultheologie versteht, dann lässt Schöpfung sich in der Tat nicht ordentlich denken. Anders verhält es sich, wenn man „Schöpfung" auf der Linie des biblischen bará (oben II. 1. b) als absolut unvergleichbare Ursprungsrelation oder transzendentale Bedingung versteht (oben III. 2. b sowie unten V. 1 und 2); ein so gefasster Schöpfungsbegriff wird von Fichtes und ähnlicher Kritik nicht getroffen.

Der recht verstandene „Schöpfungs"-gedanke leistet nämlich ein Doppeltes: Er unterscheidet Gott und Welt *und* verbindet sie zugleich innigst. Gott und Welt werden nicht wie im Pantheismus monistisch vermengt, auch nicht wie im Dualismus (und Deismus) dualistisch auseinandergerissen und getrennt, sondern sie werden *dialogisch* unterschieden (so dass sie je ihre Eigenart behalten) *und* (in engster Beziehung) verbunden. Ist die Unterscheidung von Gott und Welt einmal klar, so kann die Verbindung nicht eng genug gesehen werden. *Intrinsische* (d.h. inwendige, innerliche) *Beziehung* und *Einbeziehung* ist die Grundkategorie des christlichen Schöpfungsglaubens[59], begründet in Gott selbst, dem ewigen Beziehungsgeschehen und Urdialog der Liebe (wovon die Trinitätslehre oft mehr schlecht als recht stammelt).

Gott ist von der Welt unterschieden, gewiss, aber er ist von ihr nicht endlich-gegenständlich unterschieden wie ein übergroßer Gegenstand (sonst wäre er ja ein Ding außerhalb der Welt, durch sie begrenzt, also nicht unendlich, nicht Gott), sondern Gott ist von der Welt unendlich-transzendental unterschieden: eben als die *total andere Dimension und Wirklichkeit*, aus der alles hervorgeht und die in allem gegenwärtig ist, und zwar *diskret* gegenwärtig ist (nicht beengend und bedrängend wie ein Gegenstand oder wie ein Kontrolleur). Diese Grund-*Differenz und zugleich Einheit* zwischen Gott und allem andern gilt es stets zu beachten.

4) Deswegen können wir endlichen Menschen Gott *nicht greifen und nicht begreifen* (das betont die sog. Negative Theologie mit Recht); all unsere Gedanken und Aussagen über ihn verlieren sich in seine Unbegreiflichkeit hinein. Aber gerade, wenn man ernst nehmen will, dass Gott das grenzenlose, unbegreifliche Geheimnis ist, wird man *nicht einfach schweigen* dürfen (denn woher wüsste man dann noch, dass man von Gott schweigt?)[60], sondern man wird – ganz unabhängig davon, ob man sonst noch inhaltlich etwas von ihm sagen kann oder nicht – sagen müssen, dass Gott (a) noch größer ist als der gewaltige Kosmos und alles *transzendiert* (alles übersteigt und umfasst), dass er (b) uns näher und innerlicher ist als unser Innerstes und allem *immanent* ist (in allem ganz tief verborgen als das, was allem Sein verleiht). Und wenn man wirklich ernst nehmen will, dass Gott der Urgrund der Welt, also auch der Urgrund von personalen Wesen wie uns Menschen ist, dann wird man zugleich festhalten müssen, dass er (c) auch die Qualität des Personalen, Beziehungsfähigen, in sich hat – und zwar in eminenter Weise – (sonst könnte er nicht Urgrund des personalen Menschen sein), dass er also gerade *nicht unter-personal* (als bloße Kraft) zu denken ist, eher meta- oder über-personal.[61]

So ergibt sich konsequenterweise und unvermeidlich: Der eine unbegreifliche Ur-Grund Gott in seiner ganz anderen Dimension kann nur in komplementären (einander ergänzenden und trinitarisch ineinanderfließenden)

Aspekten oder Modellen anvisiert werden[62]: Welt*trans-zendenz*, Welt*immanenz*, dialogische Welt*zugewandtheit* Gottes. Allem zuinnerst immanent transzendiert Gott alles und ist allem intrinsisch-dialogisch (nicht dualistisch-gegenständlich) zugewandt *wie* ein großes Du. Vielleicht könnte man auch sagen: ein um uns und in uns schwingendes unfassliches Du.

Exkurs zum Problem der Gottesbilder und zum Wort Liebe

Obwohl Gott nicht ein „Gegenstand" ist und wir ihm auf Dauer nicht als „Gegenüber" auf gegenständliche Art begegnen können, können wir gegenständliche Bilder (wie Vater, Mutter, Herr, Hirte usw.), die Gott als uns gegenüberstehendes Subjekt vorstellen, nicht vermeiden. Sie sind *dann* auch durchaus legitim, wenn wir nicht vergessen, dass sie Bilder sind, die über sich hinausweisen. Doch sind die Bilder nicht beliebig, nicht alle sind gleichermaßen geeignet: Es gibt auch Bilder (der Rächer, Vergelter, Gewalttätige), die Gott verstellen, weil sie allzu Menschliches auf Gott projizieren und aus der grenzenlos für alle offenen und alle einbeziehenden Transzendenz Gottes einen begrenzten Ausgrenzer machen. Auf der andern Seite gibt es sehr wohl Bilder, die uns über uns hinaus aufschließen können für den grenzenlosen Gott und gerade so für die Anderen, ohne irgendjemanden willkürlich auszugrenzen (der barmherzige Vater, gute Hirte, Quell des Lebens); die höchste Möglichkeit, die wir Menschen kennen, ist die uneigennützige Liebe oder Agápe, sie verweist am deutlichsten auf Gott. Wir brauchen solche Bilder, wie Krücken oder ähnlich wie der Stabhochspringer den Stab, um uns aus dem Gewohnten zu erheben und für den grenzenlosen Gott aufzuschließen; irgendwann gilt es dann, die Bilder (wie der Stabhochspringer den Stab) loszulassen und selber zu springen, uns dem göttlichen Geheimnis und Urgrund anzuvertrauen.

Roberto Saviano, den die Camorra unbedingt töten will, weil er in seinem Buch „Gomorrha" (2007) ihre verbrecherischen Machenschaften schonungslos aufgedeckt hat, sagt in seinem neuen Buch „Das Gegenteil von Tod" (2009, 47): „Das Wort

Liebe auszusprechen ist peinlich. Die Zunge versagt den Dienst, als wäre sie es leid, das altbekannte, ewig gleiche Wort aufzusagen ... Doch es gibt einen Moment, an dem ein von zu vielen Mündern heruntergeleiertes und von zu vielen achtlosen Händen abgegriffenes Wort wieder zu seiner ursprünglichen Reinheit zurückfindet." Ich werde im Folgenden nicht anders können, als dieses Wort öfters aufzugreifen. Um es nicht allzu sehr abzunutzen, werde ich es inhaltlich zu füllen versuchen und auch Wörter, die seinen gemeinten Inhalt buchstabieren, verwenden (wie Güte, Mitgefühl, Erbarmen, Barmherzigkeit, Bejahung, Annahme, Anerkennung, Solidarität, Gerechtigkeit). Im Deutschen und auch in vielen anderen Sprachen ist das Wort Liebe sehr vieldeutig und deshalb missverständlich. Die griechische Sprache kann unterscheiden zwischen Philía (= Freundesliebe), Storgé (= Liebe zwischen Familienmitgliedern), Eros (= hingerissene, begehrende, nach Vereinigung verlangende Liebe) und Agápe (= die nicht auf Gefühl, Sympathie, Nutzen beruhende wohltuende Liebe, die den Andern als Person bejaht, auch dann, wenn sie seine Gesinnung oder Tat nicht bejahen kann). Die Agápe (lat. cáritas) will die andern Gestalten von Liebe nicht ausschalten, sondern sie (auch den Sexus, lat.) und überhaupt alles Handeln beseelen und durchformen. Von diesen diversen Gestalten der Liebe wird im Neuen Testament nur die Agápe auf Gott übertragen und in ihrer „ursprünglichen Reinheit" von Gott selbst ausgesagt. Dass Gott die Liebe (1 Joh 4,8.16) und Liebe „die Urkraft des Kosmos" (Trennert-Hellwig 1993) sei, ist indes eine kühne, eine geradezu abenteuerliche Behauptung. Wie Gott als Liebe und Urkraft des Kosmos gedacht, geglaubt und bezeugt werden kann, das ist und bleibt eine immer von Neuem unerledigte Hausaufgabe der christlichen Theologie.

2. Was bedeutet das für das Verständnis der Weltwirklichkeit?

Wenn das, was wir über den Gottesgedanken und die Gottesintuition gesagt haben, gilt, dann ist das All nicht alles (wie im Materialismus), auch nicht göttlich (wie im

Pantheismus), weder gegengöttlich (wie im Dualismus) noch gottleer (wie im Deismus). Vielmehr sind das All und jedes Wesen in ihm (1) von Gott umfangen, (2) von ihm bejaht/geliebt und (3) von ihm erfüllt/durchatmet. Und das gleichzeitig in einem.

a) Alles in Gott („Pan-en-theismus"): Der gesamte kosmische Prozess geschieht in Gott

Wir wissen heute, dass der uns umgebende Kosmos in Milliarden von Jahren entstanden ist und es sehr lange brauchte, bis der Mensch in ihm erschien. Man kann aus solchem Wissen um die gewaltige räumliche und zeitliche Tiefe des Kosmos sehr unterschiedliche weltanschauliche Folgerungen ziehen: die eine, dass mit der Zeitgebundenheit der biblischen Schöpfungsaussagen die Rede vom Schöpfer ihren Sinn verloren habe, oder die andere, dass Gottes Weite, Tiefe und Macht noch größer ist, als die Alten ahnten, die doch auch schon vor den Weiten des Kosmos erschauern konnten (vgl. Ps 8,4 f).

Schon biblische Menschen konnten von Gott sagen: „Der Himmel und die Himmel der Himmel können dich nicht fassen" (1 Kön 8,27); „von allen Seiten umgibst du mich" (Ps 139,5), mich und alles Kosmische. Lukas lässt Paulus auf dem Athener Areopag zu den Popularphilosophen sagen: Die Menschen „sollten Gott suchen, ob sie ihn wohl spüren und finden könnten; fürwahr, er ist nicht fern einem jeden von uns; denn *in ihm* leben wir, bewegen wir uns und sind wir" (Apg 17,27 f).

In dieser Perspektive ist und geschieht der gesamte kosmische Prozess (die Schöpfung) *in Gott,* in Gott von Gott begründet („geschaffen"). Alles kommt schon immer in der unendlich aufgespannten Weite Gottes vor. Es gibt überhaupt kein Außerhalb Gottes, nichts und niemand kann aus ihm herausfallen. Alles ist *in* Gott, auch wenn es sich vielleicht gegen ihn sperrt oder verschließt. Gott ist die Quelle alles Seins, der unendlich weite Raum, in dem alle Dinge sind (so sagen Rabbinen, Augustinus, Thomas von Aquin), die alles einfassende Peripherie (Nikolaus von Kues), der grenzenlose Horizont (Karl Rahner), das Umgreifende (Karl Jaspers), und wie die diesbezüglichen Metaphern alle lauten. Augustinus findet folgendes aussagekräftige, wenngleich zu mechanische Bild: Er sieht sich im Weltall und dieses, scheinbar grenzenlos und doch begrenzt, kommt ihm vor wie ein riesiger Schwamm, umflutet vom unermesslichen göttlichen Meer und zugleich von diesem durchtränkt und vollgesogen (Confessiones 7, 5). Andere wählen Metaphern wie die Atmosphäre, die uns umgibt und belebend in uns eingeht, das „göttliche Milieu" (Teilhard de Chardin), in dem der ganze Kosmos sich entfaltet.

Nun haben Menschen zu allen Zeiten das, was sie in der Welt und im eigenen Herzen fanden, auch in Gott hinein projiziert (verlängert) und deswegen gemeint, der göttliche Urgrund sei – ähnlich wie die Natur und wir Menschen – zweideutig: gütig *und* grausam, gut *und* böse. Doch schon in den Gipfelerfahrungen und Spitzentexten der Religionen (z. B. Bhagavad-Gita 18,64: „Höre mein höchstes Wort, das geheimste von allen: Ich habe dich sehr lieb") und besonders im Alten Testament (z. B. Hos 11,8 f; Jer 31,20; viele Psalmen) tritt die Liebe und barmherzige Güte als der Inbegriff Gottes hervor, eindeutig dann bei Jesus von Nazaret. Er lebt Güte bis zum Äußersten. In praktischem Widerspruch zum Unrecht in der Welt lädt er dazu ein, auf einen guten Ur-Grund zu vertrauen: dass Gott reine, unbedingt für alle entschiedene, allen zugewandte Güte ist, die sich jetzt dort erweise, wo Menschen das Gute tun; und dass er sich noch als solche allen geltende Güte erweisen werde (vgl. Mk 10,18; Mt 20,1–15; 7,9–11par; Lk 12,24 ffpar; 15; vgl. 1 Joh 1,5; 4,8.16). Das ist eine Annahme, die sich aus der Beschaffenheit der Welt nicht ableiten lässt (die ist zu zwiegesichtig und oft zum Heulen; der kleine Einzelne zählt in ihr nichts); aber sie konvergiert mit dem Urempfinden und den Ur-Sehnsüchten der Menschheit und mit den tiefsten Einsichten der Weisen aller Kulturen.

Trotz der Ambivalenz und Fragilität unserer Weltwirklichkeit, trotz der Übel und Leiden, trotz der Bedrohung der Ordnung durch Zerstörung, des Lebens durch den Tod, sagt der Schöpfungsglaube daher: Die Welt hat einen guten und zuverlässigen Grund. Der Schöpfungsglaube enthält also eine kontrafaktische, d.h. eine sich mit der faktischen Realität nicht abfindende, Option: Er optiert *gegen* alle Destruktion und Bosheit *für* die letzte Gutheit der Schöpfung (vgl. Gen 1,10.12.18.21.25.31), die sich freilich erst noch vollends herausstellen muss.

Übrigens: Wer sich nicht einfach dem blinden Spiel der Natur und ihrer Triebe überlässt, sondern human zu sein, Gutes zu tun, Leid zu mindern sucht, setzt der nicht, ohne es zu merken, im Grunde darauf, dass das ganze Welttheater letztlich einem guten Ziel zu will, dass da ein Grund ist und dass der gut ist?

b) Die Geschöpfe sind in ihre Eigendynamik hinein freigegeben; alles Leben ist beseelt

1) Der biblisch-christliche Schöpfungsglaube denkt Gott nicht als den Designer, der allem sein fertiges Design verpasst, auch nicht als den großen Kontrolleur, der alle (Marionetten-)Fäden in der Hand behält, sondern als den, der das Geschaffene *freigibt*, es bejaht und *dialogisch* begleitet. Alle Wesen sind *in* Gott von Gott begründet und in ihr Eigenes freigegeben. Schöpfung als die große Freigabe: Freigabe der Geschöpfe in ihr Eigensein, in relative Eigenständigkeit und in Eigenaktivität (Kreativität) hinein.

Das äußerste uns mögliche Deutungsmodell für diese transzendental-göttliche Freigabe ist die personale Beziehung, die sich zurücknehmende und so den anderen freigebende Liebe. Der dänische Philosoph Sören Kierkegaard (1813–1855) hat dies feinfühlig und hellsichtig beschrieben:

„*Das Höchste*, das überhaupt für ein Wesen getan werden kann, ist dies: *es frei zu machen*. Eben dazu gehört Allmacht, um das tun zu können. Das scheint sonderbar, da die Allmacht gerade abhängig machen müsste. Aber wenn man Allmacht denken will, wird man sehen, dass gerade in ihr die Bestimmung liegen muss, sich selber so wieder *zurücknehmen* zu können in der *Äußerung* der Allmacht, dass gerade deshalb das durch die Allmacht Gewordene unabhängig sein kann. Daher kommt es, dass ein Mensch den anderen nicht ganz frei machen kann, weil der, welcher die Macht hat, selbst darin gefangen ist, dass er sie hat und deshalb ständig doch ein verkehrtes Verhältnis zu dem bekommt, den er freimachen will. Dazu kommt, dass in aller endlichen Macht, Begabung usw. eine endliche Eigenliebe ist. Nur die Allmacht kann sich zurücknehmen, indem sie sich hingibt, und dieses Verhältnis ist gerade die Unabhängigkeit des Empfangenden. Gottes Allmacht ist darum seine *Güte*. Denn Güte ist sich ganz hingeben, aber so, dass man dadurch, dass man allmählich sich zurücknimmt, *den Empfänger unabhängig macht*. Alle endliche Macht macht abhängig, nur die Allmacht kann unabhängig machen, aus nichts hervorbringen, was Bestand hat in sich dadurch, dass die Allmacht sich ständig zurücknimmt. Die Allmacht … vermag zu geben, ohne doch das Mindeste von ihrer Macht preiszugeben, d.h. sie kann unabhängig machen. Das ist das Unbegreifliche, dass Allmacht nicht bloß vermag, das Allerimposanteste, das sichtbare Weltganze, hervorzubringen, sondern auch das Allergebrechlichste: ein der Allmacht gegenüber unabhängiges Wesen. Dass mithin die Allmacht, die mit ihrer gewaltigen Hand so schwer auf der Welt liegen kann, zugleich so leicht sich machen kann, dass das Entstandene Unabhängigkeit erhält." (Kierkegaard 1846/1949, 216 f)

2) Wenn aber alles Geschaffene in seine relative Eigenständigkeit und evolutive Eigendynamik (und im Falle des Menschen in endliche Freiheit) hinein freigesetzt ist, dann

vermag das Geschaffene Wege zu beschreiten, die ihm nicht deterministisch von Gott vorgezeichnet sind. Wenn Gott die Welt und die Menschen in ihre Eigendynamik hinein freigibt, dann gibt er ihnen endliche Eigenmacht, die er voll respektiert (also nicht im Konfliktfall revoziert), so dass er darauf verzichtet, auf der Ebene der endlichen Kräfte – ihr Wechselspiel *willkürlich* verändernd – einzugreifen. Insofern beschränkt Gott sich in der *Äußerung* seiner Macht und bindet sich an das Wirken der Geschöpfe, dessen Ergebnisse längst nicht immer seinem guten Willen entsprechen müssen. Er muss in Kauf nehmen, dass nicht erst der Mensch, sondern auch die vormenschliche Natur und die Wesen bisweilen seltsame Wege gehen, die nicht immer gott-gewollt sein müssen. Deshalb meinte Teilhard de Chardin, dass Erschaffen für Gott „keine Vergnügungsreise" sei, sondern ein Risiko und Drama, in das er sich selbst ganz und gar einlässt (Teilhard 1972, 103).[63]

Gott *zwingt* die Dinge nicht in eine bestimmte Richtung, sondern lädt ein, wirbt, lockt: Alles in der Welt vom Urknall an geschieht in einer ständigen *Interaktion* zwischen Gott (als ermöglichendem Grund) und den (freigegebenen) Geschöpfen, in einem mehr oder weniger gut gelingenden und oft auch *miss*lingenden „Dialog". Ein solch „dialogisches" Verhältnis Gott-Welt ist nicht erst auf der Ebene des Menschen anzunehmen, sondern – in analoger und graduell abgestufter Weise – schon im vormenschlichen Bereich und im kosmischen Prozess von Anfang an.

Auf die Frage, *warum* Gott die Welt schafft, gab der große Philosoph und Theologe Johannes Duns Scotus (1265–1308) die kühne, aber gut biblische Antwort: „weil er Andere als Mitliebende haben will" (Duns Scotus, Opus Oxoniense III 32,1,6). Wenn das stimmt, wenn Gott auf Realisierung von uneigennütziger Liebe (ntl. Agápe) hinaus will, dann leidet er von Anfang an mit seiner

Schöpfung gleichsam *Geburts-Wehen*, dass die Agápe, nicht ihr Gegenteil, mehr Raum finde. Er bangt darum, wie die Geschöpfe sich selber formen; er bangt, dass wir für uns und andere heilsame Wege gehen. Und er *leidet*, wo das Geschehen in quälende Zerstörung abgleitet: Er leidet nicht nur im Gekreuzigten, er leidet *mit*, ja zutiefst *in* allen Gequälten (*und* in den Quälenden), und er sinnt darauf, dass ihre Wunden geheilt (bzw. ihre Verhärtungen aufgetaut) werden. Er *wirkt* auch: *in* Menschen, die für ihn offen sind, und vermittelt *durch* sie: wirbt um Guttat, Heilung, Gerechtigkeit, gibt dazu Impulse und Kraft, macht Angebote, eröffnet neue Möglichkeiten und ergreifbare Alternativen.

3) Schon die simpelsten Lebewesen sind *keine bloßen Dinge und Maschinen*. Man kann es an dem letzten Überlebenden der Urvielzeller vor über 700 Millionen Jahren, dem höchst einfach gebauten, nur wenige Millimeter langen, kopf- und organlosen Tierchen Trichoplax studieren: Sein Erbgut enthält erstaunlicherweise bereits die Prototypen für alle wichtigen Genfamilien des Menschen, etwa Opsin-Gene (entscheidend für die Sehfähigkeit der menschlichen Netzhaut), obwohl das Tierchen weder Augen noch Sehzellen hat; es kann wahrnehmen, Wahrnehmung verarbeiten und daraus sein Verhalten generieren, und das alles ohne Sinneszellen und Nervensystem. Und wenn ich gar einem komplexeren Lebewesen, etwa einer Kröte, in die Augen sehe, dann merke ich, dass etwas meinen Blick erwidert, dass mir etwas gegenübersteht, das eine kleine Welt für sich ist (mit Innerlichkeit), dem sein Leben etwas bedeutet, das Interessen und Empfindungen hat. Die unverdorbene „natürliche" Lebenseinstellung weiß: „Quäle nie ein Tier zum Scherz, denn es fühlt wie du den Schmerz."[64] *„Alles fühlt"* (Weber 2007), kann man sagen, wenn man einen weiten Begriff von Fühlen verwendet. Andreas Weber irrt freilich, wenn er meint, dass „die christliche Tradition" die Seele „für den Menschen

reserviert" und in der Seele „den unsterblichen Anteil des Menschen sieht, also gerade das, was ihn von der Natur unterscheidet und mit Gott verbindet" (Weber 2007, 322). Denn nach der Bibel sind, wie wir sahen, die Tiere ebenso wie die Menschen beseelt („lebende Seele": Gen 1,20f.24.30; 2,7; 9,4.10). Und die große christliche Tradition hat durchgehend bis zum 17. Jahrhundert – bis Descartes nur dem Menschen eine Seele vorbehielt und die Tiere zu seelenlosen Automaten erklärte – *alle* Lebewesen als *„beseelt"* angesehen, und zwar mit folgender, von Aristoteles übernommener Differenzierung: Pflanzen haben eine vegetative Seele, Tiere eine (die vegetative Schicht integrierende) sensitive Seele, Menschen eine (die vegetative und sensitive Schicht integrierende) intellektive Seele, die sie auch zu Transzendenzbewusstsein und Gottesrelation befähigt. Insbesondere Thomas von Aquin vertritt einen solchen gestuften Seelenbegriff, der Seele und ebenso Unsterblichkeit gerade nicht nur für den Menschen reservieren muss.[65] Dann gibt es Unsterblichkeit nicht wegen *unserer* menschlichen Gottesrelation, sondern wegen *Gottes* Relation zu uns *und* zu anderen Geschöpfen!

4) Für biblisches Denken macht es die Würde eines jeden konkreten Geschöpfes aus, dass es von Gott in sein Eigensein hinein freigegeben und von ihm geliebt ist. Prinzipiell alle geschaffenen Wesen haben diese ihnen *eigene* geschöpfliche Würde, und der Mensch hat ihnen in Achtung und Ehrfurcht zu begegnen.

All die mannigfaltigen Gestalten haben ihr Eigensein, ihre Eigendynamik und ihren eigenen Seinswert (nicht bloß Funktions- und Nutzwert)[66]: Auch der Leviathan, das schreckliche Seeungeheuer, darf vor Gott spielen (Ps 104,26), auch der wertlos scheinende Sperling, die Fleischnahrung der kleinen Leute, von dem man fünf Stück für zehn Groschen kaufen konnte, ist bei Gott nicht vergessen (Lk 12,6); Gott liegt an dem einen verlorenen

Schaf, das *eine* Konkrete ist ihm kostbar (Lk 15,4par). „Du liebst alles und verabscheust nichts von alldem, was du geschaffen hast; du Freund des Lebens." (Weish 11,24f) Und alle Geschöpfe sind im großen kosmischen Dialog miteinander verbunden (Franz von Assisi), in dem „alles einander Antwort gibt", wie Hildegard von Bingen (1098–1179) immer wieder sagte.

Die scheinbar so belanglosen konkreten einzelnen Lebewesen und Menschen sind Gott wichtig: Sie in ihrer Differenz und in ihrem Zusammenspiel sind nicht nur eine vorübergehende Konkretion zufälliger naturaler Prozesse (wie in manchen östlichen Religionen oder im westlichen Materialismus); sie sind nicht nur eine zu überwindende Durchgangsstufe, die sich wieder auflöst und im All-Einen oder in der großen Matrix Natur verschwindet, sondern Gott will sie ewig bewahren und vollenden, sie nicht der bloßen Vergänglichkeit überlassen. Nach guter christlicher Sicht werden auch die Tiere in der Dimension Gottes („im Himmel") Vollendung finden: „Schäme dich nicht, solches von Gott zu denken: Der dich heil macht, der heilt auch dein Pferd und dein Schaf, ja bis zum Kleinsten gilt das" (Augustinus); „er wird alles zur Vollendung bringen, nicht bloß alle Menschen, sondern alle sinnlichen Kreaturen" (Eriugena); Ähnliches kann man bei Thomas von Aquin, Meister Eckhart, Nikolaus von Kues, Johannes vom Kreuz, Martin Luther und vielen anderen finden (Belege bei Kessler 2006, 110–113). Und gerade im Gespräch mit Evolutions- und Selektionsdenken ist auch bedeutsam, dass der biblisch-christliche Glaube einen deutlich *anti-selektionistischen* Zug enthält: Gott liebt nicht nur das Starke oder biologisch Geeignete, er liebt auch das Geringe, das Mindere, das Schwache, das Kranke, das Behinderte; und er will, dass auch wir es achten, pflegen und schonen.

c) Gott in allem – freilich auf unterschiedliche Weise

1) Gott ist nicht ein Wesen außerhalb der Schöpfung, sondern von Anfang an in ihr. Es ist nicht nur alles *in* Gott, sondern Gott ist auch in allem. *Gott in allem*: Diese Dimension haben weite Kreise der neuzeitlichen westlichen Christenheit ignoriert, und damit haben sie den Schöpfungsglauben schlichtweg amputiert. Deshalb drängte der feinsinnige Bibliker und Sucher Fridolin Stier (1902–1983) darauf, dass der „Glaube an die Schöpfung, statt in abstrakten Formeln zu vertrocknen, fühlig würde für die intime Präsenz Gottes im All und in jedem der erschaffenen Dinge und Wesen", dass wir horchen „auf die dunkle, die leise, Sprache der Dinge" (Stier 1981, 173f; vgl. Kessler 1990, 96f).

Für das Alte Testament sind das All, die Erde und alle Geschöpfe von Gott „erfüllt", von seinem kabód (seiner Ausstrahlung / Herrlichkeit) erfüllt, von seiner rúach (seinem Atem / Geist) durchatmet (so z. B. Jes 6,3; Jer 23,24; Num 14,21; Ps 33,5); „der Geist des Herrn erfüllt das All" (Weish 1,7; 8,1; 12,1).[67] Das Neue Testament bedenkt dies insbesondere im Hinblick auf den Menschen, in dem Gott wohnen will (vgl. z. B. 1 Kor 3,16; Joh 14,23). Doch auch die große christliche Tradition weiß um die Immanenz Gottes in allem Geschaffenen: Augustinus etwa gebraucht, wie erwähnt, das Bild von der Welt als einem riesigen Schwamm im unendlichen Meer Gott, von ihm umgeben und zugleich vollgesogen von ihm (Confessiones 7,5); Gott ist mir und allen Wesen „innerlicher" als sie sich selbst innerlich sind (ebd. 3,6). Für Hildegard von Bingen ist Gott „die feurige Lebenskraft" in allem. Für Thomas von Aquin (Sth I, 8) ist kein geschaffenes Wesen so fern von Gott, dass es ihn nicht „intim" in sich hätte; Thomas kann zu einem starken Vergleich greifen: *Wie die Seele im Leib* und in jedem seiner Teile, so sei der ungeteilte Gott im Kosmos und in jedem geschaffenen Wesen (wobei sich für Thomas Gott weder in der Welt erschöpft noch erst in ihr verwirklicht, sie vielmehr nochmals umfasst und unendlich übersteigt). Auch für Luther ist Gott „in jeglichem Körnlin ganz und gar und dennoch in allen und über allen und außer allen Kreaturen" (Luther, WA 26, 339 f). Teilhard de Chardin konnte sagen, „dass Gott uns wirklich in den Dingen erwartet", weil alles in seinem Grund bereits durch Göttliches beseelt ist (Teilhard 1962, 21 f). Und in einem Kirchenlied heißt es: „Du bist in allem ganz tief verborgen, was lebt und sich entfalten kann" (GL 298,4). Gott ist gegenwärtig wie die Luft, die in uns eingeht und von der wir leben.

2) Dann aber ergibt sich die große Frage: Ist dann Gott in allem *gleich* und *unterschiedslos*, einfach „die Weltseele", der Motor der Evolution oder „der Geist der Selbstorganisation" des Universums (Erich Jantsch), am Ende gar „die unsichtbare Hand" (Adam Smith) und der Geist all unserer Strebungen und Triebe, wie sie eben so sind und laufen, der guten wie der schlimmen, der kreativ-konstruktiven wie der destruktiven? Gegen solche Kurzschlüsse ist auf zweierlei hinzuweisen:

Zum einen unterscheidet die Bibel den Geist Gottes deutlich von den vielen Un- und Abergeistern (auch Volksgeist, Zeitgeist usf.) und charakterisiert ihn inhaltlich als den, der den Menschen ein neues, liebesfähiges Herz gibt und sie frei macht (Jer 31,31–34; Ez 36,26–29 u. a.; Röm 5,5; 2 Kor 3,17; Gal 5). Zum andern unterscheiden schon Rabbinen *zwei Stufen* der Immanenz Gottes in der Welt (Gott wohnt in allem; aber eigentlich wohnt er dort, wo man ihn einlässt)[68]; und die christliche Tradition unterscheidet *drei Stufen* der Immanenz (Ko-Präsenz) Gottes in der Welt und in Geschöpfen, somit auch des Wirkens und Sprechens Gottes im Weltlauf:

(a) In *allen* Wesen – vom Lepton und Quark und Atom über die Mikrobe bis zum Wurm, zum Säugetier und zum Menschen – ist Gott anwesend als der, der ihnen ihr Eigen- „Sein, Kraft und Aktivität" verleiht (Thomas von Aquin, Sth I, 8,3), als der „belebende und lebendig machende Geist" (Luther). Darauf sind alle ständig angewiesen. Und *so* kann ich Gott in allen Dingen finden. Durch dieses allgemeine und ständige Schöpferwirken erhält Gott die Geschöpfe, und zwar auch dann, wenn sie damit Grausiges anstellen: Dann macht er sich nicht aus dem Staub oder revoziert die Seinsverleihung und Freigabe, sondern *er*-trägt die Geschöpfe, hält sie leidend aus, leidet an und in ihnen. *So* ist der Atem des Göttlichen in allen Wesen, auch in den Übeltätern; *so* hat er auch mit dem Bösen zu tun und ist es nicht von ihm weggeschoben.

Aber *so* kommt Gott mit seinen eigentlichen Intentionen (seinem grenzenlos guten Schöpfer-Willen für alle) noch gar nicht zum Zug. Deshalb sprach Luther hier vom *fremden* oder *befremdlichen* Werk Gottes (opus alienum Dei). Auch *die Naturgesetze und die kosmisch-biologische Evolution* sind noch *nicht* das *eigentliche Wirken Gottes*, sie sind die – freilich dynamisch sich entwickelnde – Bühne: Welches Stück auf ihr gespielt wird, hängt von den in ihre Eigendynamik freigegebenen Wesen ab; Gott hat es aus der Hand gegeben, in die Hand der werdenden Wesen und in unsere Hand. Das werden wir in V. 2 und V. 3. 1 weiter bedenken.

Deshalb ist auch nicht alles, was die Natur tut, Gottes Wille. In der Natur zeigt sich Gott nur undeutlich und uneigentlich; sie bietet zu viele Spuren, um Gott begründet zu leugnen, und zu wenige, um sicher zu sein, wie Blaise Pascal immer wieder sagen konnte.[69] Deshalb kann man ihn auch *nicht aus Naturforschung* als den Bildner oder Designer *ableiten*. Nochmals Luther: Die Kreaturen, auch wenn Gott *in* ihnen ist und sie Spuren Gottes (vestigia Dei) darstellen, sind doch nur wie „Larven", wie „Masken" Gottes; da bekommt man höchstens die Rückseite Gottes (Ex 33,23), den verborgenen, nackten Gott (deus absconditus, deus nudus) zu sehen, und da bleiben all die unbeantwortbaren Warum-Fragen, „vom Abgrund göttlicher Weisheit und Barmherzigkeit" erkennt die Vernunft da „nicht einen Tropfen von", dieser Abgrund göttlicher Weisheit und Barmherzigkeit wird erst in Christus offenbar (Luther, WA 46, 669; WA 19, 207). Muss man also erst eine andere Offenbarung und Perspektive haben, um in der Natur noch etwas anderes zu sehen, als für die Empirie offen liegt?

(b) Während Gott also in allen Wesen ist als der, der ihnen Sein, Kraft und Eigenaktivität verleiht, kann er in Menschen noch ganz anders gegenwärtig werden, wirken und sprechen. Dann nämlich, *wenn und soweit* Menschen Gott – mit seiner allen geltenden Güte – in ihr Leben „einlassen" (Rabbinen).[70] Dann kann Gott ihnen „einwohnen" wie der Freund und Geliebte im Liebenden (Thomas), bzw. als der „heilende und heiligende Geist" (Luther), kann in ihnen Raum gewinnen (Bonhoeffer) mit seinen eigentlichen Intentionen: Erbarmen, Güte, Bejahung, Gerechtigkeit, Wohlergehen, Heil *für alle.* Und so kann Gott – durch solche Menschen – in der Welt zum Zug kommen.[71] Insoweit Menschen sich der uneigennützigen Liebe (Agápe) zu anderen öffnen und damit Gottes Nähe und Güte – ob nun seiner bewusst oder nicht (vielleicht als vermeintliche Atheisten) – *praktisch* in sich Raum geben, insoweit realisieren sie ihre Bestimmung, Bild / Ikone und Treuhänder Gottes in der Schöpfung zu sein, und insoweit wird die Schöpfung partiell zum Ort der Herrschaft (der Güte) Gottes.[72] Dann gilt nicht mehr einfach „Geld regiert die Welt", sondern die kreative Liebe beginnt die Welt zu regieren, eine „Zivilisation der Liebe" (Paul VI.), eine „Kultur des Mitempfindens" (Friedrich Schorlemer) beginnt zu entstehen. Die Liebe aber (sagt 1 Joh 3 f) „stammt aus Gott"; wer „liebt und das Gerechte tut", der ist „aus Gott geboren / gezeugt". Hier kann man deshalb mit Luther vom *eigentlichen* Wirken Gottes (vom opus proprium Dei) sprechen.[73] Das werden wir in V. 3. 1 weiter bedenken.

(c) In *einem* Geschöpf aber, dem Galiläer Jesus, der ganz aus Gottes Gegenwart lebte und deshalb vorbehaltlos liebte, konnte Gott sich in seinem wahren Wesen gegenwärtig machen, sprechen und wirken: als die unbedingt für alle entschiedene Liebe. Deshalb konnte Luther sagen: „Wiewohl Gott überall ist in allen Kreaturen, will er doch nicht, dass ich ihn da suche …, sondern wo das Wort ist, da tappe nach, so ergreifst du ihn recht" (Luther, WA 19, 492). Wenn man ihn da, in Weg und Person Jesu, sucht, *dann* findet man ihn recht.[74] Christen sehen Gott durch Jesus hindurch, der ihnen in seinem ganzen Verhalten transparent ist auf Gott hin[75], und aus der so gewonnenen Perspektive finden sie *dann* (!) das göttliche Geheimnis auch in den andern Geschöpfen und in den kosmischen Prozessen. Mit einer, freilich entfernten, Analogie könnte man sagen: Ähnlich wie man die Spuren eines Tieres im Schnee nur lesen kann, wenn man das Tier schon kennt, findet man Spuren *Gottes* in der Welt *nur* dann, wenn man von anderswoher schon eine Ahnung von Gott hat, auf der Suche nach ihm ist, mit ihm zu leben versucht (sonst wird man in der Welt keine Spuren Gottes finden).

Nach dem NT will Gott indes nicht nur in diesem Jesus ganz gegenwärtig sein: Er will „alles *in allen* und *in allem* sein" (1 Kor 15,28), er will bei allen wohnen und alle Tränen abwischen (Offb 21,3–5): möglichst jetzt schon. Das wäre das vollendete Reich Gottes, der neue Himmel und die neue Erde, oder wie die Bilder heißen mögen. Nach dieser Sicht ist die Schöpfung daher in einem fortwährenden Prozess der *Geburtswehen*. Geburtswehen Gottes mit seiner Schöpfung, dass der Geist der Agápe (der Gerechtigkeit, des Mitempfindens, der Solidarität, der Gemeinschaft), nicht ihr Gegenteil, mehr Raum finde in den Menschen, ihren Beziehungen und Verhältnissen. Darauf will alles hinaus.

Das heißt aber: Das vorhandene Universum und der Mensch sind nicht das Letzte, nicht das Ziel, auf das alles hinaus will, nicht der Sinn. Es geht um mehr, als die Evolution selbst hervorzubringen vermag! Deshalb sind im Schöpfungsbegriff mehrere Aspekte, Ebenen oder Stufen zu unterscheiden. Indem wir sie nun betrachten, wird das Verhältnis von Schöpfung und Evolution genauer bestimmbar.

V. Die Evolution im Rahmen des Schöpfungsglaubens

Die bisherigen Ausführungen haben gezeigt, dass naturwissenschaftliche Erkenntnisse für unterschiedliche weltanschauliche Deutungen offen sind und weder zu Atheismus noch zu Gottes- und Schöpfungsglauben zwingen. Allerdings ergab sich auch, dass ein vom Naturwissenschaftlich-Methodischen zur totalen Weltanschauung ausgeweiteter Naturalismus eindimensional bleibt und viele Fragen ausblenden oder unerklärt lassen muss, während der recht verstandene Gottes- und Schöpfungsglaube einen weiten Horizont auftut und die Erkenntnisse heutiger Naturwissenschaft sinnvoll in ein Gesamtbild der Wirklichkeit zu integrieren vermag. Da christliche Theologie mit der Annahme Gottes einen erweiterten Sinnhorizont voraussetzt, hat sie einen umfassenderen Rahmen, in welchem sich die Evolution, ohne ihre naturwissenschaftlich geltenden Gesetzlichkeiten einzubüßen, in einem neuen Licht darstellt (vgl. oben III. 1. 3).

Es hat sich gezeigt, dass Schöpfungsglaube, wenn er nicht kreationistisch pervertiert wird, und Evolutionsdenken, wenn es nicht zur totalen Weltanschauung und damit zum pseudowissenschaftlichen Neo-Mythos überhöht wird, einander nicht widersprechen, sondern gut zu vereinbaren sind. Zwar kann die Idee der Schöpfung in wissenschaftlicher (methodisch naturalistisch vorgehender) Kosmologie und Evolutionsbiologie nicht vorkommen, doch kann umgekehrt im Rahmen des Schöpfungsglaubens die Evolutionslehre ihren guten Platz haben. Die

Evolution lässt sich nicht nur zwanglos vom christlichen Schöpfungsglauben her verstehen, sondern sie bekommt in seinem Rahmen sogar eine besondere Plausibilität und Tiefenschärfe. Das soll jetzt noch genauer aufgezeigt werden.

Dazu ist es, um den umfassenderen Rahmen des Schöpfungsglaubens sichtbar zu machen, erforderlich, die drei Ebenen in den Blick zu nehmen, die für den biblisch-christlichen Schöpfungsglauben konstitutiv sind: Für diesen ist nämlich (1) der ständige Schöpfungsvorgang die Grundvoraussetzung aller Evolution; (2) die Evolution selbst wird als von Gott ermöglicht verstanden und, *soweit* ihre Prozesse für Gottes Ziele und Einfluss offen sind, als sein andauerndes Schöpferwirken; (3) das eigentliche, neu schaffende (Menschen zur Agápe befreiende und durch sie vermittelte) Heilswirken Gottes aber und sein (für alles Geschaffene) erhofftes Vollendungswirken übersteigt die Möglichkeiten der Evolution radikal.

Nur auf einer dieser Ebenen, der zweiten, gibt es direkte *Schnittmengen* mit den naturwissenschaftlichen Konzepten von Evolution, Selbstorganisation, Emergenz. Ausführlicher werde ich deshalb auf diese zweite Ebene eingehen.

1. Der ständige absolute Schöpfungsvorgang als Grundvoraussetzung von Evolution

Die herkömmlichen Formeln hierfür lauten, negativ formuliert: *creatio ex nihilo* (= Erschaffung aus nichts, d. h. nicht aus irgendetwas Vorliegendem), und positiv und genauer formuliert: *creatio entis qua entis* (= Begründung dessen, was ist, seinem ganzen Sein nach). Diese Formeln sprechen nicht von etwas Empirischem, sondern verweisen auf eine der empirischen Ebene zugrunde liegende, *transzendental-fundierende Ebene*, nämlich auf die absolute und dauernde Begründung von Sein oder *Welt überhaupt* (in *jedem* ihrer Entwicklungszustände, ob vor oder nach dem sog. Urknall) und von allen Wesen in der Welt, so dass sie nicht ins Nichts fallen.

a) Eine Aussage im Präsens: das ständige transzendentale Gründungsgeschehen

1) Schöpfung in diesem Sinn ist ein *transzendentaler* Begriff, d. h. ein Begriff, der das allem Welthaften Zugrundeliegende bezeichnet. Schöpfung in diesem Sinn meint, wie wir sahen, nicht eine Initialzündung an einem zeitlichen Anfang, sondern den Anfang im prinzipiellen Sinn der Begründung. Die Vulgata, die maßgebende lateinische Bibelübersetzung, übersetzte deshalb die ersten Worte der Bibel in Gen 1,1 („Im Anfang") nicht mit „in initio", sondern mit „in principio" (siehe II. 1. b). Während naturwissenschaftliche Kosmologie nach einem Anfang, der *vergangen* ist, fragt, spricht Gen 1,1 von dem *mitgehenden* Anfang, der dauernd anwesend ist. Es geht also um eine Aussage im Präsens: um das nie zur Vergangenheit werdende *un-vermittelte* Begründen oder *absolute* Schöpfungswirken Gottes, um das *ständige* Gründungsgeschehen und Begründungsverhältnis zwischen dem, was ist bzw. werden und sein kann, und seinem tragenden Grund, also um das Wunder des Seins und Werdens, eben um die letzte Bedingung der Möglichkeit von Welt überhaupt – und somit auch von allem in ihr: von Evolution, Kosmos, Leben, Mensch, Wissenschaft usw.

Gott ist beständig der Urquell alles Seins. Er verleiht allen Wesen eigenes „Sein, Kraft und Aktivität", wie wir (in IV. 2. c) sahen, und ist als solcher in allem Geschaffenen, sofern es ist, zuinnerst gegenwärtig, aber eben auf transzendental-fundierende Weise (nicht auf gegenständli-

147

che, die Geschöpfe verdrängende Weise): als die ganz andere Dimension.

2) Der transzendentale Urgrund (creator) – damit auch der ständige begründende Schöpfungsvorgang (creatio) – kann von der Sache her nicht Gegenstand sinnlicher Erfahrung und empirischer Wissenschaft sein. *Gegenständlich* ist er *nirgends zu finden,* und deshalb ist er auch nicht zu beweisen. Wenn ich ihn wie einen Gegenstand suche (ob mit dem sowjetischen Astronauten Juri Gagarin irgendwo oben oder hier unten), werde ich ihn nirgends finden: „überall ist er und nirgends", sagt deshalb ein modernes Kirchenlied.[76] Er ist unserer sinnlichen Anschauung und empirischen Wissenschaft *entzogen, weil* er ihnen immer schon *zugrunde* liegt. Er kann aber erahnt werden, wenn die vermeintliche Selbstverständlichkeit der Welt fragwürdig wird und die Frage auftaucht „Warum ist überhaupt etwas und nicht vielmehr nichts?" oder auch wenn ich die Dinge in ihrer Nicht-Selbstverständlichkeit staunend wahrnehme und sie als „gegebene" dankbar empfange. Sinnliche Anschauung und Empirie haben zum Gegenstand nur die Welt selber, theologisch gesprochen: das vorliegende Resultat (creatura) dieses beständigen Schöpfungsvorgangs (creatio).[77]

Schöpfung in diesem grundlegenden Sinn des dauernden absoluten Begründungsverhältnisses ist etwas, das alle Einzelheiten und Gehalte der Welt umfasst und die letzte Einheit der Welt (in all ihren polaren Spannungen von Materie und Geist, Natur und Person, Notwendigkeit und Freiheit, Zufall und Finalität, usw.) konstituiert. Schöpfung in diesem Sinn liegt deshalb auch „außerhalb" des empirisch zugänglichen kosmischen und biologischen Evolutionsprozesses, besser gesagt: liegt ihm immer schon zugrunde. Naturwissenschaftliche Theorien *können* von Schöpfung in diesem Sinn nichts wissen. Denn sie meint ja die Bedingung der Möglichkeit von Welt, Evolution, Wissenschaft und allem in der Welt. Von diesem absoluten

Urgrund kann nicht in beschreibender Sprache, sondern nur in verweisender Sprache (im Bild, Gleichnis und Erschließungsmodell) gesprochen werden.

3) Für den göttlichen Urgrund oder Schöpfer, den Boré (s. o. II. 1. b), gibt es daher in der Welt nichts Vergleichbares und keinerlei Analogie. Er ist *absolut singulär* (und darf nicht mit objekthaften Göttern, Geistern oder sonstigen übernatürlichen Wesen in eine Reihe gestellt oder verwechselt werden). Deshalb darf er auch nicht nach dem Modell menschlich-schöpferischer Tätigkeit, die immer etwas Vorhandenes voraussetzen muss und nur relativ Neues hervorbringen kann, als bloßer Former der Welt aus einem vorausgesetzten Stoff (Chaos, Materie) verstanden werden. Er muss vielmehr gedacht werden als unbedingter Totalurheber der werdenden Welt, als bleibender transzendentaler Grund, zu dem *alles*, insoweit es ist, *jederzeit im Verhältnis des Begründetseins*, also in einer ganz *analogielosen Ursprungsrelation* steht, weshalb das Begründende (Gott) in allem Begründeten auf transzendentale (nicht-gegenständliche) Weise intim präsent oder immanent ist; anders ist Dasein von Nichtgöttlichem nicht möglich.

Daher sind unsere gewöhnlichen kausalen Kategorien, die für relative, nicht-absolute Bedingungsverhältnisse gelten, hier völlig fehl am Platz: Es geht, wie wir sahen, nicht um ein erstes Glied einer Ursachenkette, sondern um den beständigen Grund der ganzen Kette und jedes einzelnen ihrer Glieder.[78]

b) Implikationen der Aussage von der „creatio ex nihilo"[79]

1) Wenn Gott *ohne jede Vermittlung* durch seine *Allein*-wirksamkeit die Welt ihrem gesamten Seins- und Möglichkeitsbestand nach begründet, dann ist die Welt (auch eine

evtl. zeitlich anfanglose Welt) in ihrer Totalität Schöpfung. Sie ist restlos begründet von ihrem göttlichen Urgrund, der nicht von ihr getrennt ist und doch mit ihr nicht zusammenfällt, sondern sie auch übersteigt. Er ist in der Welt und in jedem Ding tief-innig gegenwärtig, ohne mit ihnen identisch zu sein. Gott ist ja nicht einfach die eigene Tiefe der Welt oder der Seele, die Welt ist auch kein Teil oder Ausfluss Gottes; sie ist aber auch kein ewiges Ko-Prinzip Gottes, sondern von ihm zwanglos-frei begründete Wirklichkeit von eigener Dignität.

2) Es gibt für Gott keine Notwendigkeit, die zur Schöpfung führen müsste: weder eine äußere noch eine innere Notwendigkeit (etwa eine innere Bedürftigkeit). Nach christlicher Sicht ist Gott ja schon in sich selbst eine vollkommene, beziehungsreiche Wirklichkeit, das unendlich weit aufgespannte, ewige Beziehungsgeschehen der uneigennützigen Liebe (griech. agápe, lat. cáritas). Während menschliche Liebe an ihrem Gegenüber *entsteht*, *schafft* Gott das endlich-geschöpfliche Gegenüber seiner Liebe. Aber nach christlichem Verständnis schafft er nicht selbstbezogen zu seiner eigenen Befriedigung oder Selbstverwirklichung. Er bedarf der Welt nicht, um er selbst zu sein, vielmehr bestimmt er sich in absoluter Freiheit dazu, in sich selbst „Raum" zu geben für das von ihm Verschiedene, es in seine Andersheit und Eigenwirklichkeit hinein freizugeben.

3) Doch auch wenn er der Welt nicht bedarf, ist sie ihm nicht so äußerlich, dass sie für ihn bedeutungslos wäre. Zwar braucht er sie nicht (sie dient *ihm* nicht zu irgendetwas), aber er *will* sie brauchen, „will Andere als Mitliebende haben" (Duns Scotus). Gerade weil sie ihm zu nichts nütze sind, sind sie ihm von *un*-bedingtem Wert, sind als sie selber gemeint und unbedingt gewollt. Er will nicht ohne sie sein. Insofern macht er sich in freier Selbstbindung von der Welt und uns abhängig, begibt sich – in transzendentaler (alles fundierender) All-Macht – seiner

Allein-Macht, indem er der ins Eigene freigelassenen Welt Eigenmacht und Eigendynamik verleiht. Also lässt er sich auf den risikoreichen Weg der Welt ein, und d.h. sowohl auf Freuden als *auch* auf Leiden (die ihn selbst treffen), auf eigene Ohnmacht und auf geduldiges Ausharren. In der Konsequenz seines Entschlusses zu einer Werde-Welt wird er auch in ihre Abgründe hineingezogen. Hier geraten wir erneut an Grenzen des Denkbaren und Sagbaren.

Vielleicht lässt sich das, was das Werden des Kosmos, der Geschöpfe, jedes Menschen für Gott selbst bedeuten könnte, ganz entfernt mit den Geburtswehen einer Mutter oder dem schmerzlichen Warten des Liebenden vergleichen (so etwa Hos 2,14ff; Meister Eckhart, Kierkegaard; Simone Weil). Dann aber wird man die – von der amerikanischen Prozesstheologie aufgeworfene – Frage: „Geht Gott aus dem ganzen Prozess der Welt und der Menschheitsgeschichte unberührt und ungeschoren hervor?" wohl verneinen müssen. Nein, er selbst hat sich ja mit der freien Setzung der Welt dazu bestimmt, sich von der Mühsal, den Leiden und den Bereicherungen des Weltprozesses betreffen zu lassen. Die Art indes, wie Gott davon berührt wird, darf wieder nicht als eine endlich-gegenständliche gedacht werden (die ihm quantitativ ein Mehr oder Weniger brächte), sie muss wiederum transzendental gedacht werden: in seiner transzendentalen Immanenz, in der er allen Dingen und Prozessen innerlicher ist, als sie sich selbst innerlich sind, wird er betroffen, und zwar auf eine uns unausdenkliche, radikale und totale Art und Weise.

2. Die Evolution als fortwährendes relatives Schöpferwirken in tastender Interaktion

Die Aussage von der creatio ex nihilo (Erschaffung aus nichts) zielt, wie wir sahen, auf die Ebene der *transzen-*

*dentalen, absoluten Letzt*begründung von Welt überhaupt; sie will festhalten: Alles-was-ist existiert ständig und *unmittelbar* aus seinem transzendenten göttlichen Urgrund, hat von ihm Sein, Kraft und Aktivität. Aber mit allem-was-ist geschieht ja etwas, nämlich eine *Veränderung*: Entfaltung, Werden, Evolution. Und genau davon spricht die andere Aussage von der „creatio continua" (vom kontinuierlichen, d.h. ununterbrochen fortlaufenden, einen Schöpfungsvorgang). Sie bezieht sich auf die *empirisch zugängliche Ebene* der Veränderung und evolutiven Entfaltung dessen, was ist, und deutet diese evolutive Entfaltung als fortwährendes *vermitteltes* Schöpferwirken Gottes. Vermittelt deswegen, weil es dabei nicht um die unmittelbare Begründung im Sein geht, sondern darum, dass an und mit dem – in jedem seiner Momente – im Sein Begründeten (Ebene 1) *gleichzeitig* und unaufhörlich etwas geschieht, nämlich Veränderung, Entfaltung, Werden usw. (Ebene 2).[80] Auf dieser Ebene also kommen für die religiös-theologische Weltsicht der empirische Prozess der Evolution und seine naturwissenschaftliche Erforschung in den Blick.

a) Die Evolutionstheorie und die Glaubensaussage von der „creatio continua"

Naturwissenschaftliche Kosmologien und Evolutionstheorien einerseits und die Aussage vom fortwährenden Schaffen (creatio continua) andererseits beziehen sich auf dieselbe Sache – von zwei verschiedenen Seiten her gesehen. Beide Male geht es nicht um den *absoluten Ursprung* aus dem absoluten, stets präsenten Urgrund, sondern um *relative Ursprünge* und Bedingungsverhältnisse. In der Evolution geht es ja – ganz formal betrachtet – um kausale, d.h. relative Ursprünge materieller Seinsformen aus bereits bestehenden Seinsformen (auch ein eventueller „Urknall" gehört auf diese Ebene). Und theologisch entspricht dem das fortgesetzte Wirken Gottes *innerhalb* des bzw. *in* dem von ihm im Sein Begründeten (Geschaffenen) und *vermittelt durch* dieses: Gott wirkt vermittelt durch das schon Bestehende, durch die Eigendynamik und Kreativität, in die es freigesetzt ist.

Demnach lässt sich das Wirken der kosmischen Kräfte und Größen als ein von Gott ermöglichtes Eigenwirken verstehen: Gott lässt seinen Geschöpfen – *in* sich – Raum, lässt sie *selbst* sein, agieren, sich im Rahmen der jeweils erreichten Vorgegebenheiten in eigener Kraft entfalten und organisieren. Pierre Teilhard de Chardin hat das auf die berühmte Formel gebracht: „Gott macht, dass die Dinge sich selber machen."[81] Das bedeutet auch: Es ist nicht Gott, der die Strukturen, Muster, Symmetrien, Moleküle, Zellen, Organismen wirkt; die entfaltet der in seine Eigendynamik freigegebene kosmische und evolutive Prozess bzw. die in ihm interagierenden Dinge und Wesen selbst. Ohne Gott? Ist Gott nur der (deistische) Urheber von Kreativität, die dann ohne ihn wirkt? Das werden wir zu bedenken haben.

Jedenfalls gehen die Evolution und die Dinge dabei *ihre eigenen Wege*, auch Umwege und Abwege mit Fehlern und Sackgassen. Wenn man, wie die Kreationisten es tun, das unbestreitbare Faktum der Evolution dennoch bestreitet und annimmt, Gott sei der große Designer, der alles am Reißbrett entworfen und fix und fertig hergestellt habe, dann müsste man Gott direkt auch alles Unvollkommene und alle Missbildungen zuschreiben und könnte mit dem Londoner Genetiker Steve Jones, der jeden Schöpfungsglauben ablehnt, sarkastisch sagen: „Gott pfuscht auch, er erledigt seinen Job miserabel." (Jones 2005) Aber der originäre Schöpfungsglaube setzt Gott nicht als Lückenbüßer für noch nicht Erklärbares oder als Joker im Kartenspiel kausaler Erklärungen ein, sondern sagt: Gott hat die Dinge in ihre Eigendynamik hinein freigegeben, sie gehen ihre eigenen Wege, nicht alles, was „die Natur tut", ist auch gottgewirkt oder „der Wille Gottes".

b) Emergenz und die Frage nach dem Wirken Gottes im Evolutionsprozess

1) Die Evolutionstheorie kann gut die Entstehung der Vielfalt der Dinge und Lebewesen erklären: Durch *Abänderung des Vorhandenen* entstehen aus einfachen Vorformen andere, oft auch komplexere Formen. Die schwierige Frage ist nun, wie es möglich ist, dass Dinge nicht bloß abgeändert und auf derselben Seinsstufe *anders* werden, sondern dass sie auch *qualitativ mehr* werden in dem Sinn, dass wirklich seinsmäßig Neues entsteht, neue Seinsstufen erreicht werden: Leben, Bewusstsein, Selbstbewusstsein/Vernunft. Das bedeutet jeweils einen „*Wechsel der Systemebenen*" (Kummer 2007, 102). Der Umschlag vom Anorganischen zum Lebendigen, die Entstehung des Mentalen (des inneren Erlebens) bei einem Großteil der Tiere mit einem zentralen Nervensystem, das Auftreten des Menschen mit reflexivem Selbst- und Transzendenzbewusstsein (mit Geist, Sprache, Mitgefühl, Kunst, Sinnsuche, Religion), all das stellt einen derartigen „Wechsel der Systemebenen" dar, dass es nicht mehr einfach evolutionstheoretisch als Abänderung des Vorhandenen oder als Anderswerden zu erklären ist.[82] Vielmehr geht es hier – bei allem langwierigen Werden von *Vor*bedingungen (und z.B. quantitativ nur geringfügigem Unterschied in den Genen[83]) – um einen *Qualitätssprung* in eine andere Ebene oder Schicht (siehe III. 1. c), um ein qualitatives Mehrwerden, einen Zuwachs an Sein. Und es stellt sich die Frage, wie dies möglich und zu erklären ist.

„*Emergenz*" (= Auftauchen neuer Systemeigenschaften, die nicht aus dem früheren Zustand herzuleiten sind) sagen manche, ohne dass damit etwas erklärt wäre; das

Wort Emergenz markiert eher das Problem als die Lösung. *„Höherentwicklung"* sagen andere, aber diesen Begriff mögen Biologen nicht, weil er eine Wertung (etwa größere Vollkommenheit) suggerieren könnte; doch das mit dem Wechsel der Systemebenen gegebene Problem bleibt. Das Problem Emergenz bzw. „Höherentwicklung" enthält eigentlich zwei Probleme.

Zum einen: Wie lässt sie sich naturwissenschaftlich aus den jeweiligen Vorgegebenheiten erklären, welche immanenten Mechanismen und Faktoren sind da erkennbar? Das ist eine Frage, die die Naturwissenschaft zu beantworten hat und im Hinblick auf die sie noch weitere und bessere Erklärungen zu erarbeiten hat.

Aber schon auf dieser Betrachtungsebene tauchen – bei den genannten Wechseln der Systemebenen – schwer lösbare, vielleicht sogar unlösbare Probleme auf: So ist der Beginn der biologische Evolution, also die Frage nach der Entstehung der ersten Lebewesen aus unbelebter Materie, ein bis heute nicht wirklich gelöstes Problem, wie Biowissenschaftler offen zugeben. Auch der Biochemiker Peter Schuster, der zusammen mit Manfred Eigen das Modell des „autokatalytischen Hyperzyklus" entwickelt hat, um die Entstehung lebender Zellen aus einer Ursuppe zu erklären, gesteht, man könne „mit all dem heutigen Wissen keine Zelle herstellen" (Schuster 2007, 147). Wir wissen also (noch?) nicht, *wie* der Schritt zum Leben *überhaupt möglich* ist, wie aus einem Zusammenspiel der Stoffe, die für Leben erforderlich sind, dann wirklich der Übergang zu Leben erfolgen kann. Und, wie wir sahen, wissen wir z. B. auch nicht, wie das Gehirn Bewusstsein erzeugt, wie mentale Eigenschaften aus neurobiologisch fassbaren Gehirnzuständen hervorgehen; mein subjektives Erleben von Farbwahrnehmung oder von Glück (also das „ich erlebe") kommt im objektiv untersuchbaren Neuronen-Ensemble nicht vor (vgl. oben III. 1. e).

Zum andern: Warum kommt es überhaupt zum Ur-knall, zur Feinabstimmung, zu Leben und dann beim Le-bendigen zu „Höherentwicklung" im angedeuteten Sinn (jedenfalls insgesamt zu Entwicklung in diese Richtung), wenn doch einfachere Formen biologisch „bestens ange-passt", voll funktions- und überlebensfähig sind? Ist das allein mit zufälliger Variation (samt Vererbung und Selek-tion) zu erklären? Wir wissen nicht, *warum* es den Ur-knall gab, warum die Naturkonstanten da sind und so sind, wie sie sind, usw. Wir wissen nicht, *warum* es zu Leben kam, und *warum* es zu den großen Übergängen, den *major transitions* (Smith & Szathmáry 1995), in der biologischen Evolution kam (Schuster 2007, 47f). Das alles sind keine naturwissenschaftlich beantwortbaren Fra-gen mehr. Denn die Naturwissenschaften suchen nach den Gesetzlichkeiten, die dabei wirksam sind, aus denen sich aber *die Faktizitäten als solche* nicht herleiten lassen und aus denen auch die *Möglichkeit der* erwähnten *System-übergänge* nicht erklärbar wird.

2) An dieser Stelle drängt sich eine *philosophische Fra-ge* auf: Was ist der *hinreichende Grund* für das Mehrwer-den, für den Übergang zu einer neuen Systemebene? Neu-es, das nicht auf schon Vorhandenes reduziert werden kann, braucht ja für seine Entstehung nicht nur *notwendi-ge* Voraussetzungen, z.B. die für Leben unbedingt erfor-derlichen Stoffe, sondern auch eine *hinreichende* Bedin-gung, die es ermöglicht, dass z.B. aus dem Zusammensein aller lebensnotwendigen Stoffe der für uns nicht herstell-bare Übergang zu Leben erfolgen kann, dass es also zu etwas vorher nie Dagewesenem, seinsmäßig Neuem im präzisen Sinne kommt. Philosophisch gesehen ergibt sich hier das Postulat (d.h. die nicht beweisbare, aber denke-risch notwendige Annahme) einer schöpferischen Ursa-che, die auf einer anderen, transzendentalen Ebene liegt und die diesen Systemübergang oder Seinszuwachs auf der empirischen Ebene erklärt.

Hier versuchen *religiös-theologische Deutungen* der Evolution eine Lösungsperspektive zu geben. Allerdings sind die verschiedenen Versuche, die Evolution und die Probleme der „Höherentwicklung" theologisch zu deuten, nicht alle gleich gut und überzeugend. Betrachten wir kurz die wichtigsten drei Grundtypen theologischer Deutung der Evolution (vgl. Kessler 2006a, 80–82).

(a) Der *Okkasionalismus* (die Position der Neuscholastik) besagt: Gott als „Erstursache" wirkt innerhalb der Welt *gewöhnlich* vermittelt durch die Eigenwirksamkeit der geschöpflichen Kräfte, die als „Zweitursachen" agieren im Rahmen ihrer Grenzen. Aber dort, wo etwas wesentlich Neues auftritt (Leben, Geistseele), dort greift Gott – *gelegentlich* (okkasionell) – direkt ein und bringt das von ihm gewollte Ergebnis ganz allein hervor, an der Naturordnung vorbei; dieses wesentlich Neue wird somit aus der Kompetenz der Naturwissenschaften herausgelöst. – Solcher Dualismus ist natürlich für Naturwissenschaftler kaum erträglich. Die entscheidende innertheologische Kritik an dieser Sicht aber lautet: Hier wird Gott zu einer Zweitursache, also zu einem Glied in der Kette innerweltlicher Ursachen, herabgesetzt und verendlicht; außerdem werden die von ihm geschaffenen Kräfte, ihre Kreativität und ihre Wirkungen letztlich nicht ernst genommen.

(b) Der *Konditionalismus* (vertreten z. B. von Leo Scheffczyk) meint: Geschaffene Dinge sind nicht Ursache der Höherentwicklung, sie stellen nur Vorbedingungen (lat. conditiones) bereit, an denen die eigentliche göttliche Ursache ansetzt, um allein die neue Wesensform hervorzubringen. – Die innertheologische Kritik lautet ähnlich: Wieder wird Gott zu einer innerweltlichen Ursache gemacht; Gott und Geschöpfe werden als konkurrierende Größen auf *derselben* Ebene gedacht, und so muss, um dem Wirken Gottes Raum zu lassen, die Aktivität der Geschöpfe eingeschränkt werden; weder wird die Göttlichkeit Gottes noch werden die geschöpflichen Kräfte ernst genommen.

Demgegenüber hat dann, angeregt durch Teilhard de Chardin, Karl Rahner (1904–1984) eine andere Position entwickelt, die heute von vielen Theologen mehr oder weniger geteilt wird:

(c) *Göttliche Ermöglichung aktiver Selbsttranszendenz* der Geschöpfe (K. Rahner): *Innerhalb* der von ihm ständig im Sein gehaltenen Welt wirkt Gott fortwährend überall, und zwar *nie ohne* Geschöpfe, sondern *immer* in Geschöpfen und vermittelt durch Geschöpfe, so, dass er das eigenständige Wirken der geschöpflichen Kräfte überhaupt erst ermöglicht, sie freisetzt in ihre autonome Eigenaktivität und sie auch befähigt zur Selbsttranszendenz auf Neues hin. Er lässt sie also im Rahmen der Vorgegebenheiten in eigener Kraft agieren, sich entfalten, lässt sie nicht nur „anders werden" (auf gleichbleibender Seinsstufe), sondern auch komplexer oder „mehr werden" (im Sinne des Erreichens einer neuen Seinsstufe und echter Wesens-Überschreitung, was ohne einen transzendentalen Einfluss letztlich undenkbar ist). Von dieser göttlich ermöglichten Selbstüberschreitung her versteht Rahner die folgenden Schritte: das Entstehen von Leben aus unbelebter Materie; das Werden von menschlichem selbstreflexiven Bewusstsein aus tierischen Vorgegebenheiten; die wahre Elternschaft von Mutter und Vater nicht nur bezüglich des Leibes eines Kindes, sondern auch seiner Seele[84]; das Über-sich-Hinausgehen des in sich verschlossenen Menschen in Akten der Liebe; schließlich Jesus Christus, in dem die geschöpfliche Selbsttranszendenz so radikal wurde, dass sie für Gott ganz geöffnet war und Ort der Selbstmitteilung Gottes sein konnte.

3) Wie aber ist die evolutive Selbstüberbietung als Fähigkeit von endlichen, werdenden Wesen genauer zu denken? Es geht dabei ja um einen Selbstvollzug, der von sich aus „mehr" (Komplexeres) hervorbringt, als er bereits

besitzt und vermag, der also etwas tut, was er aus sich selbst heraus und allein eigentlich gar nicht kann. Woher kommt das qualitative Mehr?

Wirkliche Selbst-Überbietung des endlichen Geschöpfs (d.h. Erwirken von qualitativ „mehr", als es selbst ist und kann) ist nach Rahner nur möglich, wenn das endliche Geschöpf in seiner eigenen Aktivität *unter einem inneren* (ihm nicht äußerlich bleibenden, aber dennoch nicht sein Wesen konstituierenden) *transzendentalen „Einfluss"* steht, der es zu jener Wesensüberschreitung befähigt, zu der die ihm wesenseigene Kraft nicht ausreichen würde.[85] Daher ist Gott zu denken als der *innere*, transzendental ermöglichende Träger und aktiv wirksame Grund der Eigendynamik der Geschöpfe und damit auch ihrer aktiven Selbst-Überbietung oder Wesens-Überschreitung.

Gott hat nicht eine Welt neben sich geschaffen, in der er nicht vorkommt (sonst wäre er ja durch die Welt begrenzt und gar nicht Gott). Wenn man mit der ganz anderen, wirklich transzendenten und allem ko-präsenten Dimension Gottes rechnet, wird man vielmehr sagen müssen: Gott hat sich selbst zur diskret-innersten Dynamik der Welt und ihrer Geschichte *im Ganzen* gemacht, *ohne* ihr indes seine Gesamtintention als Determinante der *Teil*prozesse und *Einzel*entitäten aufzuzwingen. Er wirkt nicht neben (oder nach oder in Lücken zwischen) dem Wirken des Geschöpfs, sondern er wirkt *durch* das Wirken des Geschöpfes, dem er ermöglicht, dass es seine eigenen Möglichkeiten überschreitet. Ein und dieselbe Wirkung ist dann zugleich *ganz* von Gott (der transzendenten Erstursache) und *ganz* von der endlich-geschöpflichen Kraft (der empirischen Zweitursache) gesetzt, und zwar so, dass Letztere von Ersterer die aktive Potenz erhält, autonom (entsprechend den in ihr liegenden Möglichkeiten) aus sich zu wirken und sich selbst zu überbieten. Gott muss dabei nicht „von außen" eingreifen, weil er allem transzendental-dialogisch immanent ist (siehe IV. 2).

Aber Gott – bzw. Gottes Geist (siehe IV. 2. c) – ist auch nicht die zur Evolution selbst gehörende Triebkraft der Evolution; er ist nicht einfach „in" der Evolution: Es gibt hier kein „In" ohne „Über" und innerlich-dialogisches „Gegenüber". Gott ist nicht lediglich die Evolutionsdynamik oder der Geist der Selbstorganisation des Universums.[86] Vielmehr ist Gott (in seiner ganz anderen Dimension) als umfassender Urgrund, Zentrum und Ziel zugleich beziehungswilliges Du, das sich im Dialog befindet mit seiner sich entwickelnden Welt, die in ihrer Eigendynamik nicht immer in gleicher Weise offen ist für seinen Einfluss.

Von daher gilt dann: Das naturwissenschaftlich-evolutionstheoretische Konzept der „Selbstorganisation" (z. B. von Molekülen zu erstem Leben, usw.) und das philosophisch-theologische Konzept der transzendental ermöglichten „aktiven Selbsttranszendenz" alles Geschaffenen auf Neues hin sind zwei Begriffe unterschiedlicher Herkunft zur Deutung desselben Prozesses. Da das evolutionstheoretische Konzept nicht ausreicht, die Faktizität des wirklich Neuen und den Wechsel der Systemebenen zu erklären, macht es das philosophisch-theologische Konzept *nicht überflüssig*.[87] Die kosmische und biologische Evolution kann daher mit guten Gründen theologisch *gedeutet* werden[88], ja sie bekommt dadurch sogar eine tiefere Plausibilität.

Mit empirischen Methoden ist nicht nachweisbar, dass Gott in einem Geschehen wirksam ist; das ist vielmehr die Wahrnehmung des Glaubenden, die ihm etwas besser verständlich macht und die – so seine Überzeugung – etwas an der Wirklichkeit trifft.

4) Der Schöpfungsglaube sieht Gott (den Creator Spiritus) als den Urheber von Kreativität: Gott ermöglicht den Dingen nicht nur, sich selbst zu machen, sondern auch, sich selbst und die eigenen Möglichkeiten aktiv zu *überschreiten* und so eine *neue Seinsstufe* und Seinsqualität

zu erreichen. Durch seinen transzendentalen schöpferischen Einfluss ermöglicht Gott die *„aktive* Selbstüberbietung" („Selbsttranszendenz") der Dinge hin zu *Neuem, das nicht schon keimhaft in ihnen angelegt* war.[89] Gott muss dabei nicht an bestimmten Punkten oder Lücken im Weltprozess „von oben" oder von außen (direkt formend und steuernd) eingreifen, da er allem Geschaffenen transzendental-dialogisch immanent ist und ständig von innen her dialogisch wirkt.

In dem spannungsvollen Prozess seiner sich entwickelnden Welt sind *beide* – der transzendental ermöglichende Gott und das zu Eigenaktivität/Kreativität freigesetzte Geschöpf – je auf ihrer Ebene *ganz* beteiligt und wirken unentwirrbar zusammen (concursus divinus).[90] Deswegen hängt alles Geschehen *in* der Welt zugleich von Gott (dem aus seiner anderen Dimension heraus ermöglichenden und dynamisch wirksamen Grund) und von den Geschöpfen ab. *Alles* in der Welt, vom Urknall an, geschieht in einer *ständigen Interaktion* zwischen Gott und den Geschöpfen, in einem – *mehr oder weniger gut* gelingenden und sehr oft auch *miss*lingenden – Dialog beider. Das ist der entscheidende Punkt! Gott darf daher *nicht* undialogisch als derjenige verstanden werden, der selbst die Strukturen, Muster, Gestalten, Lebewesen wirkt. Gott darf also auch *nicht* als derjenige verstanden werden, der selbst die „Massenaussterbe-Ereignisse" in der Evolution wirkt (wie Kutschera dem Schöpfungsglauben unterstellt[91]); das wirkt vielmehr der Evolutionsprozess mit seiner Eigendynamik. *Gott zwingt* die Dinge *nicht in eine bestimmte Richtung, er eröffnet Möglichkeiten und gibt Leithorizonte vor, lädt ein, wirbt, lockt* (er wirkt nicht mit coercise power, sondern mit persuasive power, sagt die amerikanische Prozesstheologie).

Eigendynamik der Dinge bzw. *Evolution* (samt ihren oft grausamen Kosten) einerseits *und* Erreichen der *Absicht Gottes* andererseits sind nur *dialogisch zusammenzu-*

denken und vereinbar. Ein Dialog ist nicht nur zwischen (dem Ziele vorgebenden, werbenden, lockenden) Gott und dem (mit endlicher Freiheit begabten) Menschen anzunehmen, sondern – in analoger und graduell abgestufter Weise – auch zwischen Gott und den (in ihre Eigendynamik freigelassenen) *vor*menschlichen Lebewesen und Kräften, die für seine Absichten nicht immer gleich geeignet oder offen sind. Gott ist – metaphorisch gesprochen – in ständigem Gespräch mit seinen Geschöpfen und stellt sich immer neu auf sie und die neuen Konstellationen ein, mit immer neuen (durch naturale, personale, soziale, strukturelle, jedenfalls weltliche Medien vermittelten) Winken, Zeichen, Lockrufen, Impulsen, Angeboten. Und wenn Gott dabei Ziele oder Leithorizonte vorgibt, so determinieren sie nicht, sondern verhelfen zu eigener Entfaltung.

Wie das Zusammenspiel zwischen dem transzendent-immanenten Gott und den Geschöpfen (zumal der unbelebten Materie und den vormenschlichen Lebewesen) zu denken sein könnte, das weiß ich freilich auch nicht. Wir können es letztlich auch gar nicht wissen, weil wir nicht die Gesamtübersicht über das Ganze des Weltprozesses haben, erst recht dann nicht, wenn in ihm noch eine ganz andere, göttliche Dimension wirksam ist; auch wer glaubt, dass es eine ganz andere Dimension und Wirklichkeit in allem gibt, kann das Ganze nicht umfassen, kann nicht Welt und Gott zusammen überschauen. Das Konzil von Chalkedon (451) gab eine hilfreiche Leitlinie: Wir müssten beides, Gott und Mensch/Welt, „unvermischt und ungetrennt" zusammen sehen, ohne das Wie des Zusammen noch definitiv klären zu können. Wenn man von einer umfassenderen Ganzheit ausgeht, nämlich von dem alles umfangenden Gott bzw. von der von ihm begründeten und begleiteten Wirklichkeit, dann finden wir uns immer schon *innerhalb* dieser Ganzheit vor, so dass wir sie nicht objektivieren, sondern allenfalls uns ihr ahnungsweise annähern können; wir können dann „auf diese umfassendste Ganzheit nur perspektivisch von innerhalb dieser Ganzheit hinausverweisen, sie aber nie umgreifen" (Kessler 2006a, 61). Wir haben keine

Standpunkt-enthobene Gesamtschau, sondern immer nur Froschperspektiven.

An dieser Stelle ist es gut, in Erinnerung zu rufen, was wir oben (in IV. 2. c) dargelegt haben: Die *Evolution ist gar nicht das eigentliche Wirken Gottes*, sie ist, um mit Luther zu sprechen, eher *das befremdliche, uneigentliche Wirken Gottes, in dem er sich nur sehr undeutlich zeigt und verborgen bleibt.* (Sie ist, wie wir sahen und in V. 3. a genauer bedenken werden, eher so etwas wie die dynamisch sich entwickelnde „Bühne", auf der etwas anderes geschehen soll, das die Evolution selbst nicht hervorzubringen vermag.). Dass Gott im Geschehen der Evolution verborgen bleibt und sich nur undeutlich zeigt, ist bedeutsam auch für die folgende Frage:

c) Zielgerichtetheit im Zufall? Fehlentwicklungen und Finalität im Evolutionsprozess

Eines der Hauptargumente der harten, atheistischen Naturalisten lautet, dass in der Evolution (bei der Herausbildung der Strukturen, Gestalten, Lebewesen) Zufälle eine entscheidende Rolle spielen und dass dies einem Schöpferwirken Gottes radikal widerspreche. Die zufällige Variation und die nachfolgende Selektion erkläre ohne jeden Schöpfungsakt, wie sich Leben aus einem gemeinsamen Ursprung entwickelt und entfaltet. Hat die Evolutionstheorie also Zielgerichtetheit und damit auch den Gottesglauben erledigt? Ist alles reiner Zufall, *ohne Sinn und ohne Ziel*?

1) Viele schließen aus der als *Zufall* angesehenen Mutation im Erbgut und der mit naturgesetzlicher *Notwendigkeit* agierenden Selektion, dass der gesamte Evolutionsprozess plan- und ziellos sei (Monod 1971). Das größte Problem mit diesem Rückschluss ist dieses: Ein angeblich

zielloser Evolutionsprozess kam in seinem Resultat zu einem Wesen (dem Menschen), das alles mit einem *Ziel* tut[92] und das über alles (auch über Welt und Evolution) hinausfragen kann, das nach einem letzten Grund und Ziel, nach *Sinn* fragen kann. Warum können wir das überhaupt? Oben (III. 1. e) hatten wir gefragt: Bedeutet das nicht, dass es etwas in unserer Natur gibt, das durch naturalistische Erklärungen nicht abgedeckt ist? Ist es nicht ein starkes Indiz dafür, dass es einen letzten Sinngrund und ein Sinnziel gibt?

Selbstverständlich tauchen *in den Berechnungen* der Kosmologen und in den *Kausalanalysen* der Naturwissenschaftler *keine Zwecke und Sinnziele* des Universums auf, wie wir oben (III. 1. b) sahen. Deshalb meinte der Physiker Steven Weinberg am Ende seines Buches über die ersten drei Minuten des Universums feststellen zu müssen (Weinberg 1980, 162): „Je begreiflicher uns das Universum wird, umso sinnloser erscheint es auch." Und Biologen stellen fest: Mutationen sind ungerichtet, sie treten nicht deshalb häufiger auf, weil ihr Träger dadurch einen Vorteil hat; eine eventuelle Zweckdienlichkeit von Veränderungen zeigt sich nur im Rückblick als Folge von eventuell größerer Tauglichkeit im Überlebenskampf. Die Zielgerichtetheit ist also nur eine scheinbare: Sie ist nicht Voraussetzung oder Triebkraft des Evolutionsvorgangs, sondern sein Ergebnis (Schuster 2007, 30). Kein Biologe leugnet die offensichtliche Zweckmäßigkeit, die uns bei allen Lebewesen, ihren Bauplänen, Organen usw., auf Schritt und Tritt begegnet; was jedoch verneint wird, ist die Voraussetzung einer Finalität (d. h. einer anziehenden Kraft oder Zielursache) zur Erklärung des Zustandekommens dieser Zweckmäßigkeit.

Wenn freilich Ernst Mayr, einer der Architekten der neodarwinistischen Synthetischen Evolutionstheorie, schreibt, die *nur scheinbar zweckgerichteten* (= teleonomischen) Vorgänge in der Natur verdankten ihr Zielgerichtetsein dem Wirken von genetischen Programmen, denen sie gehorchen und die ihre Zweckmäßigkeit garantieren (Mayr 1988, 60f), so bleibt offen, woher denn die Zweckmäßigkeit in den Programmen selber kommt. Robert Spaemann hat deshalb dazu angemerkt, dass Teleonomie keine ernsthafte Lösung des Finalitätsproblems ist (Spaemann & Löw 1981).

2) Die ganze Evolution nichts als Zufall, das blinde Spiel von Zufällen einer planlosen Natur, ohne jeden Sinnzusammenhang? Gegenfrage: Ist denn die kausalfunktionale Betrachtungsweise der Naturwissenschaften wirklich die einzige, die sich der Wirklichkeit annähert? Wir hatten das oben (III. 1. 3) bestritten. Wir hatten an dem ganz einfachen Beispiel, warum das Holzfeuer im Garten brennt, herausgearbeitet, dass es andere Betrachtungsweisen gibt, die sich anderen als den naturwissenschaftlichen Aspekten der Wirklichkeit annähern: den Zwecken, Absichten, Zielen, Sinnzusammenhängen. Zu diesen eine andere Ebene anpeilenden Perspektiven gehört dann auch die Betrachtungsweise des Schöpfungsglaubens. Sie bewegt sich auf einer anderen Betrachtungsebene und sieht auf dieser anderen (höheren oder tieferen), jedenfalls umfassenderen Ebene Verbindungslinien und Sinnzusammenhänge zwischen jenen Ereignissen, welche auf der biologischen Betrachtungsebene als zufällig und planlos erscheinen.

Zufall und Zweck/Ziel schließen sich dann nicht notwendig und immer aus. Das kann man sich schon an ganz einfachen Beispielen klarmachen: So ist es z. B. zweckmäßig, beim Spielen einen Würfel als Zufallsgenerator einzusetzen, um das Spiel zu beleben. Oder wenn ich in einem völlig dunklen Zimmer nach dem Lichtschalter suche, kann ich diesen Zweck nur dadurch erreichen, dass ich lange genug scheinbar planlos herumtaste und irgendwann zufällig den Schalter treffe; könnte jemand, der nichts vom Lichtschalter und von meiner Absicht wüsste, mich (per Infrarotlicht oder wie auch immer) bei meinem Herumtasten beobachten, so würde er dieses als zufällig und sinnlos beurteilen.

Dass Zufall und Zweck/Ziel sich nicht ausschließen müssen, wird noch deutlicher, wenn wir dem schwierigen Begriff „Zufall" genauer nachgehen.[93]

Grundsätzlich sind *zwei Arten von Zufall* zu unterscheiden:

(a) Einerseits der *scheinbare oder praktische Zufall*: Er ergibt sich aus einem (prinzipiell behebbaren) Informationsmangel. Beim Würfelwurf z.B. ist das Ergebnis jedes Wurfs im Prinzip determiniert, wir können es nur nicht sicher prognostizieren, weil wir die Parameter des Wurfs (die genaue Haltung der Hand, die exakte Form des Würfels usw.) nicht genügend kennen. Auch die bei der Mutation vorliegenden biologischen Zufallsereignisse sind im Prinzip kausalgesetzlich erklärbar (etwa durch Mutagene wie UV-Einstrahlung, radioaktive Strahlung, zahlreiche chemische Substanzen usw.); aber praktisch ist die genaue Kausalerklärung aus Gründen der Komplexität und der hohen Zahl von zu berücksichtigenden Einflussgrößen meist nicht möglich. Die richtungslose, zufällige Mutation im Erbgut ist aber offen für Deutungen; sie kann z.B. so gedeutet werden, dass sie ein Sortiment von Veränderungen präsentiert, aus denen, anthropomorph gesprochen, in der Selektion die relativ tauglichsten ausgewählt werden. – Diese Art von Zufall ist kein Beleg für absolute Ziellosigkeit des Evolutionsprozesses, sie schließt einen sinnvollen Plan oder die Absicht eines Planers nicht aus[94]; sie kann sogar als Element in einem umfassenderen Plan oder Zielerreichungsprozess fungieren (Lüke 2008, 48 f).[95]

(b) Andererseits der *echte (objektive), prinzipielle Zufall*: Er spielt eine zentrale Rolle im Rahmen der Quantenphysik und wird besonders sichtbar beim Messen des Verhaltens mikroskopischer Objekte (etwa Elektronen), deren *Einzelverhalten durch nichts determiniert* und prinzipiell nicht vorherzusagen ist. Ich zitiere den Bielefelder Physiker Reinhart Kögerler: „Wir können nur die *Wahrscheinlichkeitsverteilung* der erhaltenen (möglichen) Messresultate registrieren. Diese Wahrscheinlichkeit aber ... ist vollständig bestimmt und kann mit Hilfe der Quantentheorie präzise vorhergesagt werden. Der Zufall, der hier auftritt, ist zwar ein echter, aber dennoch kein ‚blinder' oder völlig ‚gesetzloser', er ist – auf einer höheren Ebene der Beschreibung – eingefangen von einer streng kausalen Gesetzmäßigkeit (nämlich für die Wahrscheinlichkeiten). Nun glauben wir, dass dieser objektive Zufall in mehreren Phasen der Evolution eine zentrale Rolle gespielt hat bzw. spielt, etwa bei der Entstehung von Mutationen im Rahmen der Duplikation der Träger des genetischen Codes. Ist damit ein planendes, vorhersehendes Schöpferhandeln Gottes ausgeschlossen? Ja – dann, wenn wir Schöpfung verstehen als permanenten formenden oder steuernden Eingriff Gottes von außen, aber Nein – dann, wenn wir davon ausgehen, dass Gott die *Gesetze der Natur*[96], also auch die den Zufall (über die Wahrscheinlichkeiten) steuernden Gesetze, erdacht hat; und zwar so erdacht und eingerichtet hat, dass in der Natur genug Raum für Zufälligkeiten bestehen bleibt, dass aber dennoch im Rahmen dieser Gesetze die staunenswerte Herausbildung von Strukturen (von selbst) möglich wurde." (Kögerler 2006, 233 f)[97] Schöpfung kann dann verstanden werden als Eröffnung eines Feldes von Möglichkeiten, die nicht durchweg vorprogrammiert und determiniert, aber eben auch nicht blind-gesetzlos sind; manches kann daher *zufällig* entstanden und doch gerade so angezielt und *gewollt* sein.

3) Zufall und Zweck/Ziel schließen einander also nicht notwendig und immer aus. Warum sollte Gott nicht durch die Gesetze der Natur, auch durch die den Zufall steuernden Wahrscheinlichkeitsgesetze, und also auch durch manche Zufälle in der Natur wirken? Durch echte Zufälle und durch scheinbare Zufälle. Bedeutende Denker wie Teilhard de Chardin, Karl Rahner, Arthur Peacocke, John Polkinghorne, Ian Barbour, Keith Ward und viele andere sehen Zufälle in der Evolution gerade als Vehikel der Schöpfertätigkeit Gottes an. Diese darf allerdings nicht als von außen eingreifende Einflussnahme Gottes auf die Mikro-Ereignisse begriffen werden; vielmehr muss Gottes transzendentale Immanenz *in* und seine dialogische Interaktion *mit* den Ereignissen (und ihrem Zusammenspiel untereinander) beachtet werden.

Eine solche Sicht, die mit einem Sinnzusammenhang in Zufallsereignissen rechnet, setzt natürlich voraus, dass man *der naturgeschichtlichen Entwicklung hin zu* Leben, zu bewusstem (mentalem) Leben und zum selbstreflexiv-selbstbewussten Menschen *etwas Positives abzugewinnen* vermag. Wer die gesamte naturgeschichtliche Entwicklung hin zum Menschen für ein völlig ziel- und sinnloses Geschehen hält, muss dann konsequenterweise auch sein eigenes Denken und Argumentieren für sinnlos halten, d.h., er würde selbstwidersprüchlich (Kessler 2008a, 516).

Darwin hatte bei der Erklärung der Entstehung der organismischen Vielfalt keine Finalität zugelassen. Aber Darwin hatte unterschieden und gesagt, das Universum insgesamt könne er „nicht als Resultat blinden Zufalls ansehen", auch wenn er „im Detail keine Evidenz von irgendeinem Plan sehen" könne. Seinem Freund Hooker hatte er geschrieben: „Ich neige dazu, alles so zu betrachten, als folge es den Gesetzen des Schöpfungsplans, während die Details dem überlassen bleiben, was wir Zufall nennen." (siehe oben I. 2. c)

Darwin hat also gerade nicht gedacht, dass die Welt ein Zufallsprodukt sei. Im Detail der Naturforschung freilich konnte er keinerlei Plan erkennen. Das ist ja mit der streng wissenschaftlichen, quantitativen, messenden Methode auch gar nicht möglich; mit ihr *kann* der Biologe kein Ziel finden. Fragen wie „Ist das Universum zielgerichtet? Verfolgt die Natur eine Absicht, ein Ziel?" liegen naturgemäß außerhalb des Geltungsbereichs empirischer Methoden. Die Naturwissenschaften sind von ihren Methoden her nicht in der Lage, sie zu beurteilen; die Suche nach einem Endzweck und Sinn ist ihre Sache nicht.[98] Aber die Annahme, das Universum sei nach einem Plan und auf ein bestimmtes Ziel hin geschaffen, *kollidiert nicht* mit dem wissenschaftlichen Vorhaben, die Mechanismen zu erforschen, wie das Universum evoliert und wie die Lebewesen entstehen; im Gegenteil.

4) Die Evolution ist voller Zufälle, die scheinbar ziellos sind und einem göttlichen Wirken scheinbar widersprechen. Die Frage, ob die Evolution ziel-los oder ziel-gerichtet ist, ist naturwissenschaftlich und auch philosophisch nicht eindeutig zu entscheiden. Einen stringenten Beweis gibt es weder für Zielgerichtetheit noch für Ziellosigkeit des Evolutionsprozesses.

Indem der biblisch-christliche Schöpfungsglaube die Existenz Gottes *voraussetzt*, ist es für ihn *möglich, die Naturevolution* – trotz aller Zufälle, Umwege und Sackgassen im Einzelnen – *im Ganzen als zielgeführt zu verstehen*, auch wenn das, wie gesagt, nicht empirisch nachprüfbar ist. Gewiss: Wenn die endlichen Dinge und Wesen in ihre Eigenständigkeit hinein freigesetzt sind, dann kann ihre Entwicklung im Einzelnen Gott auch sozusagen aus dem Ruder laufen. Aber in dem uns prinzipiell undurchschaubaren Zusammenwirken unzählig vieler Faktoren des Prozesses kann es eine Finalität geben, die wir, da wir uns (als endliche Teilnehmer) selber in diesem Prozess befinden, nicht zu überschauen vermögen. Sobald man Gott als guten Urgrund der Welt annimmt, der in allem Geschaffenen (dialogisch werbend) präsent ist, ist diese Zielgerichtetheit des Gesamtprozesses, ist ein göttlicher Schöpfungsplan mitgesetzt.

Was aus der einen Perspektive wie Zufall aussieht, kann aus einer anderen zielgerichtet sein; auf einer anderen Betrachtungsebene kann ein Sinnzusammenhang existieren. Das scheinbar „zufällige" Ausprobieren und „Tasten" (Teilhard) der Natur kann durchaus zielgerichtet sein (ähnlich wie wenn ich nachts im dunklen Zimmer scheinbar planlos an der Wand herumtappe und dabei doch ganz zielgerichtet nach dem Lichtschalter suche). So *müssen* die Entstehung unseres blauen Planeten, des Lebens und des Menschen keine bloßen Zufallstreffer, keine Laune der Natur sein. Der Glaube *kann* darin die (transzendental-dialogische) Fügung Gottes sehen. Und er hat gute Gründe auf seiner Seite. Solche Gründe liefern ihm gerade auch heutige Naturwissenschaften.

Denn die Evolution ist – wie heutige Astrophysik, Geowissenschaft und Evolutionsbiologie vielfach zeigen – vom Urknall an immer wieder *voll extremer Unwahrscheinlichkeiten*, ohne welche Leben im Kosmos, auf unserer Erde, nie möglich geworden wäre. Ich nenne wenigstens einige dieser unwahrscheinlichen „Zufälle":

(a) Die Astrophysiker sagen, dass sich in den ersten Nanosekunden nach dem Urknall *die* Naturkonstanten herausgebildet haben, die seitdem gelten: die Expansionsgeschwindigkeit, die Lichtgeschwindigkeit, die Gravitationskonstante, die (elektromagnetische Wechselwirkungen betreffende) Coulombkonstante usw. usw., alle mit einem ganz bestimmten Wert. Hätte auch nur eine dieser Naturkonstanten sich bei einem geringfügig anderen Wert eingependelt, so wäre im Kosmos nie Leben möglich geworden, und damit auch nie menschliches Leben. (Wäre z. B. die Schwerkraft in unserem Universum nur ein wenig größer, so könnten sich keine Planeten bilden; wäre sie kleiner, so würden die entstehenden Sterne nicht zu Kernfusionen aufgeheizt, würden daher nicht leuchten, ihre Planeten bekämen nicht die für Leben notwendige Energie. Oder: Wäre die starke Wechselwirkung anders, so wäre nicht genug Kohlenstoff und damit auch kein Leben entstanden.) Nun sagen uns die Astrophysiker weiter: Dass *all* diese diversen Naturkonstanten sich mit genau *diesen* Werten herausgebildet haben, das sei extrem unwahrscheinlich gewesen: 10^{-40} bis 10^{-80} (anders gesagt: eine 10 mit 40 bis 80 Nullen dran, eine unvorstellbar große Zahl, so viel wahrscheinlicher seien andere Konstellationen gewesen, und damit kein Leben). Dass es in der kosmischen Evolution zu dieser so extrem unwahrscheinlichen „Feinabstimmung" (die Voraussetzung für Leben auf der Erde ist) gekommen ist, ist in höchstem Maße staunenswert. Warum kam es zu dieser unglaublichen

Feinabstimmung (die unter Physikern zur Rede vom „Anthropischen Prinzip"[99] geführt hat)? Wer will, kann hier eine fügende „Hand" sehen (aber zwingend ist das nicht); der Glaube an einen Schöpfergott hat hier eine gute Erklärung. Wer aber dieser Erklärung ausweichen will, wird z. B. die höchst spekulative Idee von Multiversen favorisieren (siehe oben III. 2. c und III. 2. e).

(b) Auch sonst gleicht die Evolution oft einem Drahtseilakt. Zum Beispiel müssen für einen Planeten mit Leben sehr viele „Zufalls"-Bedingungen erfüllt sein. Wäre z. B. unsere Sonne nur ein bisschen größer oder kleiner, wäre die Erde in einer etwas anderen Umlaufbahn, hätte sie etwas weniger Eisen und dafür etwas mehr Wasser, hätte sie kein Magnetfeld und keinen Mond usw., dann wäre höheres Leben gar nicht zustande gekommen. Zwei (auch für das NASA-Standard-Projekt zum Einsammeln von Sternenstaub arbeitende) amerikanische Naturwissenschaftler, der Paläontologe und Spezialist für Massenaussterben (besonders der Saurier) Peter Ward und der Astronom Donald Brownlee kommen in ihrem Buch *Rare Earth* zu dem Resultat, dass die Wahrscheinlichkeit von höherem Leben im Universum, entgegen früheren Annahmen, sehr gering ist. Alle bisher entdeckten größeren Planeten außerhalb unseres Sonnensystems seien für die Entwicklung komplexen Lebens völlig ungeeignet. Auch wenn – wie schon Nikolaus von Kues meinte – Leben außerhalb unserer Erde nicht ausgeschlossen werden kann: Es wimmelt jedenfalls nicht von Leben im Kosmos. „Unsere einsame Erde" sei ein einzigartiger „Paradiesgarten". Und möglicherweise sei der Mensch die einzige intelligente Spezies im ganzen Universum. Umso größer sei die Verantwortung, die er trägt.

(c) Ich will nur wenige Punkte noch etwas ausführen. Ein Planet, auf dem (höheres) Leben möglich sein soll, muss so viele Zufallsbedingungen erfüllen, dass die Chancen für einen anderen solchen Planeten nicht sehr hoch sind: Er muss den richtigen Abstand von seiner Sonne (seinem Stern) einhalten, sie darf nicht zu heiß und nicht zu kalt sein. Er muss ein magnetisches Feld haben, das stark genug ist, um ihn vor dem größten Teil des Sonnenwindes abzuschirmen. Er muss genügend Schwerkraft haben, um seine Atmosphäre und sein Wasser zu behalten (und die Erde hat einzigartig viel Wasser[100]). Er muss sich schnell genug drehen, um nicht auf der einen Seite überhitzt, auf der andern unterkühlt zu werden: Die Venus dreht sich nur einmal im Jahr, erhitzt sich auf 400–600° C; usw. usw. – Dazu kommt die ausgeklügelte Konstellation nicht nur zwischen Sonne und Erde, sondern auch zwischen Erde und Jupiter (dessen Masse und Schwerkraft Asteroiden von der Erde ablenkt) sowie zwischen Erde und Mond (dem die Erde u. a. die Stabilität ihrer Achse verdankt und ohne den sie nach heutiger Erkenntnis so lebensfeindlich wäre, wie der Mars es ist: Cerutti 2008). – Weiter: Heutige Geowissenschaft kommt zu der Erkenntnis, dass es in der Erdgeschichte seit Jahrmilliarden durchgehend eine für den Fortbestand von Leben günstige Temperatur-Amplitude (etwa zwischen minus und plus 50° Celsius) gegeben habe, und dies trotz des enormen Vulkanismus, der etwas anderes erwarten lasse. Usw.

(d) Würden wir nun im Bereich der Lebewesen selbst fortfahren, so würden wir erneut viele Überraschungen erleben, und zwar nicht nur den milliardenfachen Tod (der Bedingung für Evolution ist), sondern auch ganz erstaunliche Prozesse wie die Endosymbiose, ein Integrationsprozess, welcher mehrere früher selbstständige Organismen zu einer einzigen Zelle vereinigt: So wurden bestimmte Bakterien, die die Fähigkeit zur Photosynthese (d. h. zur Nutzung von Licht als Energiequelle für Stoffwechselprozesse) erlangt hatten, von größeren Zellen aufgenommen (und von ihnen zu Organellen „versklavt", wie Kutschera 2009 tendenziös interpretiert), so dass Algen und Grünpflanzen entstehen konnten, die mit der Produktion von

Sauerstoff in großem Maßstab erst die Voraussetzung für höheres Leben auf der Erde geschaffen haben. Freier Luft-Sauerstoff freilich ist für Organismen absolutes Gift; er würde die Zellen zerstören. Aber es haben sich offenbar andere Bakterien herausgebildet, die mit Sauerstoff umgehen konnten und die in Form von Mitochondrien in größere Zellen gelangt sind[101]; die Mitochondrien sind sozusagen die Kraftwerke unserer Zellen, die durch Oxidation mit Luftsauerstoff chemische Energie gewinnen. – Das sind Phänomene, die staunen machen können und die veranlassen *können*, zu sagen: „Dahinter steht das göttliche ‚Es werde'" (vgl. mein persönliches Vorwort).

Schöpfungsglaube, der die Existenz Gottes voraussetzt, kann das alles zwanglos deuten und in ein Gesamtbild der Wirklichkeit integrieren.

4) Ohne die genannten Phänomene und viele andere mehr wäre Leben im Kosmos, auf unserer Erde, nie möglich geworden. Aber: „Wie sich das so präzise hat einpendeln können, ist völlig unklar", sagt der Münchener Astrophysiker Harald Lesch (Lesch 2005, 20). Die zahllosen verschiedenen Momente sind so fein justiert, passen so *extrem unwahrscheinlich* gut zusammen, dass Menschen, die nicht durch gegenteilige Vorurteile festgelegt sind, auf die Idee kommen können, hinter dem Ganzen könnte eine Absicht, ein großer Plan, stecken. Wohlgemerkt (und gegen die ID-Vertreter gesagt): Das ist eine naturwissenschaftlich nicht beweisbare, *nicht zwangsläufige* Idee.

Wie gesagt: Empirisch nachweisen lässt sich das nicht. Doch Glaubende *können* darin – bildlich gesprochen – die (transzendental-dialogisch) fügende „Hand" Gottes sehen. Nichtglaubende sind dazu *nicht gezwungen* (sie können z. B. über viele Parallel-Welten spekulieren). Heutige Naturwissenschaft liefert viele Hinweise, die den einen, der sehen will, staunen und vielleicht glauben machen *kann*, den andern, der nicht sehen will, *nicht zwin-*

gen. Denn die Natur spricht nicht eindeutig. Das wussten Frühere schon. Zum Beispiel Blaise Pascal um 1650: „Die Natur bietet mir zu viele Spuren, um Gott schlechterdings zu leugnen, und zu wenige, um ganz sicher zu sein." (siehe oben IV. 2. c)

Wer also auf Gott setzt, trifft eine Wahl, die nicht bewiesen, wohl aber vor der Vernunft verantwortet werden kann (siehe III. 2. d und e). Er setzt auf eine Karte, geht ein Lebensexperiment ein. Und wer nicht auf Gott setzt, trifft ebenfalls eine Wahl und geht ein Lebensexperiment ein; nicht nur der christliche, auch der atheistische Glaube ist rational zu hinterfragen und ist rechenschaftspflichtig. Keiner von beiden hat eine Sicherheit, dass seine Option sich als richtig erweisen wird. Aber soweit wirkliche Offenheit für alle Phänomene und gründliches Nachdenken tragen, ergibt sich: Der Schöpfungsglaube ist eine vernünftige Option, für die es gute Gründe gibt.

Naturwissenschaftliche Erkenntnisse bleiben immer mehrdeutig, sie lassen immer auch nicht-religiöse Deutungen (wie die Vielwelten-Idee) *zu.* Und das ist christlich-theologisch sogar gefordert, weil sich sonst Gott mit empirischer und logischer Gewalt aufzwingen würde, also nicht mehr verborgen und deshalb Glaubensfreiheit nicht mehr möglich wäre, Glaube dann vielmehr zwangsläufig und nicht mehr gewagte Entscheidung, nicht mehr Glaube wäre.

Aber die Naturwissenschaften können, wie wir immer wieder sahen, viele Fragen prinzipiell nicht beantworten, auf die der Gottes- und Schöpfungsglaube plausible Antworten anbietet.

In religiös-christlicher Perspektive und Weltdeutung kommt die Naturgeschichte im Menschen – jedenfalls prinzipiell (aber infolge schuldhafter Perversionen nicht immer auch faktisch) – zu sich selbst und zu ihrem Höhepunkt: zum bewussten Selbstverhältnis, Fremdverhältnis und Verwiesensein auf den unendlichen

Grund der Welt und des Lebens. Nur im vernunftbegabten Menschen ist die evolutiv sich selbst transzendierende Kreatur imstande, nach dem Ganzen der Welt zu fragen und einen göttlichen Urgrund zu gewahren, sich bewusst und frei auf ihren Seins- und Bestimmungsgrund hin zu öffnen und selbst das personale Gegenüber von Gottes eigener gnadenhafter Selbstmitteilung zu werden. Das führt zu V. 3.

3. Vorläufige und endgültige Neu-Schöpfung als Überschuss über alle Evolution

Nach christlicher Sicht geht es nicht nur um ein Entfalten dessen, was in der Werde-Welt schon angelegt („drin") ist und – unter dem transzendentalen göttlichen Einfluss in aktiver Selbstüberbietung (bis hin zum Auftreten des homo sapiens) – evolvieren kann. Es geht nicht nur darum, dass der Mensch *da* ist, sondern dass er sich auch *human* verhält, dass er also seine strukturelle Anlage zur Offenheit für die Wirklichkeit im Ganzen und für ihren göttlichen Grund auch faktisch realisiert und sich öffnet für die Möglichkeiten einer allen geltenden Liebe, die ihn über sich hinausführt: zu einem neuen, befreiten und befreienden Leben schon mitten im Weltlauf und dann zum ewigen Leben einer all-umfassenden Gemeinschaft in der Dimension Gottes. So kommt mit dem Auftreten des Menschen und seinen Möglichkeiten, und dann mit anfänglich erfahrener Erlösung und mit erhoffter Vollendung nochmals *eine ganz neue Ebene und Dimension* ins Spiel, welche die Ebene der Evolution überschreitet.

Gott schafft, „weil er Andere als Mitliebende haben will" (Duns Scotus) und weil er am Ende alles zu einer großen Gemeinschaft in seiner Ewigkeitsdimension vereinen möchte. Diese Überzeugung gehört zum Schöpfungsglauben. Zu ihm gehört die Überzeugung von einer *Absicht* Gottes, von einem großen *Ziel*[102], und dazu die vertrauende Hoffnung, dass Gott dieses Ziel – trotz aller Widernisse und durch viele Geburtswehen und Untergänge hindurch – auch erreichen werde. „Schöpfung" ist ein *Versprechen auf mehr*: auf „neue Schöpfung" (creatio nova). Es geht um einen die Natur und Evolution selbst übersteigenden Sinn des ganzen Weltprozesses, der sich in Natur und Evolution allenfalls als sehnsüchtiges Verlangen anmeldet.

a) Vor-läufige Neuschöpfung: Befreit-befreiendes Dasein schon mitten im Weltlauf[103]

Die Natur hat ein Doppelantlitz: Sie ist nicht nur nährend und bergend, sie ist auch mitleidlos und erbarmungslos zerstörend. Sie lässt nur diejenigen überleben, die es schaffen. Soziobiologen sehen allenthalben, ob im Verdrängungswettbewerb oder in Kooperation und Symbiose der Lebewesen, nichts als das Prinzip Eigennutz am Werk: Auch das gesamte Verhalten der Primaten beruhe auf einer ausgeklügelten Kosten-Nutzen-Rechnung, ebenso das Verhalten des Menschen. Gewiss, diese eigennützige Natur aller Lebewesen, die primär um Erhaltung ihrer selbst gegen Störungen von außen wie von innen bemüht sind, steckt auch im Menschen. Zumal in Extremsituationen wie Hungersnot oder Krieg, wenn es hart auf hart kommt, bricht sie wieder durch, in Form von Rücksichtslosigkeit im Kampf ums eigene Überleben und das der eigenen Nachkommen.

1) Und doch kann menschliche Kultur solche Rücksichtslosigkeit eindämmen und zu Solidarität auch mit Fremden erziehen, jedenfalls in bestimmtem Rahmen und mit zivilisatorischer Anstrengung. Schon das überschreitet die Mechanismen der biologischen Evolution. Ja man kann erleben, dass auch in harten Extremsituationen manche Menschen *unerwartet selbstlos* handeln, sich um

„wildfremde" Andere kümmern und sich für sie opfern. Der Mensch hat die *Fähigkeit*, seine eigenen Ansprüche zurückzustellen, anderen den Vortritt (sogar beim Überleben) zu lassen und für anderes Leben Fürsorge zu übernehmen. Der Mensch hat die Fähigkeit zu lieben – im Sinne der Agápe, jener Liebe, die den Andern (auch den Fremden und den Gegner) um seiner selbst willen als Person bejaht, also nicht einfach nur, weil er mir sympathisch ist oder etwas bringt. Menschen *können* das Gesetz der Natur, jenes Leben-Wollen, das immer auch auf Kosten anderen Lebens geht, übersteigen hin zu etwas anderem: zu *uneigennützigem* Pflegen anderen Lebens, unter Zurücknahme eigener Ansprüche; Einsatz gegen Unrecht und für Gerechtigkeit für alle (nicht nur für „die Unseren"); Liebe zu dem, der mir nichts zurückgeben kann; Sich-Hingeben an und für andere.[104] Wie ist so etwas möglich?

2) Zwar können Atheisten darauf hinweisen, dass menschliche Gesellschaften von sich aus, um ihres eigenen Überlebens willen, so etwas wie einen Sozialkontrakt schließen, der ethische Regeln enthält, wie z. B. die weltweit verbreitete Goldene Regel („Was du nicht willst, dass man dir tu, das füg' auch keinem andern zu"). Und neuere naturalistische Ethik kann vieles an unserem Handeln und Wollen erklären. Aber es bleiben Probleme: Sie berücksichtigt z. B. nicht die Rolle der Angst als häufiger Triebfeder des Handelns, sie kann die Entstehung einsamer moralischer Entscheidungen nicht erklären und sie tut sich schwer, die unantastbare Würde Behinderter zu begründen, also *jedem* Menschen Grundrechte einzuräumen, auf die jeder Rücksicht zu nehmen hat. Dazu kommt, dass die Motivationskraft einer naturalistischen Moral zu schwach ist, um ein entsprechendes Handeln zu erwirken, *wenn* die Tat für den Handelnden mit Verzicht und Opfern verbunden ist oder wenn gar ein ganz *ein*seitiges Geben gefragt ist. Deshalb stellt sich die Frage erneut:

Wie kommt es, dass manche Menschen geben, *ohne* zu nehmen, ohne etwas zu bekommen, ja sich vielleicht sogar derart für fremde Menschen (oder für andere Lebewesen) einsetzen, dass sie dabei eigenen Schaden und schwere Einbußen in Kauf nehmen oder gar ihr Leben riskieren, obwohl sie keine Masochisten sind? Da versagen evolutionär-naturalistische Erklärungen; die Evolution kann das Gute letztlich nicht erklären.

3) Anders ist es, wenn Menschen ihre Existenz in einem Urgrund gründen, der tiefer reicht als Natur, Evolution und Gesellschaft und der eine unbedingt bejahende Größe ist, die unser Sein nicht verneint, sondern es begründet und fördert. Dann ist *einerseits* jeder und jede bejaht; so zufällig es ist, dass ich existiere, wo ich doch auch nicht sein könnte (oder wer anders): Indem es durch meine Eltern (zufällig) zu *mir* kam, bin ich von Gott gewollt; jeder ist gewollt, ist erwünscht[105] *und* – wird gebraucht. *Andererseits* wächst dem Menschen dann eine neue Freiheit zu. Die tiefe Überzeugung, dass ich selbst (von einem göttlichen Ur-Grund) unbedingt gehalten, erwünscht, geliebt bin und dass der andere es genauso ist: Sie kann befreien aus Trägheit, angstvoller Selbstbeschützung, ichbezogener Teilnahmslosigkeit. Der Mensch, der sich unter allen Umständen (auch in Krankheit, Niederlage, ausbleibender Bestätigung durch andere, in Schuld und im Tod) von Gott angenommen, bejaht und gehalten weiß, muss sich nicht mehr ständig um sich selbst drehen: Er kann sich (samt seinen Grenzen, Behinderungen und Schatten) mehr annehmen und kann zugleich auch den Andern (mit seinen Grenzen und Schatten) mehr annehmen. Wer sich auf den Gott einlässt, den Jesus nahebringt, der erfährt primär ein vorbehaltloses Angenommensein, eine unverdiente Güte und sekundär (aber unabtrennbar davon) den Ruf zur Weitergabe von Güte: „Umsonst habt ihr empfangen, umsonst gebt." (Mt 10,8) Das Primäre ist die Zusage vorbedingungsloser Güte und Annahme, die

Vorgabe oder Gnade (das „ich darf"), nicht die Moral (das „ich soll"); diese ist Folge oder Frucht, wenn man die Vorgabe nicht nur (wie der unbarmherzige Knecht in Mt 18,22–33) für sich kassiert, sondern sie als auch dem Andern geltende wirklich annimmt, in sein Leben hereinlässt.

4) Paul Tillich hat einmal formuliert, Christsein besage, ganz kurz gesagt, eigentlich: „sich als bejaht bejahen"; genauer müsste es heißen: „sich *und* den Andern als *un*bedingt bejaht bejahen". Wo ein Mensch die ihm und jedem Andern geltende Bejahung Gottes in sein Leben „einlässt", da wächst ihm eine neue Freiheit zu, die nicht aus der Evolution stammt. Dann bleibt der Mensch nicht lediglich auf der Ebene der actus *hominis*, des Allzu-Menschlichen, also der bloßen „Bedürfnisse" sowie der technischen und sonstigen Verrichtungen und der damit gegebenen Entwicklungsmöglichkeiten (inklusive des Altruismus aus Eigennutz), sondern dann dringt er zum wirklichen actus *humanus* durch, zu wirklicher Humanität, welche die bloße Selbsterhaltung und die Solidarität nur unter Seinesgleichen (Genom, Clan, Ethnie usw.) überschreitet. Er wird sensibel für das Leid des fremden Anderen, mehr noch: für seine Verletzbarkeit, öffnet sich einer dem je konkreten Anderen geltenden Aufmerksamkeit, setzt sich für mehr Gerechtigkeit ein, gibt der Güte Raum und gibt damit – ob er es weiß oder nicht – Gott und seinen eigentlichen Schöpfungsintentionen Raum. Und so kommt Gott – eben durch für ihn *praktisch* offene Menschen – mit seinem *eigentlichen* Wirken, seinem Heils- und Erlösungswirken, in der Welt zum Zug (s. o. IV. 2. 3. 2).

In letzt-gültiger und maßgeblicher Weise geschah dies nach christlicher Überzeugung in Jesus Christus, den Gott mit seiner Güte ganz erfüllen konnte, so dass er (und in ihm Gott selbst) ganz für die Anderen da sein konnte. So aber möchte Gott eigentlich in allen Menschen Raum finden.[106] Wo Mitempfinden und Mittragen an des Andern Last, wo Aufrichtung, Heilung und Versöhnung, wo Erhebung gegen Unrecht, Gewalt und Elend wach werden und wachsen, dort fängt Erlösung an: ein Stück befreites, heileres Dasein schon mitten im alten Kosmos.

Das meinte Paulus, wenn er vom Hinein-getaucht-Werden in den Geist Christi und vom Sein im Einflussbereich Christi sprach: „Wenn jemand in Christus ist, so ist er neue Schöpfung; das Alte ist vergangen, Neues ist geworden." (2 Kor 5,17; vgl. Gal 6,14f) Das impliziert ein Loslassen, ein Zurücklassen oder Sterben des egoistischen Alten und ein Neuwerden, ein Sich-Öffnen für die Andern. Luther konnte drastisch sagen, wir müssten *täglich* unter die Taufe kriechen und den alten Adam ersäufen, denn – das Biest kann schwimmen.

b) Der Tod und die Hoffnung auf eine alle weltlichen Möglichkeiten übersteigende Vollendung[107]

Und was ist mit dem Tod? Lebewesen streben, solange sie kräftig genug sind, danach, sich gegen den stets drohenden Zerfall zu behaupten und zu erhalten. Ist ein Tier schwer krank oder altersschwach und schwinden die Lebenskräfte, so ergibt es sich in sein Ende. Auch der Mensch vermag dies. Zugleich aber kann der Mensch über sein Ende hinausfragen. Und er tut es schon lange vor seinem nahenden Tod. Denn er ist das Lebewesen, das weiß, dass es einmal sterben wird. Was dann mit ihm sein wird, weiß er nicht.

1) Aus der Erfahrung mit anderen Verstorbenen weiß er zwar, dass sein Leichnam verwesen und in andere organische Prozesse übergehen wird. Das Materielle an uns verschwindet also nicht einfach, löst sich nicht in nichts auf. Aber – und das gibt zu denken – da war doch noch etwas gewesen: eben ein Mensch mit Sehnsucht, Liebe, Verantwortung, vielleicht auch Gemeinheit und vielem

mehr. Mit welchem Recht, so fragte Karl Rahner, behauptet man eigentlich, dies alles sei einfach ins reine Nichts abgewandert, verdampft, aufgelöst, verschwunden? Beim Körper, der Leiche, ist das, was war, nicht einfach verdampft – aber das, was da noch war, die Person, soll es einfach schlechthin nicht mehr geben? Warum eigentlich soll es „aus sein"? Weil wir hier und jetzt davon nichts mehr merken? Ein schwaches Argument! Eigentlich folgt daraus nur: Für uns, die Hinterbliebenen, ist der Tote nicht mehr da. Muss er für uns da sein, um überhaupt zu sein? Wäre es denkbar, dass er seine „Gründe" hatte, sich so zu verwandeln, dass das neu Gewordene nicht mehr weiter bei uns mitspielt? (Rahner 1966, 157 f)

2) Wenn der Tod das Ende der Person wäre, wofür leben wir dann: Nur für die Plackerei und das bisschen Spaß und Unterhaltung, für den kleinen Sinn und Unsinn des Alltags, und um dann einzugehen in die große Matrix Natur? Oder nur um per Fortpflanzung der Spezies Mensch das Weiterleben zu ermöglichen? Leben nur als biologische Funktion, als Abfolge der Geschlechter (Sterben des einen und Geburt des andern)? „Das Leben geht weiter", aber ohne letzten Sinn? Mit Goethes Mephisto: „Was soll uns denn das ew'ge Schaffen! Geschaffenes zu nichts hinwegzuraffen!" (Der Verweis auf Nachwirkungen befriedigt nicht: Wie viele Menschen nehmen z. B. wichtige Erkenntnisse und Erfahrungen mit ins Grab, und es wirkt nichts nach!) Wenn der Tod für die Person das Letzte wäre, dann wäre das Leben letzten Endes doch nur eitel, absurd und sinnlos.

Aber: Dann könnte man ja nicht einmal erklären, warum wir nach Sinn fragen, warum menschliches Leben aus sich heraus offenbar auf Sinn angelegt ist. Warum sind wir denn so gebaut (warum hat „die Evolution" ein Wesen mit so komplex verschaltetem Gehirn hervorgebracht), dass wir nach Sinn fragen – und dass wir die Welt eben nicht stattdessen einfach als einen sinnlosen Unfug auffassen können? Das muss doch – jenseits aller Funktionalität – einen Grund haben.

3) Manche Atheisten sagen, man könne auch ohne Gott ein lebenswertes, sinnvolles Leben führen. Gewiss, für manche Privilegierte und vom Glück Begünstigte mag das zutreffen, sie mögen mit sich und ihrem Leben zufrieden sein. Aber dass das Leben *auch* Sinn haben könne, wenn *kein* Gott und der Tod das Ende ist, diese Behauptung wird radikal widerlegt durch einen ganz harten Sachverhalt (Kreiner 2007, 500–505): Viel zu viele müssen sterben nach einem kurzen, leidvollen Kampf, ohne jemals gelebt zu haben. Wenn ihr Leben mit dem Tod unwiderruflich endet, dann bliebe ihr Sinnverlangen unerfüllt, und zwar definitiv. Wenn der Atheismus Recht hätte, dann wäre das Leben ein Lotteriespiel, bei dem es einige Gewinner und eine Unzahl an Verlierern gäbe – und zwar ohne jede Spur von Gerechtigkeit. Und genau damit kann menschliche Vernunft sich nicht abfinden, ohne sich selbst zu verraten.

Denn was ist mit den vielen, die – ohne eigene Schuld – nicht die Chance hatten, ihr Potenzial zu entfalten, die nicht das Privileg hatten, ihr Leben auszukosten, ja die nie etwas vom Leben gehabt haben, weil andere es ihnen verunmöglicht haben? Zufällig eben Pech gehabt? Was ist mit den verhungerten oder zu Tode gequälten Kindern? Was mit dem Unrecht an den unschuldig Misshandelten und Ermordeten, das kein Mensch wiedergutmacht? Wer *sie* vergisst und ihre Leiden verdrängt, um sein bisschen Glück nicht zu trüben, der kann eigentlich nicht wahrhaft human sein. Wer sich aber weigert, sie zu vergessen, wer die Forderung nach Gerechtigkeit für sie aufrecht erhält, der muss streng genommen in Resignation und untröstliche Trauer verfallen, *oder* aber: Es stellt sich für ihn unabweisbar die *Frage* nach einer rettenden Wirklichkeit (Peukert 1976, 278–282).

Wenn der harte, atheistische Naturalismus Recht hätte, dann könnte man nicht erklären, warum der Mensch über alles – über Natur, Welt, Tod – hinausfragt, warum er eine unstillbare Sehnsucht nach Gerechtigkeit und Sinn hat. Wenn *kein* Gott wäre, dann hätte die Natur in den Menschen ein (unsinniges) Verlangen erweckt, das nichts und niemand einlösen kann. *Wenn* aber jene Instanz existiert, die wir „Gott" nennen, dann ist die Hoffnung *berechtigt*, dass das Leben mit dem Tod *nicht* endet, dass vielmehr ein für andere offenes, erfülltes *irdisches* Leben eine *Etappe* auf dem Weg zu einem unvergänglichen Glück darstellt, und dass ein *irdisch unerfülltes* Leben ein *noch uneingelöstes* Versprechen ist, das nach Einlösung schreit und sie auch finden wird. Was nicht heißt, dass wir bloß auf später warten und vertrösten dürften, den Einsatz für mehr Gerechtigkeit vor dem Tod unterlassen dürften! Der Gottes- und Schöpfungsglaube wirkt jetzt und hier auf Erden verändernd.

4) Wenn man die aufgeworfenen (letztlich unabweisbaren) Fragen stellt und nicht (mit Denk- und Frage-Verboten) verdrängt, sondern aushält, dann wird eine erweiterte, tiefere Weltsicht plausibel, die mit einer ganz anderen Dimension rechnet, mit jenem göttlichen Geheimnis, das Urgrund und Ziel aller Dinge ist.

Dann ist schon das jetzige Leben ein Prozess der Reifung und Wandlung hin zu größerer Offenheit und Liebe. Und dann ist auch der Tod nicht ein End-Punkt, sondern ein *Übergang*, Eintreten in eine ganz andere Dimension, in die Ewigkeitsdimension, und ein *Verwandeltwerden*. Wie es wirkliches Lieben nicht gibt ohne Loslassen und Sterben des Egoismus, so gibt es erst recht Vollendung nicht ohne Tod und Verwandlung. Das gilt für uns Menschen, für unsere Mitgeschöpfe und wohl auch für den Kosmos als ganzen. Das Bisherige muss sterben, muss durch den Untergang hindurch gehen in den neuen Anfang. Die Schmerzen des Untergangs sind so etwas wie die Geburtswehen der neuen Welt in der Dimension Gottes. Die Alte Kirche kannte das Bild von der Raupe, die sich – unter Zurücklassen der Reste – in einen wunderschönen Schmetterling verwandelt. Und auf einem Grabstein in Nieblum (Föhr) ist dieselbe Hoffnung in ein anderes Bild gefasst: „Wir blühen auf, um zu verwelken; um schöner aufzublühn, verwelken wir."

„Auferstehung" meint Übergang in eine ganz andere Dimension und Verwandeltwerden. Auferstehung der Toten ist widerspruchsfrei denkbar als durch Gott bewirkte *Verwandlung*, und zwar *im* Moment des Todes.[108] Im Tod wird zwar der begrenzte Körper, der ins Grab gelegt wurde, zurückgelassen. Aber der Bezug der Person zu Materie, Körperlichkeit, materiellem Kosmos, bricht nicht einfach ab, er wird ein anderer als jetzt; auch er wird verwandelt. Die Person wird „nicht a-kosmisch, sondern all-kosmisch" (hat Karl Rahner einmal gesagt); nicht dass sie sich ins Grenzenlose verlöre, aber sie öffnet sich zu grenzenlos allen anderen und allen Geschöpfen hin, ist aus der Dimension Gottes heraus uns nahe.

Statt von Auferstehung kann man auch von „Unsterblichkeit" sprechen, wenn man sie als geschenkte Unsterblichkeit begreift. Sehr schön sagt Luther einmal: „Mit wem Gott ein Gespräch angefangen hat, es sei in Zorn oder in Gnade, derselbe ist gewiss unsterblich. Wir sind solche Kreaturen, mit denen Gott bis in Ewigkeit und unsterblicherweise reden will." (WA 43, 481) Aber auch „der tote Sperling ist bei Gott nicht vergessen", hat Jesus (nach Lk 12,6) behauptet.

5) Wer auf diesen Gott setzt, den plagt dann nicht mehr, was mit ihm im Tode passiert; er kann es getrost ihm überlassen, und kann sich den Menschen und Aufgaben des heutigen Tages zuwenden. Die französische Jüdin Simone Weil (1909–1943), die aus Solidarität mit ihrem gemarterten jüdischen Volk bewusst vor dem Schritt zum Christentum, dem ihre Überzeugung galt, Halt machte und die dann sehr jung im Londoner Exil gestorben ist, hat einmal gesagt: „Die Zeit (die uns jetzt noch geschenkte

Zeit) ist die Geduld Gottes, der auf unsere Liebe wartet." Ein starker Satz. Jeder Tag ein Geschenk und eine Chance, hier und jetzt.

Wer Gott die erwähnte Verwandlung und Neuschöpfung im jetzigen Leben und dann im Tod zutraut, wer ernstlich auf ein neues Leben von Gott her und in der Dimension Gottes hofft, für den ist dann aber auch das jetzige Leben – so kostbar es ist – nicht die einzige und letzte Gelegenheit. Er muss deshalb aus dem jetzigen Leben nicht unersättlich alles für sich (auf Kosten anderer) herausholen, sondern er kann auch loslassen, kann Dinge freigeben, kann freigebig sein und Rücksicht nehmen auf andere, auf schwächere Mitmenschen und Mitgeschöpfe, und auf unsere wunderschöne Erde, die unter unseren Achtlosigkeiten und Rücksichtslosigkeiten immer mehr stöhnt.

Schluss: Einige Folgerungen für das Verhältnis von Evolution und Schöpfung

(1) Einerseits bezieht sich der fundamentalistische Kreationismus zu Unrecht auf die biblischen Schöpfungstexte; diese wollen nämlich keine naturkundliche Auskunft, sondern eine Daseinsdeutung geben. Andererseits beruht ein Atheismus, der sich mit der Naturwissenschaft begründet, auf einem Irrtum. Denn naturwissenschaftliche Erkenntnis *zwingt* weder zu Theismus noch *zwingt* sie zu Atheismus. Beide, Theismus wie Atheismus, sind nicht wissenschaftliche Schlussfolgerungen, sondern alternative weltanschauliche Optionen und Selbstfestlegungen, wobei unterschiedliche – offenere oder engere – Blickweisen wirksam sind.

(2) Schöpfungsglaube, wenn er nicht kreationistisch pervertiert wird, und Evolutionsdenken, wenn es nicht neo-mythisch zur Totaldeutung der Wirklichkeit umgebogen wird, widersprechen sich nicht. Im Gegenteil: Die Evolution lässt sich gut vom christlichen Gottes- und Schöpfungsglauben her deuten, ja bekommt in seinem umfassenderen Rahmen sogar eine besondere Plausibilität und Tiefenschärfe.

(3) Der recht verstandene Gottes- und Schöpfungsglaube vermag die Erkenntnisse heutiger Naturwissenschaft (z. B. Intelligibilität und mathematische Beschreibbarkeit der Natur; Fine-tuning der Naturkonstanten; spontane Strukturbildung bei offenen Systemen; zunehmende Dif-

ferenzierung, Autonomie und Innerlichkeit der Lebewesen; usw.) sinnvoll in ein Gesamtbild der Wirklichkeit zu integrieren. Und Zufallsereignisse im Einzelnen schließen Zielgerichtetheit im größeren Zusammenhang keineswegs aus.

(4) Aus der Sicht des Gottes- und Schöpfungsglaubens existiert alles, was ist und wird, ständig aus seinem göttlichen Urgrund; es entfaltet und wandelt sich im konfliktiven oder kooperativen Zusammenspiel untereinander, in geringerer oder größerer Offenheit für den göttlichen Einfluss; und es geht durch Befreiung zu einer Erlösung und schließlich durch Tod und Verwandlung hindurch in die Vollendung in der Dimension Gottes ein. M. a. W.: Die Evolution hat den ständigen Schöpfungsvorgang zur Voraussetzung; sie kann selber, soweit ihre Prozesse für Gottes Einfluss offen sind, als sein Schöpfer-Wirken gelten; sein eigentliches, neuschaffendes Heils- und Vollendungs-Wirken aber übersteigt die Möglichkeiten der Evolution radikal.

Anmerkungen

1 Szientismus bezeichnet die Position, die allein die sog. exakten Wissenschaften (d. h. die empirischen Naturwissenschaften) als Maßstab aller Erkenntnis und der Weltanschauung gelten lässt; nur das, was die Naturwissenschaften erkennen, ist wirklich, alles andere ist Illusion.

2 Weitere Ausführungen, insbesondere zu den in den Kapiteln III bis V behandelten Fragen, finden sich in Kessler 1990; 1996a; 2000a; 2006a; 2007b; 2008b, 2009a.

3 Um Behes Argument zu widerlegen, wurden freilich inzwischen Mausefallen-Konstruktionen aus weniger (4, 3, 2) Teilen präsentiert; sie funktionieren zwar nicht so gut, aber sie funktionieren. Und auch für die Bakteriengeißel lassen sich Vorstufen angeben, die schon vorteilhaft sind.

4 In „Der Gotteswahn" prahlt Dawkins damit, dass er in einer Umfrage der Zeitschrift *Prospect* vom November 2005 zu einem der drei führenden Intellektuellen der Welt gewählt wurde. Und was sagt dieselbe Zeitschrift über dieses Buch? Der Rezensent war schockiert von der „Ignoranz, Rechthaberei, Schwafelei und Widersprüchlichkeit" des Buches (vgl. dazu McGrath 2007, 13).

5 Im SWF erklärte er gar (am 27. 5. 2006) wörtlich: „Ich selbst glaube an die Naturgesetze, die eben verifiziert sind – ich persönlich kann mit übernatürlichen Wesenheiten, für die es keinerlei Belege gibt, Götter, Geister und Designer, nichts anfangen, ich bin überzeugter Naturwissenschaftler." – Christen glauben auch nicht an „Götter, Geister und Designer", können aber Kutschera zurückfragen: Ein leidenschaftlicher Naturwissenschaftler ja, aber „ein überzeugter Naturwissenschaftler", der „an die Naturgesetze glaubt" – was ist das? Da unterläuft Kutschera eine Durchmischung von Wissenschaft und Glaube, ein massiver Kategorienfehler.

6 Wenn Kutschera in Presseäußerungen Dobzhanskys oben zitierten programmatischen Satz „Nothing in Biology Makes Sense Except in the Light of Evolution" auf die Geisteswissenschaften ausweitet und sagt: „Nichts in den Geisteswissenschaften macht Sinn außer im Licht der Evolution", so ist das Unsinn und zeugt von blankem Unverständnis.

7 Anders als Kutschera meint, kann es nicht darum gehen, den Schöpfungsglauben irgendwo in den wissenschaftlichen Fakten unterzubringen, sondern vielmehr darum, die Schöpfungsperspektive als einen umfassenden Rahmen zu verstehen, in dem die

Erkenntnisse der Wissenschaft ihren legitimen Platz haben und vielleicht sogar eine tiefere Plausibilität bekommen.

8 Albertus Magnus, De caelo et mundo I, 4 c.10 (Opera omnia, Bd. 5, Teil 1, 103): „... nec *nos in naturalibus habemus inquirere*, qualiter deus opifex secundum suam liberrimam voluntatem creatis ab ipso utatur ad miraculum, quo delectaret potentiam suam, sed potius *quid sit in rebus naturalibus secundum causas naturae insitas naturaliter fieri possit.*"

9 Darwin hat sich stets der Wahrheitssuche verpflichtet gefühlt. Es ist sehr eindrucksvoll, seine eigenen Berichte zu lesen. Er wurde immer wieder richtig krank, weil er die Implikationen seiner Erkenntnisse kaum aushalten, sie aber eben auf die Dauer auch nicht verbergen konnte.

10 Unter „Monismus" (von griech. mónos = allein, einzig) versteht man gewöhnlich eine philosophische oder religiöse Auffassung, die nur eine einzige Art von Wirklichkeit zulässt. Ein Monismus, der die Weltwirklichkeit mit der („ewigen") Materie gleichsetzt und als die einzige Wirklichkeit überhaupt annimmt, ist Materialismus und Atheismus (in diesem Sinn gründete Haeckel 1906 in Jena den „Monistenbund", eine Vereinigung von materialistischen Freidenkern). Ein Monismus, der die Weltwirklichkeit mit dem Göttlichen identifiziert und als die einzige Wirklichkeit annimmt, ist Pantheismus.

11 Isotope bezeichnen verschiedene Atomarten eines chemischen Elements, z.B. von Kohlenstoff (C). Die Atomkerne haben verschiedene Neutronenzahlen und damit auch verschiedene Massenzahlen. Die Isotope werden durch Angabe der Massenzahl ihrer Kerne am chemischen Symbol unterschieden, z.B. ^{12}C, ^{13}C, ^{14}C bei den Isotopen des Kohlenstoffs. Über diese Isotope lässt sich die Herkunft der Elemente verfolgen.

12 Im Fachmagazin Science (Bd. 311, S. 796–800) haben Eric Davidson (Pasadena/California) und Douglas Erwin (Washington, D.C.), ausgehend von der – wohl doch einseitig auf die Gene fixierten – Beobachtung, dass die Entwicklung der Baupläne aller Lebewesen durch genetische Regulations-Netzwerke (GRN) gesteuert wird und sich wichtige Elemente der genetischen Regelkreise bei verschiedenen Tiergruppen in ähnlicher Form wiederfinden, folgende These aufgestellt: Mutationen in *Kernbereichen* der GRN hätten über zahlreiche empfindliche Rückkopplungen vielfältige Auswirkungen auf die Entwicklungsvorgänge im Organismus, weshalb die bei den ursprünglichen Tierformen einmal angelegten Grundverdrahtungen und somit die tierischen Baupläne im Lauf der Evolution weitgehend beibehalten wurden (das erkläre erstens die makroevolutiven Übergänge und zweitens, warum nach dem kompletten Erscheinen sämtlicher Tierstämme

im Kambrium vor etwa 600 bis 530 Millionen Jahren im Verlauf der Evolution nicht kontinuierlich neue Tierstämme dazugekommen seien; grundsätzliche Veränderungen hätten nämlich zugleich tödliche Folgen für die sich entwickelnden Organismen gezeitigt). Dagegen zögen Mutationen in den *Randregionen* der GRN eher marginale morphologische Veränderungen nach sich, was die vielen Variationen der Tierwelt auf dem Niveau unterschiedlicher Arten, Artengruppen oder gar Familien erkläre. Vgl. den Bericht von Glaubrecht 2007, 37. – Gegen diese isolierte Betrachtung der Gene (als ob von ihnen alles abhinge) vgl. die kritischen Bemerkungen im nächsten Punkt 3. 2.

13 Vgl. Gutmann & Bonnik 1981; Peters 1984; Gutmann 1989. Ähnliche Ansätze bei Reichholf 1992 und vor allem bei Lewontin 2002.

14 Deswegen hat z.B. auch Papst Johannes Paul II. 1996 in einem (am 22.10.1996 veröffentlichten) Brief an die Päpstliche Akademie der Wissenschaften erklärt, dass die Evolutionstheorie „mehr als eine Hypothese" ist, und ihre Gültigkeit anerkannt. Doch müsse die Kirche, so hat er hinzugefügt, an zwei Überzeugungen festhalten: an der einmaligen Entstehung des Menschengeschlechts und daran, dass jede menschliche Seele „direkt von Gott geschaffen" wird. Ob und inwiefern das wirklich erforderlich ist, müssen wir in IV. 2. b und in V. 2. b bedenken.

15 Ich lasse hier außer Betracht Ursprungsmythen außerhalb des Alten Orients, also etwa afrikanischer, polynesischer, indianischer Stammesvölker, oder Altindiens und Altchinas.

16 Dass sich in Altisrael der reflektierte Monotheismus erst allmählich herausgebildet hat, kann hier außer Betracht bleiben.

17 Im Alten Orient und über ihn hinaus (in Altchina und Altindien) finden sich folgende Grundtypen von Vorstellungen, die allesamt lebensweltlichen Erfahrungen entnommen und dann auf das mythisch-archetypische Urgeschehen übertragen sind (vgl. Keel & Schroer 108–135): *Schaffen* (1) durch *handwerkliches Machen*, Formen, Herstellen/Produzieren: Analogien vom Töpfer, Schmied, Bildhauer usw. (so bei allen Völkern, auch in Gen 1–2); (2) durch *geschlechtliches Zeugen* (zwischen Himmel und Erde, Salz- und Süßwasser, Yin und Yang) *und Gebären* (Vorstellung vom Welt-Ei usw.); (3) durch *Kampf* unter Göttern, oft verbunden mit dem Mythos vom *Uropfer* eines getöteten Gottes oder kosmischen Urmenschen, aus dessen Teilen die sichtbaren Wesen gebildet werden (so Enuma elisch; Atramhasis; assyrische Keilschrifttexte; indische Purusha-sukta); (4) durch Ausströmen *(Emanation)* des göttlichen Urprinzips, das wie Sonnenlicht ausstrahlt und sich verteilt (so Indien; der Ägypter Plotin); (5) durch das schöpferische *Wort* (Denken, Wille, Befehl, Ruf) der Gottheit

(so ägyptisches Memphis; Bibel Gen 1 u.ö.). – Die Bibel greift nur die erste und die fünfte Vorstellung auf und lässt sie nebeneinander stehen, in dem Bewusstsein, dass keine Vorstellung dem göttlichen Schaffen adäquat sein kann; dafür wählt sie dann ein völlig neues Wort (bará) und lässt damit alle Vorstellungen hinter sich.

18 Die sogenannte Urgeschichte Gen 1–11 beschreibt nicht die geschichtlichen Anfänge von Welt und Mensch. Nur ihrer erzählenden Form nach handelt sie von vergangener Zeit, in Wirklichkeit meint sie die jeweils gegenwärtige Welt und Menschheit, will zu den Daseinsproblemen etwas sagen, die überall dort auftreten, wo es Menschen gibt. Die Texte Gen 1–11 dürfen daher *nicht* als *Geschichtsberichte* gelesen werden. Erst ab Gen 12 (Abraham, Urväter Israels, Exodus usw.) haben viele biblische Texte auch „*Berichtscharakter*", insbesondere dann z.B. in den „geschichtlichen" Samuel-, Königs-, Chronik-Büchern, oder im NT in vielen Texten der synoptischen Evangelien von der Taufe Jesu durch Johannes den Täufer an und bis zur Grablegung Jesu.

19 Die Einteilung der biblischen Texte in Kapitel und Verse stammt erst aus dem frühen Mittelalter und ist nicht immer sehr sachgemäß.

20 Deswegen möchte z.B. der Pharao nach seinem Tod zu Osiris aufsteigen.

21 Anders etwa der Evolutionsbiologe Josef Reichholf: Vor allem mit Sprache und Schrift „löste sich der Mensch vollends aus dem Prozess der natürlichen Evolution. Seither steht er ‚über der Natur'. … Die Evolutionsbiologie entzauberte daher die Sonderstellung des Menschen keineswegs. Vielmehr macht sie besser verständlich, worin unsere Einzigartigkeit einerseits liegt, aber auch unsere Verantwortung andererseits besteht." (Reichholf 2008, 171)

22 Wenn in Ägypten der Pharao auftauchte, warfen sich die Menschen vor ihm ehrfürchtig zu Boden, weil er als Erscheinung der Gottheit galt. Gen 1 sagt: Nicht nur der Pharao, jeder Mensch ist Ikone Gottes.

23 Ganz entsprechend zeigen hunderte von Rollsiegel-Bildern einen bärtigen Mann, der seinen Fuß beschützend auf ein Schaf oder eine Ziege setzt, um beidarmig, mit Schild und mit Lanze, angreifende Löwen von dem Tier abwehren zu können.

24 Der einzelne Mensch wäre ben-adám (buchstäblich wörtlich übersetzt = ein Menschensohn) oder bat-adám (eine Menschentochter).

25 Es geht also an der Sache vorbei, wenn Kutschera meint, Gen 2 mit der Vorstellung wiedergeben zu können, „ein höheres Geistwesen habe vor 10.000 Jahren Adam und Eva aus Erde gekneter" (Kutschera 2009).

26 Dieser Begriff stammt erst von Augustinus (um 400 n. Chr.).
Heute könnte man ihn so verstehen: Jeder Mensch wird (nicht
nur in einen Zusammenhang des Gebens und der Ansteckung des
Guten, sondern auch) in einen Schuldverstrickungs-Zusammen-
hang hineingeboren, aus dem es nur eine Befreiung gibt, wenn er
einen alternativen Lebens-Zusammenhang angeboten bekommt,
die Gemeinschaft und Atmosphäre des Geistes (Pneuma) Jesu
Christi.

27 Beispielsweise Gregor von Nyssa (De opificio hominis 2) oder
Ambrosius (Hexaëmeron 3,21 ff; 4,1 – 4).

28 Vgl. hierzu jetzt auch von dem Mathematiker und Physiker Barrow: Barrow 2006.

29 Ein von Teilhard geprägtes Wort, von griech. Noos (bzw. Nous)
= Sinn, Geist, Denkkraft, Gemüt.

30 Wie hängen die Perspektiven zusammen? Kriegen wir sie überhaupt zusammen oder zerfallen sie uns in einen bloßen Perspekti-
venpluralismus? Oder zerfällt gar die Wirklichkeit selbst? Schwer
zu glauben, dass die unterschiedlichen Perspektiven – trotz der
Konflikte, die es zwischen ihnen z. T. gibt – nichts miteinander
und nichts mit der Wirklichkeit zu tun haben sollen. Es geht
nicht um verschiedene Wirklichkeiten, sondern um verschiedene
Schichten oder Dimensionen der einen Wirklichkeit, und um verschiedene Perspektiven auf sie, um verschiedene Weisen, wie
diese eine Wirklichkeit begegnen kann.

31 Diese Weisen von Erfahrung sind in wichtigen Punkten verschieden: So ist im Unterschied zu empirisch-wissenschaftlicher Erfahrung religiöses Erleben, Wahrnehmen, Erfahren – ähnlich wie
sittliche Erfahrung – gekennzeichnet durch Persönlich-in-An-
spruch-Genommensein, es fordert aber – im Unterschied zu sitt-
licher Erfahrung – nicht primär eine Eigenleistung ab, ist vielmehr primär Erleben der Zuwendung / Gabe eines Wirklichen,
das uns entzogen und doch (verborgen) gegenwärtig ist.

32 Oder Kanitscheider & Dessau (2000), für welche Liebe = Sex =
Chemie ist und die Vernunft ein „Verrechnungsorgan" für die
Lustmaximierung" (ebd. 25 und 125).

33 Kant, Kritik der Urteilskraft § 81: Wir sollten „mit dem kleinst-
möglichen Aufwande des Übernatürlichen auskommen".

34 Hier nehme ich Anregungen auf von Haught 2004, 200f. – Das
folgende Beispiel zeigt auch sehr schön, dass „*Warum-Fragen*"
unterschiedlich verstanden werden können: als Fragen danach, wie
etwas funktioniert, oder wie es entstanden ist, oder warum es
überhaupt existiert und nicht einfach nicht existiert, oder wozu
(zu welcher Bestimmung, welchem Ziel und letzten Sinn) es da ist.

35 So kann man z. B. auf der naturwissenschaftlich zugänglichen
Ebene auf Phänomene stoßen, die merkwürdig, rätselhaft sind

und die auf dieser Ebene grundsätzlich nicht mehr erklärt werden können, also über sie hinausweisen: z.B. was den Urknall ausgelöst hat, oder die merkwürdigen, so extrem unwahrscheinlichen „Zufälle" in der Evolution von Anfang an, usw. Umgekehrt *ist jede andere („höhere") Ebene in der Welt, eben auch die religiöse, auf die naturwissenschaftlich zu beschreibende energetisch-materiale Basis angewiesen.*

36 Noch ohne Kenntnis von Heisenbergs Vorschlag hatte ich eine Schichtentheorie der Wirklichkeit entwickelt: Kessler 1996, 189–193.

37 Es gibt auch andere Wissensformen als die empirischen: z.B. Reflexion oder Intuition. Siehe auch unten IV. 1. a.

38 Vgl. dazu unten V. 2. c.

39 *Umgekehrt* werden Erklärungen oder Verstehensweisen, *je tiefer* sie reichen *und je umfassender* sie werden, eben weil sie *weniger ausklammern,* unvermeidlich auch *desto weniger klar,* deutlich und bestimmt. So ist etwa auch für Religion/Theologie und ihr Sprechen von Gott dem Schöpfer und von Schöpfung mit einer „(bestimmten) Unbestimmtheit" zu rechnen.

40 Sehr erhellend erläutert Hans-Dieter Mutschler das Verhältnis von Physik und Religion/Theologie durch einen Vergleich mit dem analogen Verhältnis von Grammatik und Text-Verstehen: Physik sucht physikalische Gesetze, also gleichsam die „grammatikalischen Regeln" herauszufinden und sie in mathematischen Gleichungen zu formulieren; sie blendet *dabei* alles aus, was in den Bereich von menschlichen Zwecksetzungen und von Sinn fällt; weil er aber auf die Sinnperspektive verzichtet, kann der Naturwissenschaftler *als solcher* weder in der Welt einen Sinn finden noch behaupten, die Welt habe keinen Sinn (Mutschler 1990, 26–34).

41 Für Reduktionisten ist Biologie = Physik + Systemtheorie. Doch damit könnte man zwar ein Heizungssystem oder ein Betriebssystem von Microsoft beschreiben, ein Lebewesen aber nicht zureichend. Biologie ist hier also völlig unterbestimmt. Schon innerhalb der Naturwissenschaften gibt es also verschiedene Schichten.

42 Das Qualia-Problem stellt sich auch bei empfindungsfähigen Tieren; auch sie haben eine Innerlichkeit (Bewusstsein) und ein Strebevermögen. Der amerikanische Philosoph Thomas Nagel fragt, „wie es sich anfühlt, eine Fledermaus zu sein", und sagt: „Die Tatsache, dass ein Organismus *überhaupt* bewusste Erlebnisse hat, impliziert auf der elementarsten Ebene, dass es sich *irgendwie anfühlen* wird, dieser Organismus zu sein." (Nagel 1996, 229ff) Wie es sich anfühlt, ist der Außeneinsicht und erst recht einer objektivierenden kausalen Betrachtung entzogen.

43 Der Ausdruck entstammt dem gleichnamigen Kinderbuch von Rudyard Kipling, in dem er u. a. fabulierend erzählt, wie das Kamel zu seinem Höcker und der Leopard zu seinen Flecken kam.

44 Vgl. Kessler 2008a und Kessler 2009a.

45 Und zwar keineswegs nur bei solchen Menschen, die etwas zu kompensieren suchen, was ihnen im jetzigen Leben entgangen sein könnte, sondern gerade auch bei solchen Menschen, die ein erfülltes irdisches Leben leben können.

46 „Die Evolution der Liebe" heißt ein Buch des Neurologen Gerald Hüther (2000). Der Titel ist missverständlich: Produkt von Evolution kann allenfalls „Liebe" im Sinn eines soziobiologisch als Eigennutz erklärbaren Altruismus sein, nicht aber „Liebe" im Sinn der ntl. Agápe, die den Andern um seiner selbst willen bejaht (auch wenn es sie selbst alles kostet).

47 Zitiert nach Schnabel 2008. Boyer räumt ein, dass auch er die letztgültige Struktur des Universums nicht kenne und daher nicht sagen könne, ob es da noch „etwas Höheres" gebe. Aber mit schwammigen Bezügen auf irgendwelche transzendenten Wahrheiten will er sich nicht zufrieden geben, vielmehr möchte er gerne „eine klare Antwort vonseiten der Theologen, wie sie das, was außerhalb der wissenschaftlichen Beschreibung liegt, bezeichnen" (ebd. Schnabel 2008). Das soll im Folgenden versucht werden. – Nach Boyer 2004 ist religiöser Glaube eine ganz natürliche Eigenschaft des Menschen (religiöses Denken also, anders als Dawkins meint, kein falsches, pathologisches Denken). Es sei die normale Funktionsweise unseres Gehirns, religiöse Vorstellungen zu entwickeln, „Götter, Geister und Ahnen zu formen". Anders als Tiere könnten wir eine Beziehung zu nicht körperlich Anwesenden unterhalten, sogar zu eingebildeten Freunden, Fantasiepartnern, verstorbenen Verwandten usw.; da sei es nur ein kleiner Schritt zum Entwurf von Geistern und Göttern, die nicht real existieren müssen (womit Boyer völlig Recht hat). Boyer meint: „Formen von religiösem Denken scheinen für unsere kognitiven Systeme den Weg des geringsten Widerstandes darzustellen. Im Gegensatz dazu ist Unglauben in der Regel das Ergebnis bewussten, mühevollen Ankämpfens gegen unsere natürlichen kognitiven Dispositionen – und damit wohl kaum eine leicht zu verbreitende Ideologie" (Boyer 2008, 37). Das kann Boyer indes nur meinen, weil ihm religiöser Glaube so viel wie Entwurf von Göttern, Geistern, Ahnen, Nothelfern und anderen Fabelwesen ist, also die Projektion von Wunschbildern. Doch der recht verstandene Gottes- und Schöpfungsglaube, für den ich in diesem Buch argumentiere, ist etwas anderes; er ist Ergebnis bewussten, mühevollen Ankämpfens gegen naheliegende Dispositionen und deshalb nicht leicht zu verbreiten. Schon die frühen Christen wurden

im Römischen Reich als gottlose Atheisten (á-theoi) angeklagt, weil sie Götter und Geister abgelehnt haben.

48 Das gilt, auch wenn eine solche Voraussetzung nicht einfach als zeitlich frühere gedacht werden kann, falls Raum und Zeit erst mit der Explosion entstanden sind.

49 Wenn nichts existieren würde (kein Quantenfeld, keine Materie, keine Energie), wäre es nicht vernünftig zu sagen, dass etwas ins Dasein springt; ex nihilo nihil fit.

50 Die vier Wittgenstein-Zitate der Reihe nach aus: Tractatus 6.44; Vortrag über Ethik, 14; Schriften I, 166f; Tractatus 6.52.

51 Es ist deshalb eine Irreführung der Leser, wenn in manchen Presseberichten von „neuen Erkenntnissen der Physiker und Astronomen" und von Fakten (statt von einer Spekulation) gesprochen wird. So z.B. in Tobias Hürter, So viel Anfang war nie. Es gibt Tausende Universen, und der Urknall war nur einer von vielen, in: DIE ZEIT Nr. 14 vom 29.3.2007, 29. Woher weiß Hürter denn, dass es Tausende Universen gibt?

52 Rentsch (2005) spricht von einer „ontologisch-kosmologischen Transzendenz" (58): „die *Existenz der Welt* ist eine ‚Tatsache' anderer Art als die Tatsache der Existenz von Gegenständen *in der Welt*. ... Wittgenstein und Heidegger haben je auf ihre Weise das *Dass der Welt* bzw. das *Sein des Seienden* als das unfassbare, sich zeigende ‚Mystische' bzw. als die ‚ontologische Differenz' ... thematisiert" (59). Dass es überhaupt etwas gibt, „dass die Welt ist, können wir weder erklären noch von irgendwelchen innerweltlichen Tatsachen ableiten" (60).

53 Deshalb ist es unsinnig (ein Kategorienfehler), von einem Letzten, Notwendigen und Ewigen nochmals zu sagen, auch dieses müsse eine Ursache haben, oder zu fragen: „Und wer hat Gott geschaffen?" Wenn Bertrand Russell, Warum ich kein Christ bin, 1968, 20 sagt: „Wenn alles eine Ursache haben muss, dann muss auch Gott eine Ursache haben. Wenn es etwas geben kann, das keine Ursache hat, kann das ebenso gut die Welt wie Gott sein", so ist der zweite Satz (mit Einschränkungen) richtig, der erste aber falsch (weil hier Gott wieder kategorial als Glied einer Ursachenkette gedacht ist, und nicht transzendental als der ungewordene Grund der ganzen Kette).

54 Ein in diesem Sinne reformuliertes Leibniz'sches kosmologisches Argument wird – anders als das thomanische Argument und das islamische Kalam-Argument – nicht von der Kant'schen Kritik getroffen. Vgl. dazu Hermanni 2005.

55 Der Philosoph Karl Löwith, selbst Agnostiker, hat in einem Diskussionsbeitrag (in: Hegel-Bilanz, hg. von R. Heede u.a., Frankfurt/M. 1973, 186) bemerkt: „In der Tat ist es ein Rätsel, dass die Natur ein Wesen hervorbringen konnte, das Geschichte macht,

das Geist und Bewusstsein hat und sich eben hiermit gegen die gesamte Natur wenden kann." (Löwith bezog sich dabei auf die Zerstörungsmöglichkeit mit nuklearen Waffen.)

56 Die Kontingenz der Welt lässt sich von daher, dass der Mensch als Subjekt sich nicht selbst gemacht hat und aus dem erwähnten Grund auch nicht von der Welt gemacht sein kann, durchaus subjekttheoretisch aufweisen.

57 Jane Goodall berichtet (Goodall 1991, 277 f) von drei Schimpansen, die im Anblick der tosenden Wasser des – wie magisch sie anziehenden – Kakombe-Wasserfalls in ein etwa zehn-minütiges Ekstase-Ritual gerieten, um sich hernach wieder ihrer Gruppe anzuschließen und weiterzufressen. Und sie stellt sich die Frage: „Brachten die Schimpansen Gefühle heiliger Scheu zum Ausdruck, wie sie beim frühen Menschen sicher die primitiven Religionen hervorgerufen haben, die Anbetung der Elemente?" Vielleicht, so könnte man überlegen, kann es also bei Primaten auch eine Ahnung von etwas Größerem geben, Vorstufen von „Sinn und Geschmack fürs Unendliche" (Schleiermacher).

58 „Vater unser *im Himmel*" meint kein „übernatürliches Geistwesen", das „im Himmel schwebt" (wie Kutschera 2009 missversteht), vielmehr verweist die Beifügung „im Himmel" auf diese radikal andere, allem ko-präsente Dimension und die in ihr und von ihr her allgegenwärtige Wirklichkeit.

59 Clayton 2007, 151 f spricht von einer Logik oder Dialektik der „Unterscheidung durch Einbeziehung statt durch Ausschluss".

60 Vgl. Kessler 1998, 103: „Denn wenn wir von Gott nur noch schweigen würden, woher wüsste man dann (1) überhaupt, dass von Gott geschwiegen wird; es muss offenbar zuerst im ausschöpfen all unserer (Erfahrens-, Denk- und Sprach-)Möglichkeiten von Gott gedacht, geredet und auf ihn hinverwiesen werden, ehe man wirklich von ihm, vor ihm, schweigen kann. (2) Wenn wir Menschen von Gott nur noch schweigen, denken wir auf Dauer auch nicht mehr an den, von dem und zu dem wir nicht mehr sprechen, sondern liefern uns alternativlos den uns beherrschenden immanenten Horizonten aus. (3) Deshalb ist mit bloßem Schweigen von Gott für unsere Lebensprobleme inhaltlich gar nichts gewonnen."

61 Der Ausdruck „über-personal" ist hier nicht – auf der Linie rein negativer Theologie oder von Ausdrücken wie überirdisch (= nicht irdisch), übersinnlich, übernatürlich (= nicht natürlich) – als nicht personal zu verstehen. Vielmehr bezeichnet er – auf der Linie von Ausdrücken wie übergroß, überglücklich, überreichlich, Überfülle – die klare Affirmation der Qualität des Personalen, zugleich aber die Negation bzw. Überwindung seiner endlichen Begrenztheiten und die Eminenz bzw. Erhabenheit des

alles übersteigenden, vollkommen Personalen, das nicht mehr im Gegensatz steht zum Alles-Umfassenden und Alles-Erfüllenden.

62 Wenn schon weltliche Realitäten nicht nur eine Seite haben (der Berg Eiger, berühmt durch die Eiger-Nordwand, war, ehe diese bezwungen wurde, längst von einer seiner anderen Seiten bestiegen) und das Phänomen Licht nur durch zwei irreduzibel disparate, komplementäre Modelle (Korpuskel und Welle) beschrieben werden kann, um wie viel mehr bedarf es, um sich dem göttlichen Urgrund der Welt zu nähern, verschiedener Anwege und Modelle.

63 Zum Problem vgl. Kessler 2000b sowie Kessler 2006b.

64 In meiner Kindheit und Jugend stand im Beichtspiegel die Gewissensfrage: „Habe ich Tiere gequält?" Das heutige Katholische Gebet- und Gesangbuch „Gotteslob" (1975) führt im Gewissensspiegel für die Schülerbeichte – freilich allzu versteckt unter einem Wust von Aspekten – auch auf „Überlege: Wie behandelst du Pflanzen? Wie gehst du mit Tieren um?" und „Prüfe dich: Habe ich Tiere vernachlässigt oder gequält?" (S. 150 f.).

65 In aristotelisch-thomistischer Tradition bezeichnet der Ausdruck „Seele" die immanente gestaltbildende Struktur (das Prinzip, die Kraft, die Form), die ein bestimmtes Etwas (diesen Klumpen Stoff) zu diesem lebendigen Wesen macht, zu diesem strebenden Körper zusammenhält. Alle Lebewesen sind selbstkreative Gefüge, die auf mechanischen Abläufen basieren und diese in den neuen Zusammenhang einer übergeordneten Gestalt oder Form so integrieren, dass *das Lebewesen* in seinem ständigen Wandel (atmen, wachsen, sich bewegen, fortpflanzen, sehen, fühlen usw.) immer *in sich selbst das Ziel und der Zweck ist* und nie einfach nur Funktion für einen fremden, ihm äußeren Zweck; jedes Lebewesen (vom Einzeller bis zum Menschen) *strebt* primär danach, die Ordnung in seinem Innern zu erhalten, sich gegen die Kräfte der Unordnung, die an ihm zerren, zu behaupten. Diese *innere, individuelle Form* oder dieses „In-sich-Haben des Ziels" (aristotelisch: „En-tel-echie"), die das lebendige Individuum in seiner Einheit, Ganzheit und Selbstzwecklichkeit konstituiert, wird in der abendländischen Tradition seit Aristoteles mit der „Seele" identifiziert. – *Alle* Lebewesen werden als „*beseelt*" angesehen, und zwar mit folgender Differenzierung: Pflanzen haben eine vegetative Seele, Tiere eine (die vegetative Schicht integrierende) sensitive Seele, Menschen eine (die vegetative und sensitive Schicht integrierende) intellektive Seele, die ihn auch zu Transzendenzbewusstsein und Gottesrelation befähigt; vgl. z.B. *Thomas von Aquin*, Sth I 18,2; 76,4; 78,1; 118,1+2. – Die je individuelle Seele ist jeweils die streng eine und einzige Form oder innere gestaltbildende Struktur des Lebewesens, das so durch sich selbst

aktiv tätig ist (operatur per se) und genau dadurch als Lebewesen subsistiert (Sth I 75,2). Jeder Form wohnt eine Tendenz, ein Organisationsprinzip, inne, nach dem sie die Materie informiert (Sth I 84,3; 105,5; 76,1) und die Elemente und Schichten in ihre lebendige Ganzheit integriert. Nach dieser großen abendländischen Tradition gibt es also Grade und Stufen von Autonomie (von Individualität, Selbststand, Selbstvertrautheit, Innerlichkeit, Selbstgestaltung usw.) der Organismen. Vgl. hierzu Mundhenk 1980; Kummer 1996, 228–239; Rehmann-Sutter 1996, 138–180; Kläden 2005, 5–165.

66 Das Zweite Vatikanische Konzil (1962–1965) sagt in seiner Pastoralkonstitution: „Der Mensch (ist) auf Erden die einzige von Gott um ihrer selbst willen gewollte Kreatur" (Gaudium et spes 24,3). Thomas von Aquin sah das etwas anders: Ziel der Schöpfung ist die Abbildung und Mitteilung der uneigennützigen Güte Gottes, darauf sind alle Geschöpf hingeordnet, und dieser göttliche Endzweck begründet die *relative Selbstzwecklichkeit eines jeden Geschöpfs*. „Der Mensch ist nicht Ziel jedes Geschöpfs im Sinn einer letzten Absicht eines jeden Geschöpfs"; aber „dem Menschen kann ein Nutzen von jedem Geschöpf zukommen", weil er mit allen Wesen kommunizieren kann; zugleich aber soll er sie auf Gott hinordnen, und zwar durch seine eigene Hinneigung zu Gott (In II Sent. d.1 a.2 q.3). Auch „die Individuen nicht vernünftiger Geschöpfe stehen unter der unmittelbaren Vorsehung Gottes" (Sth I q.22 a.2). Genaueres bei Kessler 2006, 112 f.

67 Wenn die christliche Sprache von *Gott, insofern er in uns ist*, spricht, dann sagt sie häufig „der Geist Gottes" oder „der Heilige Geist".

68 Eine rabbinische Geschichte: Da sitzen sie zusammen, und der Rabbi fragt: Könnt ihr mir sagen, wo Gott wohnt? Schließlich antwortet einer: Rabbi, beim Propheten Jeremia (23,24) spricht doch der Erhabene, gepriesen sei Er: „Bin nicht ich es, der Himmel und Erde erfüllt?" Also, Rabbi, Gott wohnt überall in der Welt. Ja schon, erwidert der Rabbi, aber *eigentlich* wohnt er dort, wo man ihn *einlässt*.

69 Blaise Pascal, Pensées, Fragmente 229; 242 f; 430; 441; 556 f; 580. Das ist die Situation vieler – suchender, glauben wollender – Menschen. Pascal meinte, dass diese theoretische Unentscheidbarkeit nur durch eine existenzielle Entscheidung, durch eine Lebens-Option (eine „Wette" mit dem Einsatz des ganzen Lebens) aufgelöst werden kann. Er selbst hatte, bewegt durch eine ihn tief erschütternde Gotteserfahrung, auf den Gott Abrahams und Jesu gesetzt. – Vgl. hierzu Kessler 2000b, 44 f und 52–54.

70 „Du bist in allem ganz tief verborgen, was lebt und sich entfalten kann. Doch in den Menschen willst du wohnen, mit ganzer Kraft

uns zugetan": So fährt das zitierte Kirchenlied von Huub Oosterhuis deshalb fort (Gotteslob Nr. 298, Strophe 4).

71 Auf die Frage, *ob Gott wirkt, wenn ich ihn bitte*, kann hier nicht
genauer eingegangen werden. Nur so viel sei gesagt: Wenn und
soweit ein Mensch sich Gott öffnet und ihn mit seiner allen geltenden Agápe in sein Leben einlässt (und dies geschieht im inner-
lichen Beten, das nicht viele Worte macht, sondern still wird und
sich auftut), kann Gott in ihm wirken, *ihn* verändern und durch
ihn auch etwas über ihn hinaus (innerliches Beten hat deshalb
eine verändernde Kraft). Ein aus solcher Haltung kommendes
Bittgebet (etwa „Vater unser") impliziert die Bereitschaft, sich
selbst für das Erbetene zu engagieren (etwa, dass Gottes guter
„Wille geschehe", dass Hungernde ihr „tägliches Brot" bekommen). Und das tut auch ein aus eben solcher Haltung kommendes ernsthaftes Bittgebet für andere; aber dort, wo die eigenen
Möglichkeiten ausgeschöpft und am Ende sind, appelliert es
nochmals – total engagiert und penetrant – an Gottes Hilfe. Und
manches derartige Bittgebet für andere hat wirklich eine verändernde Kraft: Dafür gibt es erstaunliche Beispiele (z.B. von Heilung, die Ärzte vor ein Rätsel stellt); und davon bin ich auch
selbst überzeugt, obgleich ich nicht weiß, wie das zu erklären ist,
was da alles wie zusammenwirkt, und eben auch welche Möglichkeiten Gott hat, die über unsere Vorstellungen hinausgehen.

72 Wo Menschen diese allen geltende Güte (Gottes) nicht praktisch
in sich zulassen, kann Gott als er selbst mit seiner Güte auch
nicht „vorkommen". Und man muss sich nicht wundern, wenn
man ihn dann dort auch nicht findet (oder höchstens in negativer
Gestalt: als den vermissten, als den verdrängten und geschlagenen
Gott).

73 Zur Unterscheidung von Gottes *opus alienum* und Gottes *opus
proprium* vgl. die Apologie der Confessio Augustana: Ap. XII,
51 ff. – Hier und bei Luther bezieht sich das Prädikat *opus proprium Dei* auf das Evangelium Jesu Christi. Ich dehne es im Sinne
der jüdischen und der katholischen Tradition auf die Menschen
aus, die und soweit sie sich für Gott und seine allen geltende
Güte öffnen.

74 Diese Welt (Natur und Menschheitsgeschichte) zeigt mir nicht
klar, dass ein Sinn ist und das Gute siegen wird. Um im Kosmos
und im Leben einen letzten Sinn zu finden (und nicht nur den
kleinen Sinn und Unsinn des Alltags, des Fernsehens, des Busi-
ness usw.), brauche ich die Guten, die Fürsorglichen, die sich für
andere einsetzen, auch wenn sie nichts davon haben, ich brauche
sie (und mein eigenes Eintreten in ihre Reihen) als Hoffnungs-
zeichen und Ermutigung. Vor allem brauche ich diesen Galiläer
Jesus mit seiner Eindeutigkeit und Klarheit – aber er wurde in

dieser Welt gekreuzigt: Rein empirisch komme ich daher nicht über diesen zweideutigen Horizont der Welt hinaus; erst der Glaube an Jesus als den Christus, als die wesentliche Selbstoffenbarung oder Inkarnation Gottes (inauguriert durch das Leben, das Sterben und den Osterglauben an die Auferweckung und Rettung des Gekreuzigten) eröffnet nochmals einen neuen Horizont.

75 Deshalb nennen sie ihn den Sohn Gottes oder das (nicht nur Satz- und Buch-, sondern) Fleisch-gewordene Wort Gottes.

76 Gotteslob, Nr. 270, Strophe 2: „Er ist Gott, Gott für uns, er allein ist letzter Halt. Überall ist er und nirgends, Höhen, Tiefen, sie sind sein."

77 Deutsche Wörter mit der Endsilbe -ung (z.B. Rechnung) haben eine doppelte Bedeutung. Sie bezeichnen einerseits einen Vorgang (den Rechenvorgang) und andererseits dessen Ergebnis (die Rechnung, die ich serviert bekomme). So bezeichnet auch das deutsche Wort Schöpfung einerseits den Vorgang (Schöpfung als das Erschaffen, lat. creatio) und andererseits sein Ergebnis (die sichtbare Schöpfung, die es zu bewahren gilt, lat. creatura, die Kreatur).

78 Schnepf 2006: „Der Schöpfungsbegriff" meint „eine ausgezeichnete Relation" (503) und behauptet „den Ausschluss jeder weiteren Bedingtheit" (502). „Der Kern des Schöpfungsbegriffs darf sich der Analogie gerade nicht verdanken, soll er verständlich sein", weshalb es „nicht zureicht, sich den Schöpfungsbegriff in Analogie zum Handlungsbegriff zurechtzulegen", was insbesondere gegen ein Verständnis der Schöpfung als herstellendes Handeln spricht (504 mit Anm. 243). Vgl. oben III. 2. 2.

79 „Schöpfung aus nichts" ist eine paradoxe Modell-Aussage. Als Modell dient dabei die menschlich-schöpferische (handwerkliche, poetische usw.) Tätigkeit, die stets nur relativ Neues hervorbringt. Auf dieser uns vertrauten Modellebene gilt immer Abhängigkeit des Schaffens von schon existierendem Material (Formung von Vorgegebenem). Nun wird an diesem Modell „menschliches Schaffen" eine gezielte Veränderung vorgenommen, um zu erreichen, dass es auf eine ganz andere Ebene verweist und uns Unvertrautes erschließt, also nicht als Abbild-, sondern als Erschließungsmodell (disclosure model) funktioniert. Dazu wird dem Modell „Schaffen" die Qualifikation „nicht aus Seiendem" (2 Makk 7,28) bzw. „aus nichts" (Hermas, Irenäus u. a.) beigegeben. Das „aus" funktioniert hier nur grammatikalisch (nicht logisch) wie bei „aus Holz"; es gibt hier kein vorgängiges Material an: „ex nihilo" meint lediglich „nec ex materia" (so Tertullian um 200 n. Chr.), also „nicht aus vorhandenem Stoff" als einem Gegen- oder Ko-Prinzip. Die Analogie des menschlichen (handwerk-

lichen usw.) – und kategorial fassbaren – Produzierens dient also nur als anschauliche Ausgangsbasis, um sie dann durch partielle Verneinung radikal zu übersteigen ins Unanschauliche der grundlegenden – und kategorial nicht mehr fassbaren, sondern transzendentalen – Bedingung der Möglichkeit von Welt überhaupt: Gottes schöpferische Tätigkeit setzt (außer ihm selbst) absolut nichts voraus. – Ausführlicher vgl. Kessler 2006a, 75–77.

80 Die creatio continua hat also *nichts mit nachträglichen Service- und Reparaturleistungen Gottes zu tun.* Ein solches Missverständnis kann nur aufkommen, wenn man die creatio ex nihilo falsch als zeitlich vergangene Initialzündung versteht, der dann die creatio continua zeitlich nachfolgt (Wiedenhofer 2007, 172 f). Aber die beiden Ausdrücke creatio ex nihilo und creatio continua bezeichnen nicht zwei zeitlich aufeinander folgende Handlungen Gottes, sondern zwei *gleichzeitige* Aspekte des einen Schöpfungsvorgangs: dass alles ständig unmittelbar aus seinem göttlichen Urgrund existiert und dabei zugleich sich selber wandelt (in einer mehr oder weniger gelingenden Interaktion mit seinem göttlichen Urgrund und Ziel).

81 Pierre Teilhard de Chardin, Que faut-il penser du transformisme?, in: Oeuvres, vol. III (Paris 1957) 217: „Dieu faisant se faire les choses." – Kummer 2006, 40 f, bemerkt dazu einerseits: „Erst dann entstehen keine Kreaturen oder Kreationen mehr, sondern wirkliche Geschöpfe, die dadurch sind, was sie sind, dass sie etwas von Gottes vollkommenem Gestaltideal einholen." Und andererseits: „Wirklich souverän ist Gottes Schaffen erst, wenn er nicht selber als Künstler wirkt, sondern als Urheber von Kreativität."

82 Ros 2005 unterscheidet analytisch sehr genau folgende sukzessiv immer komplexeren – und jeweils nicht auf die vorausgehenden zurückführbaren – Beschreibungsebenen: Materie (bloße materielle Gegenstände sind Körper), Lebewesen (haben Körper, haben aber Zugang zu ihrer Umwelt lediglich in Form von Reizen, auf die sie reagieren), Handlungssubjekte (denen man mentale, psychische Phänomene zuschreiben kann, d.h. die bewusst sind, und die sich zu ihrer Umgebung auch zielgerichtet verhalten, d.h. Handlungen um eines Zieles willen hervorbringen und auch lernen können) und Personen (wissen von zumindest einigen ihrer psychischen Zustände und Aktivitäten selbst unmittelbar, d.h. haben Selbstbewusstsein, wirken aus sich selbst als Urheber eines neuen Prozesses, haben komplexen Zeichen- und Regelgebrauch, Sprache, Kunst, Welt- und Sinndeutung, Mitgefühl usw.). Ros beschreibt die Stufen, stellt aber nicht die Frage, wie sie (und die Übergänge) möglich sind, oder auch nur, wie sie entstanden sein können; sie sind eben so, d.h., er beschreibt die Faktizitäten.

83 Vom Schimpansen unterscheiden den Menschen nur 1,3 % Erb-
substanz: nur gut ein Zehntelprozent unseres Erbguts, das immerhin drei Millionen Genbuchstaben entspricht, verkörpert
markante Unterschiede; denn was vermögen wir Menschen nicht
alles, wozu Schimpansen außerstande sind! – Bezüglich des Un-
terschieds zwischen Mensch und Tier gibt es heute zwei (gleichermaßen überzogene) gegensätzliche Tendenzen: Der Unterschied wird entweder (1) im Sinne des cartesianischen Dualismus
dualistisch überdehnt oder er wird (2) naturalistisch eingeebnet
(wenn wir 98,7 % unserer Gene mit Schimpansen gemeinsam haben usw., könne von einer „Sonderstellung" des Menschen keine
Rede mehr sein). Die neue posthumanistische (antijüdisch / anti-
christlich eingefärbte) Anthropo-Technik eines Vilem Flusser,
Peter Sloterdijk oder Michel Houellebecq ist ein merkwürdiges
Gemisch aus beiden Tendenzen: Wir, das gescheiterte Tier, seien
dabei, uns durch Gen- und andere Techniken überhaupt erst zu
Neu-Menschen zu züchten; weg vom Subjekt hin zum Techno-
Projekt des geklonten Menschen.

84 Rahner 1983, 52 f, betont, dass die Eltern nicht nur den Körper-
Leib des Kindes zeugen und gebären, in den dann Gott zusätzlich die Seele hineinschaffen müsste. Diese platonische Vorstellung von zwei addierbaren und wieder trennbaren Substanzen
(Körper und Seele) lehnt er ab. – Vgl. hierzu oben IV. 2. b. – Mit
der kirchlichen Aussage, dass die Seele unmittelbar von Gott geschaffen sei, soll festgehalten werden, dass mit der Herkunft des
Menschen aus dem Tierreich noch nicht alles über die ganze
Wirklichkeit des Menschen und deren Ursprung gesagt ist.

85 Rahner 1983, 44, spricht davon, „dass die Bestimmungen und Er-
eignisse eines endlichen Seienden dauernd unter dem ‚Druck'
(wenn man so sagen darf) des göttlichen Seins stehen. Dieser
‚Druck' gehört nicht zu den Wesenskonstitutiven eines endlichen
Seienden. Er kann aber dieses Seiende immer zu mehr machen,
als es ‚an sich' ist, beziehungsweise er macht es erst zu dem, was
es ist. Er ist für eine metaphysische Erkenntnis gegeben; für eine
rein ontische aposteriorische Erkenntnis, wie die des Naturwissenschaftlers eine ist, kann er nicht sichtbar sein." Statt von
„Druck" spricht Rahner 1976, 192, von „Einfluss" und „Drang".
– Rahner betont, dass der göttliche Einfluss dem Geschöpf in seiner eigenen Aktivität innerlich ist, aber dennoch nicht sein Wesen
konstituiert: Einerseits hat die autonome Selbstbewegung der
endlichen Geschöpfs die transzendente göttliche Aktivität als
inneres Moment in sich (diese ist nicht nur im Sinne gelegent-
licher Eingriffe etwas dem Geschöpf äußerlich Bleibendes, sonst
gäbe es nur passives Überbotenwerden und nicht aktive Selbstüberbietung); andererseits gehört die göttliche Aktivität aber den-

noch nicht zum Wesen des Geschöpfes selbst (sonst hätte dieses schon die göttliche Fülle, wäre nicht autonom und nicht fähig zu wirklichem Mehr-Werden im zeitlichen Prozess). Letzteres hat Esterbauer 2008, 24 f, übersehen, weshalb er Rahner fälschlich ein „nicht widerspruchsfreies" „Konzept der wesen*haften* Selbstüberbietung" unterstellt, wogegen Rahner lediglich von *ermöglichter* „aktiver Selbstüberbietung" oder „*Wesensüberbietung*" spricht.

86 Bei Erich Jantsch entsteht so ein *idealistischer* Evolutionsmythos: „Die Gottesidee ... wird echt mystisch in die Entfaltung und Selbstverwirklichung der Evolution selbst hineinverlegt. ... Gott ist also nicht absolut, sondern er evolviert selbst – er ist die Evolution ... zwar nicht der Schöpfer, wohl aber der Geist des Universums", sozusagen die Innenseite der Materie; Gott, Geist und materielle Evolution werden monistisch identifiziert (Jantsch 1982, 411 f; ähnlich viele New-Age-Vertreter). Eine Variante dazu ist Carsten Breschs „Alpha-Prinzip der Natur" (Bresch 1990). – Das Gegenstück eines *materialistischen* Evolutionsmythos findet sich bei vielen Soziobiologen: Leben und Geist werden auf naturgesetzliche Abläufe reduziert; Gewalt, Ausbeutung und Krieg sind Naturgesetz.

87 Der englische Philosoph und Theologe Keith Ward, der sich detailliert mit einigen neuen Materialisten auseinandergesetzt hat, hält es für ganz unwahrscheinlich, dass allein die natürliche Auslese vernünftige Menschen hervorgebracht habe; zur Erklärung des ganzen Prozesses sei es einfacher, die *Hypothese eines* in jedem Moment aktiv oder passiv bestimmenden unsichtbaren *Einflusses Gottes* anzunehmen (Ward 1996, 76–95).

88 Sie wird dadurch aber keine „theistische Evolution"!

89 Der Ausdruck „Entwicklung" oder „Evolution" darf daher nicht vom Modell Keim-Pflanze oder Froschei-Frosch her gedacht werden.

90 Dazu bemerkt der Physiker und Theologe John Polkinghorne (Polkinghorne 2001, 123): „Es ist nicht möglich, das kausale Netzwerk so aufzuknüpfen, dass man sagen kann, Gott tat dies, ein Mensch jenes und die Natur ein Drittes."

91 Kutschera 2009 sagt, er habe durch die Evolutionsforschung „viele Einsichten gewonnen. Aber die Vorstellung, dass geistförmige Wesen im Himmel schweben, die hier unten irgendetwas regeln, halte ich für absurd. Wenn es ein übernatürliches Geistwesen als Schöpfer gäbe, dann wäre diese biblische Größe ziemlich bösartig eingestellt. Warum ist über 95 Prozent dessen, was per Evolution geschaffen wurde, über Massenaussterbe-Ereignisse wieder vernichtet worden? Da sehe ich einen Widerspruch."
    – Auf der Linie der harten Materialisten, die den Glauben an

Gott madig machen wollen, hantiert Kutschera hier wieder mit sehr naiven Gottesvorstellungen (vgl. oben I. 2. 2b) und stellt Gott als bösartiges, grausames Monstrum dar. Aber der von Kutschera behauptete Widerspruch ist keiner, wenn die – von Gott in ihre Eigendynamik freigesetzte – Evolution ihre eigenen Wege und eben auch viele Abwege geht und sie für einen Einfluss aus der ganz anderen göttlichen Dimension nicht überall offen ist. Dazu kommt aber noch etwas anderes, was auch Kutscheras Materialismus in Frage stellt: Auch biologische Deutungen, die auf evolutive Unvermeidlichkeit und Funktionalität verweisen, befriedigen uns Menschen nicht, weil wir strukturell-existenziell gegen Qual und Zerstörung aufbegehren. Es bleibt nicht nur die Theodizee-Frage ein schmerzhafter Stachel für den Glauben, es bleibt das Übel (Qual, Leid, Zerstörung) ein Problem für *jeden* Menschen, dessen Sensibilität nicht abgestumpft ist. *Der Mensch* ist es, der sich nicht abfindet mit dem Übel, sondern darüber hinaus verlangt (siehe III. 2. a). Dazu werden unten in V. 3. a und b weitere Aspekte in den Blick kommen. Zur Theodizeefrage vgl. ausführlicher Kessler 2000b und Kessler 2006b.

92 Selbst harte Naturalisten leugnen ein Ziel – *mit* einem Ziel, nämlich mit dem Ziel, den Materialismus zu fördern (was nicht Wissenschaft, sondern eine Gegenmetaphysik ist). Der große Mathematiker und Philosoph Alfred N. Whitehead hat deshalb über jene, die jede Zielgerichtetheit in der Natur ablehnen, ironisch bemerkt (Whitehead 1929, 12): „Diejenigen, die sich ganz dem purpose (Zweck, Absicht, Ziel) widmen, zu beweisen, dass es keinen purpose gibt, stellen ein interessantes Studienobjekt dar."

93 Der Physiker und Philosoph Hans-Dieter Mutschler erklärt (Mutschler 2006, 317): Es gibt nicht das *absolute* Zufallsereignis (das Materialisten gerne anführen); denn der Zufall definiert sich immer nur *relativ* zu einem gegebenen Kontext; es ist immer ein Referenzrahmen denkbar, in den sich der Zufall einordnen lässt. „Zufällig" ist nämlich ein zweistelliges Prädikat. „Wenn man z.B. sagt: Diese Mutation ist zufällig, dann müsste man streng genommen hinzufügen: Diese Mutation ist zufällig in Bezug auf den Funktionszusammenhang des betreffenden Lebewesens; denn in Bezug auf die physikalischen Rahmenbedingungen kann die Mutation durchaus gesetzlich erklärbar sein, etwa wenn sie von einer hochfrequenten Höhenstrahlung hervorgerufen wurde. Ein und derselbe Prozess kann also unter verschiedener Rücksicht als zufällig oder als gesetzlich beschrieben werden. – Es gibt daher auch Fälle, in denen etwas, das unter naturgesetzlicher Rücksicht zufällig ist, in einem teleologischen Schema Sinn ergibt; das heißt: Zufall und Zweck schließen einander logisch nicht aus."

94 Zumal wenn man bedenkt, dass der Mensch selbst Teilnehmer an dem großen Evolutionsprozess ist, den er zu beurteilen sucht, und keinen quasi-göttlichen Start-Ziel-Überblick hat, sozusagen keine Vogelperspektive, sondern immer nur Froschperspektiven.

95 Ein Problem sind dann eher die Fehlentwicklungen und Qualen, die wir aber als Ergebnisse eines schlecht gelungenen oder misslungenen Dialogs zwischen Geschöpf / Evolution (in ihrer Eigendynamik) und Gott zu erklären versuchten.

96 Von denen die Naturwissenschaft ja nicht sagen kann, warum sie da sind, woher sie kommen, und warum sie so sind, wie sie sind.

97 Nicht determinierte Vorgänge kennt nicht nur die Quantenphysik im subatomaren Mikro-Bereich. Solche gibt es auch darüber hinaus. Sie werden unter dem Begriff „self-organized criticality" (selbst-organisierte Kritikalität) zusammengefasst. Gemeint sind solche sich selbst organisierende komplexe Prozesse, die einen kritischen Punkt erreichen, an dem sich mehrere, nicht-determinierte Möglichkeiten ergeben. Bak 1996 erörtert etliche solche Prozesse aus verschiedenen Bereichen.

98 Wenn Kardinal Schönborn 2005 von einer „überwältigenden Evidenz (overwhelming evidence) für einen Plan in der Biologie" sprach (siehe I. 1. c), so hat er die Frageebene und die Möglichkeiten der Biologie verkannt. Zwei Jahre später sprach er differenzierter von „der evidenten Erfahrung von Zweckmäßigkeit, Ordnung und Schönheit in der Natur", die zur der Frage führe, woher diese kommen. Und er fügte hinzu: „Die Evolutionstheorie mit ihrer naturwissenschaftlichen Methode kann darauf keine Antwort geben, sie kann nur die in der Natur empirisch feststellbaren und wirkenden Ursachen erforschen." Deshalb könne man auch nicht behaupten, die Evolutionstheorie beweise, dass es keinen planenden Gott gibt (Schönborn 2007, 91). Freilich machte er sich dann selbst den gravierenden Einwand, der die erwähnte evidente Erfahrung massiv beeinträchtigt: Der Glaube an einen guten Schöpfer werde „durch die schier endlosen Grausamkeiten in Frage gestellt: Warum dieser mühevolle Weg der Evolution … mit ihren endlosen Anläufen und Vernichtungen, ihren Katastrophen und Grausamkeiten, bis hin zu den unfassbaren Brutalitäten des Lebens und Überlebens?" (ebd. 97) – Anfang März 2009 hat Kardinal Schönborn nun in einem Vortrag bei einem Symposion der österreichischen Akademie der Wissenschaften den Kreationismus selbst abgelehnt, an der ID-Schule argumentative Kritik geübt und zur Entspannung zwischen Evolutionstheorie und Schöpfungsglauben beizutragen versucht. Vgl. den Bericht im Kathpress Tagesdienst Nr. 52, 4. März 2009, 2–3.

99 Einige Physiker sprechen hier vom „Anthropischen Prinzip". In seiner schwachen Form besagt es nur: Weil es (menschliches)

Leben gibt, müssen die Anfangsbedingungen in unserem Kosmos sich so ergeben haben, dass Leben entstehen konnte. Seine starke Form geht entscheidend weiter: Die Naturgesetze haben sich im frühen Kosmos so entwickelt, wie sie sind, *damit* Leben und schließlich menschliches Leben entstehen konnte; demnach war der Mensch von Anfang an Zweck und Ziel der kosmischen Entwicklung. Eine derart teleologische Sicht ist dem Physiker als solchem unerreichbar (weshalb das starke anthropische Prinzip von den Physikern nicht mitvollzogen wird); für glaubende Menschen aber kann sie sehr plausibel sein.

100 „Fragt man aber, wieso die Erde als einziger bekannter Planet Wasser in diesen Mengen und obendrein eine Atmosphäre in der heutigen Zusammensetzung hat, ist man schon am Ende der Selbstverständlichkeiten angelangt": so der Potsdamer Geowissenschaftler Reinhart Hüttl (Hüttl 2008).

101 Der wichtigste Beleg für diese Annahme (der Endosymbiose): Die Mitochondrien in unseren Zellen besitzen nicht nur ihre eigene, sondern zusätzlich eine zweite Membran; beim Eintritt in den Wirt werden sie auch von dessen Zellmembran umhüllt (vgl. Schuster 2007, 102).

102 Die Rede von einem (Schöpfungs-)Plan ist missverständlich. Sie darf nicht so verstanden werden, als existiere in der Vorstellung Gottes bereits ein detaillierter Entwurf *(design)*. Ein solcher würde ja eine determinierende Programmierung bedeuten und der Freigabe der Schöpfung in Eigenkreativität widersprechen. Man darf die – mehr oder weniger gut gelingende – Interaktion (Dialogik) zwischen dem transzendental ermöglichenden, werbenden Gott und den zu Eigenaktivität ermächtigten, nicht immer für Gottes Ziele geeigneten oder offenen Geschöpfen nicht vergessen, die wir herauszuarbeiten versuchten.

103 Zum Folgenden vgl. Kessler 1972, Kessler 1992 und Kessler 2009a.

104 In diesem Sinne sprach Teilhard de Chardin von „Personalisierung", der Religionsphilosoph John Hick spricht von „personmaking"; beide meinen jenen Reifungsprozess, der aus der bloßen Selbstzentriertheit herausführt und hinüber in eine Haltung, die sich öffnet (für den grenzenlosen Gott und gerade so) für die Anderen, ohne irgendjemanden willkürlich auszugrenzen.

105 Dieses Zweite („jeder ist gewollt und geliebt") mit Gen 1 zum Ersten („wir alle sind auch zufällig geworden") hinzuzufügen, ist auf dem Hintergrund unserer Überlegungen nicht willkürlich, sondern begründet. Das gilt, auch wenn damit längst nicht alle Fragen erledigt sind. Was ist z.B. mit den abgetriebenen oder mit den einfach abgegangenen Föten? Der Glaube wird festhalten: Nicht ihr Abgang oder ihre Tötung, aber sie, sie selbst, sind ge-

wollt und geliebt, und – auch wenn die Natur oder Menschen ihnen das vorenthalten hat – Gott wird sie in seiner Zukunft ganz zur Entfaltung ihres Selbst bringen, wird sie vollenden.

106 Meister Eckhart (1260–1328), Predigt 82: „Wäre ich so bereit und fände Gott so weit Raum in mir, wie in unserem Herrn Jesus Christus – er würde mich ebenso völlig mit seiner Flut erfüllen. Denn der Heilige Geist kann sich nicht enthalten, in all das zu fließen, wo er Raum findet, und soweit, wie er Raum findet."

107 Zum Folgenden vgl. Kessler 2002, Kessler 2004 und Kessler 2007a.

108 Wer an Gott als Urgrund („Schöpfer") und Ziel aller Dinge glaubt, der hofft auf einen *radikalen* Neuanfang, der nicht mehr vermittelt durch Aktivitäten der Geschöpfe entstehen kann, weil diese ja in ihrem Ende und Untergang selbst nichts mehr bewirken können, sondern der allein Gottes *nicht kreatürlich vermitteltes* Neuschaffen darstellt. Und doch bedeutet dieser radikale Neuanfang keine Annihilierung des Geschaffenen und Gewordenen, also *keinen absoluten* Neuanfang, weil nämlich Gott nach christlicher Überzeugung seine Geschöpfe und diese Welt nicht wegräumt und an ihre Stelle völlig andere setzt, sondern weil er diese Schöpfung selbst verwandelt und zu einer alles übertreffenden Vollendung führt.

Literatur

ALBERTUS MAGNUS (ca 1250/1971): De caelo et mundo, in: Albertus Magnus, Opera omnia, hg. von Paul Hossfeld, Bd. 5, Teil 1, Münster 1971, 103

ARENHOEVEL, Diego (1970, ³1981): Ur-Geschichte. Genesis 1–11, Stuttgart

AUGUSTINUS (401/1955): Confessiones – Bekenntnisse. Lateinisch und deutsch, übers. von J. Bernhart, München

BAK, Per (1996): How Nature Works. The Science of Self-Organized Criticality, New York

BARROW, John D. (1992): Theorien für alles, Heidelberg

BARROW, John D. (2006): Einmal Unendlichkeit und zurück, Frankfurt/M.

BAUKS, Michaela (1997): Die Welt am Anfang. Zum Verhältnis von Vorwelt und Weltentstehung in Gen 1 und in der altorientalischen Literatur, Neukirchen

BEHE, Michael J. (1996): Darwins Black Box, New York

BEYERLIN, Walter (Hg.) (1975): Religionsgeschichtliches Textbuch zum Alten Testament, Göttingen

BOYER, Pascal (2004): Und Mensch schuf Gott, Stuttgart (engl.: Religion Explained. The Evolutionary Foundations of Religion, 2001)

BOYER, Pascal (2008): Das Hirn, dein Gott. Glaube als eine natürliche Eigenschaft des Menschen, in: DIE ZEIT, Nr. 1, vom 23. 12. 2008, 37

BRESCH, Carsten (1990): Alpha-Prinzip der Natur, in: Ders. (Hg.), Kann man Gott aus der Natur erkennen? Evolution als Offenbarung, Freiburg 1990, 72–86

BROCH, Thomas (2003): Kosmische Bescheidenheit? Eine kritische Würdigung Pierre Teilhards de Chardin, in: Isak 2003, 149–175

BÜCHNER, Christine (2005): Gottes Kreatur – „ein reines Nichts"? Einheit Gottes als Ermöglichung von Geschöpflichkeit und Personalität im Werk Meister Eckharts, Innsbruck-Wien

CARR, Bernard (ed.) (2007): Universe or Multiverse?, Cambridge/UK

CERUTTI, Herbert (2008): Ohne ihn. Wenn die Erde den Mond nicht hätte, wäre menschliches Leben nicht möglich, in: DIE ZEIT Nr. 47, vom 13. 11. 2008, 57

CLAYTON, Philip (2007): Die Frage nach der Freiheit. Biologie, Kultur und die Emergenz des Geistes in der Welt (Frankfurt Templeton Lectures 2006), Göttingen

CLAYTON, Philip (2008): Emergenz und Bewusstsein. Evolutionärer Prozess und die Grenzen des Naturalismus, Göttingen (engl. 2004: Mind and Emergence)

DARWIN, Charles (1859, ⁶1872), On the Origin of Species by Means of Natural Selections, or the Preservation of Favoured Races in the Struggle for Life. Deutsch: Die Entstehung der Arten, übers. von J. Viktor Carus, Neuausgabe Hamburg 2008

DARWIN, Francis (ed.) (1887): Life and Letters of Charles Darwin, vol. I & II, New York

DARWIN, Francis & Seward, A. C. (ed.) (1903): More Letters of Charles Darwin, vol. I, New York

DAWKINS, Richard (1978): Das egoistische Gen, Berlin

DAWKINS, Richard (1987): Der blinde Uhrmacher. Ein Plädoyer für den Darwinismus, München

DAWKINS, Richard (2003): A Devil's Chaplain: Selected Writings, London

DAWKINS, Richard (2007a): Der Gotteswahn, Berlin (engl.: The God Delusion, London 2006)

DAWKINS, Richard (2007b): Ein Gott der Angst. Interview, in: Der Spiegel, vom 10.9.2007

DEMBSKI, William A., 1999: Intelligent Design: The Bridge between Science and Theology, Downers Grove, IL

DEMBSKI, William A., 2002: No Free Lunch. Why Specified Complexity Cannot Be Purchased without Intelligence, Lanham

DOBZHANSKY, Theodosius (1973): Nothing in Biology Makes Sense Except in the Light of Evolution, in: The American Biology Teacher 35 (1973), 125–129

DÖRR, Bernhard (2007): Trinitarische Prozess-Kosmologie. Grundzüge einer christlich-theologischen Wirklichkeitssicht im Zeitalter der Naturwissenschaften. Erarbeitet anhand der Entwürfe von John Polkinghorne, Arthur Peacocke, Wolfgang Friedrich Gutmann und Alfred North Whitehead (unveröffentlichte Dissertation Frankfurt/M. 2007)

DORSCHNER, Johann, 1998 (Hg.): Der Kosmos als Schöpfung, Regensburg

DREWERMANN, Eugen (1977): Strukturen des Bösen. Die jahwistische Urgeschichte in exegetischer, psychoanalytischer und philosophischer Sicht, Teil I, Paderborn

ELIADE, Mircea (Hg.) (1964): Die Schöpfungsmythen, Darmstadt

ESTERBAUER, Reinhold (2008): Von Teilhard bis Pannenberg. Theologen des 20. Jahrhunderts im Gespräch mit den Naturwissenschaften, in: Getrennte Welten? Der Glaube und die Naturwissenschaften. Herder Korrespondenz Spezial, Freiburg 2008, 23–29

FAHR, Hans Jörg (2004): Was bringt uns die Weltformel? Greifbares Ziel oder ewige Illusion, in: E. Schockenhoff & M. Huber (Hg.): Gott und der Urknall, Freiburg 2004

FICHTE, Johann Gottlieb (1806): Die Anweisung zum seligen Leben (1806), Hamburg 1954

GLAUBRECHT, Matthias (2007): Der Darwin-Code, in: Die Zeit, Nr. 6, 1.2.2007, 37

GOEBEL, Bernd (2003): Probleme eines philosophischen Naturalismus, in: Theologie und Philosophie 78 (2003), 23–37

GOODALL, Jane (1991): Ein Herz für Schimpansen, Reinbek (engl.: Through a Window. Thirty Years with the Chimpanzees of Gombee, London 1990)

GÖRG, Manfred (1998): Vorwelt – Raum – Zeit. Schöpfungsvorstellungen im ersten Kapitel der Bibel, in: Dorschner 1998, 132–158

GOULD, Stephen Jay (2002): Rocks of Ages: Science and Religion in the Fullness of Life, London

GREGOR VON NYSSA (380/1863): Explicatio apologetica in Hexaemeron, in: Patrologiae Cursus completus. Series Graeca, hg. von J.-P. Migne, Bd. 44, Paris 1863, 61–124

GUTMANN, Wolfgang F. & BONNIK, Klaus (1981): Kritische Evolutionstheorie, Hildesheim

GUTMANN, Wolfgang F. (1989): Die Evolution hydraulischer Konstruktionen. Organismische Wandlung statt altdarwinistischer Anpassung. Frankfurt/M.

HAUGHT, John F. (2004): Ist das Universum wirklich alles? In: Wabbel, Tobias D. (Hg.): Im Anfang war (k)ein Gott. Düsseldorf 2004, 193–209.

HAWKING, Stephen W. (1988): Eine kurze Geschichte der Zeit. Die Suche nach der Urkraft des Universums, Reinbek

HAWKING, Stephen W. (2004): Gödel and the End of Physics (Cambridge lecture 2004), www.damtp.cam.ac.uk/strtst/dirac/hawking.

HEINRICH, Axel (2001): Soziobiologie als kulturrevolutionäres Programm, Regensburg

HEINRICH, Axel (2007): Die Naturalisierung der Menschenrechte als Herausforderung für die theologische Ethik, in: Klinnert 2007, 197–209

HEISENBERG, Werner (1942/1984): Ordnung der Wirklichkeit (1942), in: Ders.: Gesammelte Werke, Abt. C, Bd. 1, München 1984, 217–306.

HEISENBERG, Werner (1973): Naturwissenschaftliche und religiöse Wahrheit, in: Ders.: Schritte über Grenzen. Gesammelte Reden und Aufsätze, München ²1973, 335–351.

HERMANNI, Friedrich (2005): Der letzte Grund. Überlegungen zum kosmologischen Gottesbeweis, in: Philosophisches Jahrbuch 112 (2005) 411–429

HORN, Stephan Otto & Wiedenhofer, Siegfried (Hg.) (2007), Schöpfung und Evolution. Eine Tagung mit Papst Benedikt XVI. in Castel Gandolfo, Augsburg & Rom

HÜTHER, Gerald (2000): Die Evolution der Liebe, Göttingen

HÜTTL, Reinhard (2008): Was wissen wir vom Blauen Planeten?, in: DIE ZEIT Nr. 4, vom 17.1.2008, 33

ISAK, Rainer (Hg.) (2003): Kosmische Bescheidenheit. Was Theologen und Naturalisten voneinander lernen können, Freiburg: Katholische Akademie der Erzdiözese Freiburg

JANTSCH, Erich (1982): Die Selbstorganisation des Universums, München

JONES, Steve (2005): Gott pfuscht auch. Warum Intelligent Design religiös motivierter Unfug ist, in: Die Zeit. Nr. 33, 11.8.2005, 31

JUNKER, Reinhard & Scherer, Siegfried (2001): Evolution – ein kritisches Lehrbuch, Gießen 2001; ⁶2006

JUNKER, Thomas (2007): Schöpfung gegen Evolution – und kein Ende? Kardinal Schönborns Intelligent-Design-Kampagne und die Katholische Kirche, in: Kutschera, U., 2007 –

KANITSCHEIDER, Bernulf & DESSAU, Bettina (2000): Von Lust und Freude, Frankfurt/M.

KEEL, Otmar, & SCHROER, Silvia (2002): Schöpfung. Biblische Theologien im Kontext altorientalischer Religionen, Göttingen & Fribourg

KESSLER, Hans (1972): Erlösung als Befreiung, Düsseldorf

KESSLER, Hans (1990): Das Stöhnen der Natur. Plädoyer für Schöpfungsspiritualität und Schöpfungsethik, Düsseldorf

KESSLER, Hans (1992): Christologie, in: Schneider, Theodor (Hg.): Handbuch der Dogmatik, Düsseldorf 1992, Bd. 1, 241–442

KESSLER, Hans (1995): Sucht den Lebenden nicht bei den Toten. Die Auferstehung Jesu Christi in biblischer, fundamentaltheologischer und systematischer Sicht. Erweiterte Neuausgabe, Würzburg ⁴1995 (Taschenbuchausgabe ⁵2002)

KESSLER, Hans (1996a): Gott, der kosmische Prozess und die Freiheit. Vorentwurf einer transzendental-dialogischen Schöpfungstheologie, in: Ders. & Fuchs, Gotthard (Hg.): Gott, der Kosmos und die Freiheit. Biologie, Philosophie und Theologie im Gespräch, Würzburg 1996, 189–232

KESSLER, Hans (1996b) (Hg.): Ökologisches Weltethos im Dialog der Kulturen und Religionen, Darmstadt

KESSLER, Hans (1998): „Schweigen müssen wir oft; es fehlen heilige Namen" (Hölderlin). Zur Hermeneutik trinitarischer Rede, in: Beutler, Johannes & Kunz, Erhard (Hg.): Heute von Gott reden, Würzburg 1998, 97–124

KESSLER, Hans (2000a): Art. Schöpfung. IV und V, in: Lexikon für Theologie und Kirche, hg. von Walter Kasper, Bd. 9, Freiburg 2000, Sp. 226–241

KESSLER, Hans (2000b): Gott und das Leid seiner Schöpfung. Nachdenkliches zur Theodizeefrage, Würzburg 2000 (erw. Neuausgabe als Topos plus Taschenbuch: Das Leid in der Welt – ein Schrei nach Gott, [2]2007)

KESSLER, Hans (2000c) (Hg.): Leben durch Zerstörung? Über das Leiden in der Schöpfung. Ein Gespräch der Wissenschaften, Würzburg

KESSLER, Hans (2004) (Hg.): Auferstehung der Toten. Ein Hoffnungsentwurf im Blick heutiger Wissenschaften, Darmstadt

KESSLER, Hans (2006a): Den verborgenen Gott suchen. Gottesglaube in einer von Naturwissenschaften und Religionskonflikten geprägten Welt, Paderborn u. a.

KESSLER, Hans (2006b): Wo bleibt Gott im Leiden seiner Geschöpfe? Die naturbedingten Übel und die Frage nach dem Wirken Gottes, in: Theologisch-Praktische Quartalschrift 154 (2006) 264–277

KESSLER, Hans (2007a): Wie Auferstehung der Toten denken? In: Zeitschrift für Neues Testament 10 (2007), Heft 19, 50–56

KESSLER, Hans (2007b): Schöpfung neu denken im Gespräch mit heutiger Naturwissenschaft. Zu Anschlussfähigkeit und zum Überschuss schöpfungstheologischer Aussagen, in: Audretsch, Jürgen & Nagorni, Klaus (Hg.): Zwei Seiten der einen Wirklichkeit. Bilanz und Perspektiven des Dialogs zwischen Naturwissenschaft und Theologie, Karlsruhe: Evangelische Akademie Baden, 2007, 75–128

KESSLER, Hans (2008a): „Das Konzept Gott – warum wir es nicht brauchen" (Burkhard Müller)? Auseinandersetzung mit einem respektablen Atheismus, in: Augustin, George & Krämer, Klaus (Hg.): Gott denken und bezeugen. Festschrift für Kardinal Walter Kasper, Freiburg, 512–541 [Kurzfassung in: Striet, Magnus (Hg.): Wiederkehr des Atheismus, Freiburg 2008, 57–76]

KESSLER, Hans (2008b): Evolution and Creation. Rethinking Creation in Dialogue with Natural Sciences, in: Müller, Klaus & Sachser, Norbert (Hg.): Theology Meets Biology. Anthropological Perspectives on Animals and Human Beings, Regensburg, 63–101

KESSLER, Hans (2008c): Monotheistische Religionen zwischen Gewalt und Versöhnung, in: Gesellschaft für ethische Fragen (Hg.): Arbeitsblatt Nr. 47 (Dezember 2008), Zürich, 6–34

KESSLER, Hans (2009a): Gott – warum wir ihn (nicht) brauchen, in: Stimmen der Zeit 134 (2009), 173–187

KIERKEGAARD, Sören (1846/1949): Tagebücher, München 1949

KLÄDEN, Tobias (2005): Mit Leib und Seele … Die mind-brain-Debatte in der Philosophie des Geistes und die anima-forma-corporis-Lehre des Thomas von Aquin, Regensburg

KLINNERT, Lars (Hg.) (2007): Zufall Mensch? Das Bild des Menschen im Spannungsfeld von Evolution und Schöpfung, Darmstadt

KLOSE, Joachim & Oehler, Jochen (Hg.) (2008): Gott oder Darwin? Vernünftiges Reden über Schöpfung und Evolution, Berlin/Heidelberg

KNAPP, Andreas (1989): Soziobiologie und Moraltheologie. Kritik der ethischen Folgerungen moderner Biologie, Weinheim

KÖGERLER, Reinhart (2006): Evolution – Blinder Zufall oder Intelligent Design? In: Theologisch-Praktische Quartalschrift 154 (2006) 227–239

KOESTLER, Arthur (1978): Der Mensch – Irrläufer der Evolution. Eine Anatomie der menschlichen Vernunft und Unvernunft, Bern/München

KREINER, Armin (2007): Das wahre Antlitz Gottes – oder was wir meinen, wenn wir Gott sagen, Freiburg

KÜNG, Hans (2005): Der Anfang aller Dinge. Naturwissenschaft und Religion, München

KUMMER, Christian (1996): Philosophie der organischen Entwicklung, Stuttgart

KUMMER, Christian (2006): Evolution und Schöpfung. Zur Auseinandersetzung mit der neokreationistischen Kritik an Darwins Theorie, in: Stimmen der Zeit 131 (2006) 31–42

KUMMER, Christian (2007): Evolution – offen für Gottes schöpferisches Handeln? In: Klinnert 2007, 91–105

KUMMER, Christian (2008): Ein neuer Kulturkampf? Evolutionsbiologen in der Auseinandersetzung mit dem „christlichen Schöpfungsmythos", in: Stimmen der Zeit 133 (2008), 87–100

KUTSCHERA, Ulrich (2001): Evolutionsbiologie. Eine allgemeine Einführung, Berlin (Stuttgart ²2006)

KUTSCHERA, Ulrich (2004): Streitpunkt Evolution. Darwinismus und Intelligentes Design, Münster 2004 (Stuttgart ²2006)

KUTSCHERA, Ulrich (2007) (Hg.): Kreationismus in Deutschland. Fakten und Analysen, Berlin

KUTSCHERA, Ulrich (2007a): Epilog. Das Dobzhansky-Mayr-Prinzip und eine Analogiebetrachtung, in: ders., 2007, 352–363

KUTSCHERA, Ulrich (2009): Darwin hat die Biologie befreit. Interview, in: Rheinischer Merkur Nr. 2, vom 8.1.2009

LEIDHOLD, Wolfgang (2008): Gottes Gegenwart. Zur Logik der religiösen Erfahrung, Darmstadt

LESCH, Harald (2005): Das Rätsel des Anfangs. Wie hat das Universum begonnen? In: zur debatte 35 (2005) Nr. 8, 18–20

Lewontin, Richard C. (2002): Die Dreifachhelix: Gen, Organismus und Umwelt, Berlin u.a. 2002 (ital. Original: Roma/Bari 1998; engl.: Cambridge/Mass. 2000)

Lüke, Ulrich (2006): Das Säugetier von Gottes Gnaden. Evolution, Bewusstsein, Freiheit, Freiburg

Lüke, Ulrich (2008): Zufall oder göttliches Design? Eine Skizze des Konflikts Schöpfungstheologie versus Evolutionstheorie, in: Herder Korrespondenz Spezial Oktober 2008: „Getrennte Welten? Der Glaube und die Naturwissenschaften", Freiburg

Luther, Martin (1883 ff): Werke. Kritische Gesamtausgabe. Weimarer Ausgabe (= WA), Weimar

Mayr, Ernst (1991): Eine neue Philosophie der Biologie, München (engl. 1988)

McGrath, Alister & McGrath, Joanna C., (2007, [3]2008): Der Atheismuswahn. Eine Antwort auf Richard Dawkins und den atheistischen Fundamentalismus, Asslar (engl.: The Dawkins Delusion?, London 2007)

Meyer, Axel (2008): Danken wir den Fischen mit fünf Fingern, in: FAZ Nr. 192, vom 13.12.2008, Z3

Monod, Jacques (1971): Zufall und Notwendigkeit. Philosophische Fragen der modernen Biologie, München

Müller, Burkhard (2007): Das Konzept Gott – warum wir es nicht brauchen, in: Merkur 61 (2007), Heft 2 (Februar, 93–102)

Müller, Helmut A. (Hg.) (2008): Evolution: Woher und Wohin? Antworten aus Religion, Natur- und Geisteswissenschaften, Göttingen

Müller, Klaus (2006): Streit um Gott. Politik, Poetik und Philosophie im Ringen um das wahre Gottesbild. Regensburg

Mundhenk, Johannes (1980): Die Seele im System des Thomas von Aquin (1934), Hamburg

Mutschler, Hans-Dieter (1990): Physik – Religion – New Age, Würzburg

Mutschler, Hans-Dieter (2006): Schöpfungsglaube und Naturwissenschaften, in: Kehl, Medard: Und Gott sah, dass es gut war. Eine Theologie der Schöpfung, Freiburg 2006, 302–321

Nagel, Thomas (1996): Letzte Fragen, Mainz

Nagel, Thomas (1999): Das letzte Wort, Stuttgart

Pascal, Blaise (1963): Über die Religion und über einige andere Gegenstände (Pensées), übertragen und hrsg. von Ewald Wasmuth, Heidelberg

Pesch, Otto Hermann (1988): Thomas von Aquin. Grenze und Größe mittelalterlicher Theologie, Mainz

Peters, Dieter S. (1984): Evolutionstheorie – Zwangsläufigkeit und Grenzen, in: Kaiser, Philipp & Peters, Dieter S. (Hgg.): Evolutionstheorie und Schöpfungsverständnis, Regensburg 1984, 193–218

215

PEUKERT, Helmut (1976): Wissenschaftstheorie – Handlungstheorie – Fundamentale Theologie. Analysen zu Ansatz und Status theologischer Theoriebildung, Düsseldorf (Frankfurt/M. ^{2}1978)

POLKINGHORNE, John (2001): Theologie und Naturwissenschaften, Gütersloh (engl.: Science & Theologie. London 1998)

PRÖPPER, Thomas (2001): Zur theoretischen Verantwortung der Rede von Gott, in: Ders.: Evangelium und freie Vernunft. Konturen einer theologischen Hermeneutik. Freiburg 2001, 72–92

QUINE, Willard van Orman (1980): Wort und Gegenstand, Stuttgart (engl.: Word and Object, 1960)

RAHNER, Karl (1966): Ostererfahrung, in: Ders.: Schriften zur Theologie, Bd. 7, Einsiedeln 1966, 157–165

RAHNER, Karl (1976): Grundkurs des Glaubens. Einführung in den Begriff des Christentums, Freiburg

RAHNER, Karl (1983): Naturwissenschaft und vernünftiger Glaube, in: Ders.: Schriften zur Theologie, Bd. 15, Einsiedeln 1983, 24–62

RAPPEL, Simone (1996): „Macht euch die Erde untertan". Die ökologische Krise als Folge des Christentums?, Paderborn

RATZINGER, Joseph (1969): Schöpfungsglaube und Evolutionstheorie, in: Schultz, Hans Jürgen (Hg.): Wer ist das eigentlich – Gott, München 1969, 232–245

REHMANN-SUTTER, Christoph (1996): Leben beschreiben. Über Handlungszusammenhänge in der Biologie, Würzburg

REICHHOLF, Josef H. (1992): Der schöpferische Impuls. Eine neue Sicht der Evolution, Stuttgart

REICHHOLF, Josef H. (2004): Das Rätsel der Menschwerdung. Die Entstehung des Menschen im Wechselspiel der Natur (1993). Neuausgabe (2004), München

REICHHOLF, Josef H. (2008): Hominisation – Die Evolution des Menschen, in: Klose & Oehler 2008, 159–172

RENTSCH, Thomas (2005): Gott (Grundthemen Philosophie), Berlin

RÖMER, Hartmut (2003): Annäherung an das Nichtmessbare? Wolfgang Pauli (1900–1958), in: Isak 2003, 83–100

RORARIUS, Winfried (2006): Was macht uns einzigartig? Zur Sonderstellung des Menschen, Darmstadt

ROS, Arno (2005): Materie und Geist. Eine philosophische Untersuchung, Paderborn

RUPPERT, Lothar (1992): Genesis I, Würzburg

RUSSELL, Bertrand (1968): Warum ich kein Christ bin, Reinbek

SAVIANO, Roberto (2009): Das Gegenteil von Tod, München (ital.: 2007)

SCHAEFFLER, Richard (1995): Erfahrung als Dialog mit der Wirklichkeit. Eine Untersuchung zur Logik der Erfahrung, Freiburg-München

SCHMITZ-MOORMANN, Karl (1997): Materie – Leben – Geist. Evolution als Schöpfung Gottes, Mainz

SCHNABEL, Ulrich (2008): Der sanfte Atheist. Pascal Boyer erklärt die Religion als Nebeneffekt der biologischen Selektion, in: DIE ZEIT, Nr. 34, vom 14.8.2008, 38

SCHNEPF, Robert (2006): Die Frage nach der Ursache. Systematische und problemgeschichtliche Untersuchungen zum Kausalitäts- und zum Schöpfungsbegriff, Göttingen

SCHÖNBORN, Christoph (2007): Fides, Ratio, Scientia. Zur Evolutionsdebatte, in: Horn & Wiedenhofer 2007, 79–98

SCHÖNBORN, Christoph (2008): Ziel oder Zufall? Schöpfung und Evolution aus der Sicht eines vernünftigen Glaubens, Freiburg

SCHURZ, Gerhard (2008): Kulturelle Evolution. Ist der Mensch ein Übergang? – Wie wird der Mensch zum Menschen? In: H. Müller 2008, 130–148

SCHUSTER, Peter (2008): Evolution und Design. Versuch einer Bestandsaufnahme der Evolutionstheorie, in: Horn & Wiedenhofer 2007, 25–56

SEEBASS, Horst (1996): Genesis I, Neukirchen-Vluyn

SMITH, John Maynard & Szathmáry, Eörs (1995): The Major Transitions in Evolution, Oxford

SPAEMANN, Robert & Löw, Reinhart (1981): Die Frage Wozu? Geschichte und Wiederentdeckung des teleologischen Denkens, München

SPAEMANN, Robert (2004): Am Anfang. Warum es nichts als vernünftig ist, an Gott zu glauben. Schöpfung oder Zufall? In: Die Welt, Nr. 307, 31.12.2004 (Titeltext der Beilage „Die Literarische Welt" 53/2004)

SPROUL, Barbara C. (1993): Schöpfungsmythen der östlichen Welt, München

STIER, Fridolin (1981): Vielleicht ist irgendwo Tag. Aufzeichnungen, Freiburg/Heidelberg

STRIET, Magnus (2003): Offenbares Geheimnis. Zur Kritik der negativen Theologie, Regensburg

TEILHARD DE CHARDIN, Pierre (1962): Der göttliche Bereich, Olten

TEILHARD DE CHARDIN, Pierre (1972): Mein Glaube, in: Ders.: Werke Bd. 10, Olten

TEILHARD DE CHARDIN, Pierre (1996): Die menschliche Energie, in: Ders.: Werke Bd. 6, Olten/Freiburg

THOMAS VON AQUIN (1274/1936 ff): Summa theologiae (1274), dt.-lat. Ausgabe, hrsg. vom kath. Akademikerverband, Salzburg-Leipzig 1936 ff

TRENNERT-HELLWIG, Mathias (1999): Die Urkraft des Kosmos. Dimensionen der Liebe im Werk Pierre Teilhards de Chardin, Freiburg

UEHLINGER, Christoph (1998): Nicht nur Knochenfrau, in: Bibel und Kirche 53 (1998), 31–34

UNTERBURGER, Klaus (2009): Bedrohte Brückenschläge. Die Evolutionslehre und die kirchliche Buchzensur, in: Herderkorrespondenz 63 (2009), Heft 2, 87–91

van HUYSSTEEEN, J.Wentzel (2006): Alone in the World? Human Uniqueness in Science and Theology. Gifford Lectures Spring 2004, Göttingen

WARD, Keith (1996): God, Chance and Necessity. London

WARD, Peter D. & BROWNLEE, Donald (2001): Unsere einsame Erde. Warum komplexes Leben im Universum unwahrscheinlich ist, Berlin (engl. Rare Earth)

WEBER, Andreas (2007): Alles fühlt. Mensch, Natur und die Revolution der Lebenswissenschaften, Berlin

WEINBERG, Steven (1980): Die ersten drei Minuten. Der Ursprung des Universums, München

WÉNIN, André (2004): Die Schlange und die Frau – oder: Der Prozess des Bösen nach Genesis 2–3, in: Concilium 40 (2004) 28–35

WHITEHEAD, Alfred North (1929): The Function of Reason, Princeton

WIEDENHOFER, Siegfried (2007): Schöpfungsglaube und Evolutionstheorie. Unterscheidung und Schnittpunkt, in: Horn & Wiedenhofer 165–189

WITTGENSTEIN, Ludwig (1922/1966): Tractatus logico-philosophicus, Frankfurt am Main 1966

WITTGENSTEIN, Ludwig (1965/[2]1991): Vortrag über Ethik und andere kleine Schriften, Frankfurt am Main [2]1991

WITTGENSTEIN, Ludwig (1960): Schriften Bd. 1, Frankfurt am Main

WYBROW, Cameron (1991): The Bible, Baconianism and Mastery over Nature. The Old Testament and its Modern Misreading, New York

ZENGER, Erich (1983): Gottes Bogen in den Wolken. Untersuchungen zur Komposition und Theologie der priesterschriftlichen Urgeschichte, Stuttgart

Personenregister

In derselben Reihe ebenfalls erschienen:

LEONARDO BOFF

Tugenden für eine bessere Welt

352 Seiten
Format: 13 x 21 cm
Gebunden mit Schutzumschlag

ISBN 978-3-7666-1285-4
In Gemeinschaft mit Publik-Forum Edition

Tugenden sind Haltungen, die einer christlichen Lebensgestaltung das ihr eigene Profil geben. Auf diesem Hintergrund entwirft Leonardo Boff eine zeitgemäße Tugendlehre, die die gesellschaftlichen Probleme unserer globalisierten Welt und die Bedrohung der natürlichen Lebensgrundlagen auf der Erde in den Blick nimmt. Für Boff ist die Zeit gekommen, dass Christen in ihrer eigenen Lebensführung mit den Tugenden der Gastfreundschaft, der Toleranz und der Tischgemeinschaft ein neues Fundament legen – ein Fundament, das die Chance für eine erdumspannende menschliche Gesellschaft bildet, die in ihrem Wesen eins ist, aber eine Vielfalt von Ausdrucksformen kennt.

BUTZON ■▪ BERCKER
www.religioeses-sachbuch.de
www.bube.de

JÜRGEN HOLTKAMP

Verblöden unsere Kinder?

Neue Medien
als Herausforderung
für Eltern

240 Seiten
Format: 13 x 21 cm
Gebunden mit Schutzumschlag

ISBN 978-3-7666-1286-1

Längst haben Medien die Kinderzimmer erobert. Chatrooms, SchülerVZ, E-Mails und Handys sind für Kinder und Jugendliche alltägliche Begleiter. Viele Eltern aber fühlen sich angesichts der Medienflut überfordert und können mit den neuen technischen Entwicklungen kaum mithalten. Damit stellt sich die Frage, welche Rolle die Medien in der Erziehung spielen. Welche Rolle sollen sie spielen? Wenn Kinder in einer Gesellschaft aufwachsen, in der Multimedia, Fernsehen, Computer und Internet selbstverständlich sind, kann die Antwort nicht darin bestehen, sie davon fernzuhalten. Die eigentliche pädagogische Herausforderung lautet: Erziehung der Kinder zur Medienkompetenz.

BUTZON BERCKER

www.religioeses-sachbuch.de
www.bube.de